LIDERA TU LITIGACIÓN ORAL

14 TÉCNICAS APLICADAS EN LOS ÁMBITOS PENAL Y CIVIL

Destinado a jueces, fiscales, defensores, abogados litigantes y peritos de todos los fueros y países de habla hispana

DÉBORAH HUCZEK

ISBN: 979-8-3493-2290-7

Para comunicarse con la autora: deborahhuczek@gmail.com

ÍNDICE DE CONTENIDO

PALABRAS INICIALES

Tengo la gran ambición de servir, a través de esta obra, a todos aquellos colegas que forman parte de esa minoría llamada LITIGANTES y también a aquellos otros que pronto lo serán.

Cuando hablo de litigantes (hombres y mujeres) me refiero a aquellos abogados que dejan huella a través de sus palabras y acciones.

Que pueden ser estudiosos y elocuentes a la vez.

Litigante es aquel que, a pesar de haber sido instruido en las mejores universidades y conocer al pie de la letra lo que establece la ley, está dispuesto a intervenir en una acalorada contienda para ganar cualquier discusión legal.

Los litigantes son una categoría exclusiva de abogados que entregan cuerpo, mente y alma por una causa noble y están dispuestos a dar las más férreas batallas con tal de encontrar algo de justicia a favor de sus asistidos.

Los litigantes tienen sed de conquista y se esmeran para conseguir lo que buscan. Su tarea no se limita a asesorar acerca de lo que la ley establece, sino que se especializan en ponerla en acción y algunas veces en jaque.

Ser litigante implica estar dispuesto a pasar de la comodidad a la incomodidad, por el solo hecho de recibir un llamado telefónico de alguien que requiere su auxilio.

Ser litigante es honrar la profesión, es hacer y dar más allá del retorno que se pueda recibir.

Sin embargo, hay que ser muy honestos: la profesión se encuentra muy desprestigiada y entiendo que son muchos los que han contribuido a que así sea.

En mi caso particular, fue mi padre quien se opuso férreamente a que estudiara abogacía. Cuando se enteró de mi decisión, se enojó de tal manera que dejó de hablarme por unos cuantos años.

Él me decía que esa profesión era indigna, que los abogados eran deshonestos que defienden delincuentes y estaba claro que mi padre no quería eso para mí.

Esas palabras no las olvidaré jamás y es por ello que en cada caso en el que ejerzo pienso de qué manera puedo llevar orgullo a mis padres, a mi esposo, quien a diferencia de mi padre sí confió en que la abogacía era una profesión digna para mí.

Sin embargo debo reconocer, que mi padre tenía algo de razón.

A lo largo de los años he descubierto que hay colegas que, en lugar de defender a sus clientes con la ley en la mano, utilizan otro tipo de artilugios o participan de actos de corrupción. También he visto cómo instruyen a sus testigos para que 'mientan bien en el juicio' o arman causas sobre hechos que jamás se han producido. También están aquellos que a pesar de cobrar sus honorarios estafan la fe de sus clientes.

Yo misma he visto a colegas, en los pasillos de tribunales o en la puerta de los juzgados, enseñarles a sus testigos a mentir. A funcionarios judiciales que hacen la vista gorda ante tan osada situación o incluso les dicen:—abogado por favor, hable con el testigo alejado de la puerta de mi despacho así yo no me entero.

Clientes desahuciados porque los abogados no presentaron la demanda y eso los llevó a que sus derechos no tuvieran la posibilidad de ser reconocidos.

Ejemplos hay muchos, no lo podemos negar.

Es por ello que, desde que era una estudiante, me he propuesto derribar esa mala reputación. Al especializarme en litigación oral, sentí que había hallado la manera.

Deseo, a través de estas páginas, contribuir con esos objetivos principales, entre los que se encuentra el de elevar el sentido de justicia de todos mis colegas, no importa en qué fuero, área, país o región ejerzan. Quiero otorgarles las herramientas necesarias para que ejerzan la profesión como guerreros de la ley.

Deseo inspirarlos para que lleven adelante ese ímpetu renovador, tan necesario en los tiempos que corren.

Deseo activar aquella llama que alguna vez despertó tu vocación.

Activar el espíritu heroico para que no claudiques jamás en la defensa de aquellos ideales, que te llevaron a elegir esta profesión como medio de vida y de servicio.

Deseo en definitiva, que te conviertas en un soldado de la paz, en tanto a través de tu conocimiento y expertise puedes contribuir a solucionar los conflictos de manera civilizada, evitando la justicia por mano propia, la venganza privada e incluso conflictos bélicos.

Porque de cada uno de ustedes depende, en gran medida, la vigencia del estado de derecho y la efectividad en la lucha contra cualquier abuso de poder.

Es por todo ello y mucho más, que deseo contribuir y que contribuyas en cada caso asignado, a lograr la justicia de quienes la necesitan y buscaron tu auxilio.

Me alegra saber que compartimos esta pasión y que formamos parte del mismo equipo.

En reconocimiento a tanto sacrificio, horas de estudio agotadoras, frustraciones, falta de valoración y a tu contribución a esta maravillosa y desafiante profesión, es que va este libro. Espero que lo disfrutes, tanto como yo al escribirlo.

La litigación oral:

Suelo definir a la Litigación Oral como un arte que no da lugar a la improvisación. Esto tiene distintos fundamentos que iremos descubriendo a lo largo de este libro.

Es sincero decir que, el ejercicio de la abogacía puede llevarse a cabo de muchas formas y a través de distintas ramas o áreas del derecho, sin embargo, la disciplina que más nos desafía es la litigación oral.

Además del conocimiento técnico-teórico que nos es requerido y que obtuvimos luego de muchísimos años de estudio, el litigante debe incorporar otras habilidades. Por ejemplo, la gestión estratégica de sus casos, el liderazgo del equipo, la oratoria persuasiva y la comunicación efectiva, entre tantas otras disciplinas.

Puesto que, la litigación oral es la viva expresión del dinamismo y del arte de la estrategia para la búsqueda de justicia.

Litigar es pleitear, es llevar las causas a una instancia decisiva donde muchas veces gana el mejor y no aquel que debería obtener la razón.

Litigar requiere esforzarse más de lo habitual, es llevar a la acción todo lo que sabemos, es enfrentar con coraje al adversario, al sistema, al representante de la justicia y a Dios si llegara a ser necesario para defender los derechos que nos han confiado.

Litigar es pelear, en un sentido civilizado. Pelear con la palabra apoyada en el conocimiento.

Por lo tanto, como combatientes que somos, nuestro trabajo cotidiano incluye el esfuerzo, la exigencia y los desafíos permanentes.

Terminamos una batalla y comienza otra, no importa si ganamos o perdimos la anterior. Hay que entrenar nuestra capacidad de reinventarnos para volver a la carga una y otra vez.

Es por ello que un porcentaje mínimo de abogados se dedica a la litigación, en el sentido profesional de la palabra.

Muchos pueden ir a tribunales, tomar audiencias orales, con frecuencia o de vez en cuando. Sin embargo, son pocos los abogados conscientes de que litigar requiere mucho más que la presencia física o el estudio del caso en el último momento.

LItigar no se trata de experiencia o años de antigüedad en la carrera, sino de un espíritu heroico a favor de la justicia.

Litigar es producto de una combinación perfecta entre lo que sabemos y las mil maneras que hallamos para poner al derecho en acción.

El sentido de la litigación oral desde sus orígenes:

La litigación, es el escenario donde se desarrolla la pugna a resolver, los abogados deben presentar oralmente sus argumentos, objeciones y pruebas frente a un tribunal. Por esta razón, involucrarse en el desarrollo de la litigación oral requiere utilizar habilidades oratorias y técnicas de comunicación efectivas para convencer a quienes tienen la capacidad de tomar la decisión.

La litigación oral tiene sus orígenes en la cuna de la civilización occidental. En la antigua Grecia, las resoluciones de las contiendas legales se realizaban en los denominados foros o espacios públicos. Por ese entonces, las defensas se hacían de manera oral y constituían el fundamento de su estructura jurídica igualitaria.

Este sistema sentó las bases del derecho en el Imperio Romano y de la Europa del medioevo. Por su parte, en Inglaterra —y con el avance del derecho consuetudinario— el litigio oral retomó una gran trascendencia como instrumento para exponer —ante jueces y jurados— los diversos conflictos legales que se disputaban en la sociedad.

Durante estas sesiones, el abogado se destacaba con magistral oratoria al momento de persuadir a los miembros del tribunal del merecimiento de su causa. Esta costumbre influyó en los sistemas legales de muchos países que siguen la tradición del derecho consuetudinario.

Hoy día, la litigación oral representa el corazón de la búsqueda de la verdad y la justicia en muchos sistemas jurídicos.

Al ser un acto que se desarrolla en tiempo real, exige destreza, retórica y una comprensión profunda del caso por parte del abogado. Y al mismo tiempo le da concesiones para que integre en su actuación elementos no verbales —que jamás hubiesen sido posibles en los sistemas escritos, como tonos de voz, expresiones faciales, posturas corporales lo que genera una mayor emoción y credibilidad en la exposición de los hechos que formula el litigante. Es decir, la litigación oral le otorga una perspectiva más humana al proceso.

La importancia vital de la litigación oral en los sistemas de justicia

La litigación oral desempeña un papel central en los sistemas judiciales, brindando una comprensión completa de las posiciones en disputa. Los argumentos orales permiten aclarar de inmediato las preguntas de los jueces, estableciendo una base sólida para el entendimiento del caso.

Esta interacción directa —además de garantizar una presentación imparcial del asunto— fomenta la transparencia, construyendo así la confianza del público en el proceso judicial.

Además, la litigación oral actúa como un catalizador para el desarrollo profesional de los abogados. Al exigir habilidades excepcionales, impulsa a los profesionales del derecho a perfeccionar sus destrezas, elevando la calidad del desempeño profesional, lo que ayuda a una mejor administración de justicia.

Este enfoque dinámico beneficia a todas las partes involucradas: a los abogados, a los asistidos, a los jueces y a la ciudadanía en general, pues contribuye a un sistema judicial más eficiente y competente.

En resumidas cuentas, la litigación oral es una práctica consagrada que ha evolucionado a lo largo de la historia, desempeñando un papel crucial en el sistema judicial. Facilita la presentación directa de pruebas, la evaluación inmediata de testimonios y la capacidad de los jueces y miembros del jurado para interactuar con los argumentos y la narrativa del hecho en cuestión.

Igualmente, le da transparencia, celeridad al proceso, así como la posibilidad de captar matices emocionales; lo que la hace un instrumento crucial en la búsqueda de la verdad y la impartición de justicia.

«Lidera Tu Litigación Oral»

Estimado lector,

Este libro ha sido pensado y creado, especialmente, para abogados de todos los niveles de experiencia, jueces, fiscales, defensores y peritos, abarcando todos los fueros y países.

Desde el inicio, esta guía exhaustiva se propone romper los paradigmas de la enseñanza en el campo del derecho, pues redefine la litigación oral abordándola con un enfoque integral, donde el papel del litigante emerge como el conductor de su caso y un creador de justicia. En atención a lo cual, te revelo el método que he ideado y perfeccionado a lo largo de mi experiencia como litigante y maestra de juicio oral. Un método probado que combina estructura, un liderazgo cabal y el conocimiento profundo de cada técnica del litigio oral, aplicables tanto en el ámbito penal como el civil, de familia o laboral. Lo que te aportará una perspectiva completa que abarca diversas situaciones legales.

Además, estas técnicas, al ser de relevancia internacional, son empleables en los diferentes sistemas jurídicos del mundo occidental, lo que permite a los litigantes adaptarlas a sus propios contextos. Por otro lado, se ilustran con casos reales, brindándote ejemplos concretos que te ayudarán a entender su aplicación en situaciones del mundo real.

¿Por qué este libro es esencial para ti?

» Podrás estudiar a fondo 14 técnicas sustanciales de la litigación oral con un enfoque claro y práctico.

» Puede que seas un abogado que quiere fortalecer sus habilidades para desempeñarse mejor en el tribunal —o para preparar su caso desde cero—. Quizás seas un juez que busca mejorar la dinámica de la gestión de audiencias dentro de la oralidad o del sistema acusatorio. También, puedes ser un fiscal que necesite mejorar su manera de argumentar o, tal vez, un perito que busca exponer su opinión de manera efectiva... En todos los casos, este libro busca aportar valor a tu desempeño.

» Además de ofrecerte técnicas atemporales, también te brinda las herramientas y la mentalidad para adaptarte rápidamente a los cambios en el proceso y en el sistema legal.

» Siendo el producto de años de estudio y dedicación a la litigación oral, este compendio está respaldado por la experiencia real. Por ello, estarás aprendiendo de casos de la vida misma para comprender cómo aplicar estas estrategias a tus casos.

Pensado para ser más que un libro, «Lidera Tu Litigación Oral» es un recurso indispensable para los que buscan marcar la diferencia en el dinámico ámbito de la litigación oral. Es decir, para aquellos que quieren triunfar en sus casos.

Sé que encontrarás —además de un valioso conocimiento— inspiración, ayuda y conducción en este hermoso camino que busca la Verdad en atención a la Justicia y la Equidad.

Déborah Elizabeth Huczek

La razón de este libro...

¿POR QUÉ EL MÉTODO DH TRAZARÁ TU CAMINO AL ÉXITO EN LA LITIGACIÓN ORAL?

Algunos comentarios de la autora

Cuando asistí por primera vez a una sala del Tribunal, en aquellos años de mi travesía como estudiante avanzada de la carrera de abogacía, fui testigo (para mi penosa sorpresa) de una disparidad sorprendente entre la concepción que tenía de los procesos y la realidad que se experimentaba en los tribunales. Pues, la imagen romántica —que el cine hollywoodense sembró en nuestra mente— de abogados inmersos en un enfrentamiento intelectual ante un juez que resolvía en vivo las cuestiones planteadas, quedó rápidamente desvanecida. En cambio, me encontré con un sistema escritural donde los argumentos eran plasmados en documentos, firmados y acumulados en expedientes que se asemejaban más a una montaña burocrática que a la dinámica judicial que imaginaba.

Esta desconcertante revelación se tornó aún más evidente cuando, ya ejerciendo como abogada, participé en audiencias en distintos fueros. Contrario a mis expectativas, rara vez los jueces tomaban la iniciativa en estas audiencias orales. Más bien, se convertían en actos formales y fríos —y bastante tediosos y tendenciosos—, donde las preguntas eran descontextualizadas y dirigidas únicamente a extraer información que se pudiera insertar en el sistema. La falta de conexión humana, el desinterés por la búsqueda de la verdad, el desapego emocional y la ausencia de un diálogo real caracterizaban estas interacciones, incluso, en casos tan sensibles como reclamos de indemnización por pérdida de seres queridos.

Fue este desencanto con el sistema lo que me llevó a la reflexión sobre la esencia misma de la Justicia y la necesidad de un cambio. La disonancia entre la preparación exhaustiva que implica convertirse en abogado en América Latina y la realidad práctica de un sistema legal anclado en la formalidad y la obsolescencia resultaba inaceptable. Fue entonces cuando decidí emprender una búsqueda de conocimientos más allá de las fronteras de mi país.

Conforme a esta determinación, logré capacitarme en litigación oral. Primero lo hice en la Argentina a través de los cursos ofrecidos por INECIP y, posteriormente, en el extranjero; explorando sistemas como el anglosajón y el occidental basado en la oralidad. Fui la primera argentina en obtener el título de Maestra Internacional en Derecho con especialización en Litigación Oral Civil y Penal. Este logro fue el comienzo de mi compromiso con el cambio. Así fue como mi objetivo se cristalizó, al convertirme en una transmisora de conocimientos y habilidades, buscando fortalecer el rol de mis colegas en todo el mundo. Con el título en mano, regresé a mi país con la determinación de colaborar en la implementación de la oralidad en el sistema legal y compartí mi experiencia para inspirar a otros abogados a liderar el cambio en sus respectivas jurisdicciones.

En razón de lo cual, mi impulso para dedicarme a la litigación oral radica en la convicción de que —como ejecutantes del Derecho y participantes activos en el sistema— no sólo podemos exigir un cambio, sino también ser agentes de ese cambio. La comodidad de mantenernos dentro de las reglas conocidas del juego es un obstáculo que debemos superar para lograr una justicia más efectiva, humana y centrada en la verdad.

De manera puntual, mi trayectoria como capacitadora en Técnicas de Litigación Oral comenzó con el entusiasmo de recibir propuestas para capacitar en institutos prestigiosos, como Fundesi (Fundación de Estudios Superiores e Investigación), donde descubrí que muchos compartían mi ambición de cambiar el paradigma judicial. Sin embargo, me encontré con una realidad persistente: la resistencia al cambio por parte de los operadores del sistema. Y es que en países más avanzados como México y Chile, y en provincias de Argentina, como Neuquén, ya se habían implementado sistemas acusatorios. No obstante, el mero cambio de estructuras no garantiza una transformación real. Es decir, si los abogados litigantes no están convencidos y dispuestos a liderar estos cambios, los vicios del sistema anterior persisten; sería algo así como cambiar de ropa, pero no de contenido. Y peor aún, pequeños avances que fuimos logrando pueden derrumbarse si no actuamos con convicción en su defensa.

Hacia una justicia transformadora. La odisea por cambiar paradigmas

Un episodio particular marcó el punto de quiebre que me impulsó a transformar mi enfoque y contribuir a la evolución del sistema judicial. La revelación de que, a pesar de los intentos de reforma, los vicios arraigados persisten, se convirtió en el catalizador que definió mi compromiso con la enseñanza y la búsqueda de la verdad en el proceso judicial. La iniciativa "Justicia 2020", un programa destinado a implementar la oralidad en procesos civiles: de familia, laboral, entre otros; así como a modificar el Código Procesal Penal Federal, se encontró con obstáculos significativos en su avance. Este revés, aunque desalentador, ilustró la imperiosa necesidad de superar la reticencia y las inercias arraigadas para lograr una transformación real.

Ahora bien, mi primer choque con la realidad judicial se produjo en mis primeras audiencias, al descubrir que la mentira se había infiltrado en el tejido mismo del sistema legal. La anécdota reveladora —que comento continuamente en mis clases, así de grande fue su impacto en mí— se refiere a la ocasión en la que en una audiencia laboral, un foro que debería ser un bastión de la verdad y la equidad, la audiencista se permitió impartirme un consejo inaudito. En un tono confidencial, me aseguró que la clave del triunfo en los casos no residía en la fortaleza de los argumentos, ni en la robustez de las pruebas, sino en la destreza de los testigos para mentir de manera más convincente. Según sus palabras, los ganadores eran aquellos que, con habilidad, tejían un manto de engaños más denso y seductor. En el pulso entre mis argumentos fundamentados y la desvergüenza de estas revelaciones, me aferré a la creencia de que la justicia debía ser un faro inquebrantable, que guía con su luz innegable de la verdad. Sin embargo, mi interlocutora insistía en que yo vivía en un ideal, ajena a la cruda realidad de los juicios, que estaban más inclinados hacia la astucia que hacia la rectitud. Es decir, que la audiencista, de extensa trayectoria en tribunales, le estaba enseñando a una novata como yo, que debía hacer trampa en el proceso para ganar. Un mensaje desmoralizante y perturbador.

La teatralización de hechos, la invención de situaciones inexistentes y la exageración desmedida eran en aquel entonces y siguen siendo, prácticas comunes para ganar casos a expensas de la verdad. Este fenómeno, unido a la falta de sanciones efectivas contra el falso testimonio y la falsa denuncia, la malicia procesal y otro tipo de faltas, se convirtieron en el motor de mi determinación para abogar por la vigencia plena de las normas procesales y el castigo al mentiroso.

Es por ello que la esencia de mi misión toma cuerpo en el ferviente apoyo a la implementación —real y ética— de un sistema oral, que permite la inmediatez y la observación en vivo de las expresiones de las partes. La espontaneidad inherente a este enfoque disminuye la posibilidad de maquinaciones y fabricaciones, estableciendo un terreno más fértil para descubrir la verdad. Al percibir que algunos abogados recurren a la mentira por falta de preparación, decidí emprender la tarea de despertar un espíritu crítico y fomentar el razonamiento entre mis colegas y por supuesto la capacitación.

La creación del Método DH para implementar efectivamente las técnicas de litigación oral y proporcionar a los abogados herramientas efectivas y éticas para afrontar con éxito sus casos, se convirtió en mi contribución a la causa. Al compartir este método con mis colegas y demás operadores del Derecho, mi objetivo —además de equipar a los profesionales con habilidades necesarias— también es fomentar una nueva generación de abogados comprometidos con la verdad y la justicia. Mi convicción radica en que, al cambiar la mentalidad y proporcionar capacitación rigurosa, podemos acercarnos al ideal de descubrir la verdad en el proceso judicial. Este compromiso no sólo concierne a los abogados, sino también a los jueces, quienes deben estar igualmente preparados en estas técnicas para impartir una justicia verdadera, digna y honorable.

Pero además mi objetivo es inspirar a las generaciones futuras, en ideales que nunca debieron perecer. Estoy decidida a cambiar este presente devaluado, ser abogado suena mal; muchos lo interpretan como una profesión carente de ética, por ello son pocos los colegas que aspiran a vivir dignamente de la profesión; regalan su trabajo y muchos son los que abierta o solapadamente pretenden un mundo sin abogados, pues de esa manera, no habría nadie preparado y dispuesto a pelear por los derechos de los demás, o advertir las fallas del sistema y evitar toda forma de abuso de poder. Quiero, con mi método, recuperar ese valor, que todos los abogados convertidos en litigantes puedan aspirar a vivir de la profesión con comodidad económica mientras sirven a la sociedad.

En lo personal, siento que hacer de la defensa de otro un trabajo cotidiano, es un verdadero honor que requiere de estudio permanente y compromiso. Afortunadamente, debo decir que, a lo largo de los años, he conocido a admirados colegas que aman esta profesión y actúan en consecuencia, sin importar límites de horario o lo complejo de la causa, asumen su compromiso con hidalguía y determinación. Va por todos ellos este merecido reconocimiento.

¿Cuál fue la motivación intrínseca que dio origen a la creación de este libro?

Pues, la razón de este proyecto es mi deseo, mi propósito firme de actualizar y enriquecer las habilidades prácticas en el ejercicio de la abogacía. En esa intersección de mi formación y la imperante necesidad de compartir conocimiento, surgió la premisa de trascender esta capacitación hacia la esfera colectiva. Es en este contexto que me planteé: ¿cómo alcanzar un público más extenso, trascendiendo fronteras y compartiendo herramientas esenciales para el ejercicio de la abogacía? Convencida de que el abogado es, ante todo, un comunicador investido de la responsabilidad de simplificar y transmitir el corpus jurídico, mi motivación se materializó en la creación de un libro que fungiera como medio de diseminación a gran escala. Más allá de las limitaciones inherentes a las aulas, un libro se erige como un puente sin fronteras y sin tiempos, capaz de llegar a individuos diversos, unificando la búsqueda de conocimiento en una causa común.

Este tratado no se limita a la mera enseñanza de técnicas empleadas en el litigio oral, sino que se erige como una síntesis singular de mi perspectiva de liderazgo sobre la abogacía. En su esencia, busca plasmar mi visión del rol del abogado en la sociedad, destacando su potencial como agente de cambio y líder comunitario. ¿Cómo se logra esto? La respuesta reside en la fusión de las técnicas de litigación oral con elementos esenciales hoy día como lo son: el liderazgo, el desarrollo personal, el autoconocimiento y la inclusión de filosofías antiguas orientales y occidentales. Más concretamente, este libro es un estudio que entrelaza las bases de la litigación oral con el liderazgo, el pensamiento estratégico, la investigación y la narrativa —lo que viene siendo el Método DH—. Estas habilidades, lejos de ser accesorias, se presentan como recursos esenciales en el arsenal del litigante contemporáneo. No es simplemente una cuestión de aplicar una técnica de manera rutinaria; es despertar un ingenio latente, un consejero motivacional que guíe al litigante hacia la maestría en el rol de la abogacía.

En esencia, este libro no solamente busca impartir conocimiento, sino nutrir al lector con una perspectiva novedosa, fusionando disciplinas aparentemente dispares en un todo coherente. Es un llamado a la reflexión sobre el papel del abogado en la sociedad y una invitación a cultivar un enfoque más evolucionado. Así, al cerrar estas páginas, se habrá asimilado un conocimiento profundo de los principios y técnicas empleadas en la litigación oral, lo que abrirá la puerta a un abogado más completo, más efectivo y, sobre todo, más consciente de su capacidad para generar un impacto significativo en la administración de justicia.

Entre los desafíos que enfrentan los abogados en la actualidad, es imperativo destacar la complejidad inherente a esta noble profesión desde sus inicios. Un abogado no solo debe gestionar sus propios conflictos y desafíos personales y profesionales, sino también asumir la tarea de administrar disputas ajenas. En este sentido, es crucial subrayar que, con frecuencia, los litigantes se sumergen tan profundamente en el papel de representantes que el conflicto transita de ser ajeno a volverse propio. Este énfasis en ser gestores de conflictos ajenos resalta la necesidad de abordar los desafíos profesionales de manera holística. Se hace evidente la necesaria inclusión de habilidades adicionales en la práctica diaria del abogado. La sola aplicación mecánica de la ley no es suficiente; se requiere nutrirse de diversas filosofías y herramientas para asegurar que la labor del abogado alcance su objetivo fundamental: obtener justicia o resolver problemas.

La formación académica, aunque esencial, no puede ignorar la importancia de habilidades como el liderazgo y el desarrollo personal. Este enfoque multidisciplinario no sólo hace al abogado más flexible, sino que también amplía su abanico de oportunidades para abordar y resolver una amplia gama de problemas legales. En el contexto actual, nos enfrentamos a desafíos adicionales derivados de la automatización y despersonalización del servicio legal. Se argumenta que la inteligencia artificial podría reemplazar nuestras funciones, sin embargo, la esencia humana de comprender a otros sigue siendo irremplazable. La singularidad de cada abogado, moldeada por sus experiencias de vida, añade un valor insustituible a la profesión. Es vital transmitir a la ciudadanía que los abogados no son simples ejecutores automáticos, sino gestores de conflictos comprometidos con el bienestar de las personas.

No existirá jamás inteligencia artificial que pueda reemplazar el ejercicio humano de nuestro rol social

Es por esto que humanizar la profesión de la abogacía se presenta como uno de los desafíos más significativos en la actualidad. La despersonalización del servicio y la posibilidad de sustitución por inteligencia artificial requieren una respuesta contundente. Es crucial demostrar que los abogados se preocupan por las personas y buscan soluciones equitativas, y no únicamente la victoria (a cualquier costo). Humanizar la justicia implica explorar vías alternativas más allá de castigos carcelarios, priorizando la resolución de conflictos y la búsqueda de la verdad.

En la esencia de liderar un cambio, se imponen la valentía, la autodeterminación y el ferviente deseo de transformación. Es que la cotidianidad nos ha habituado a la complacencia con el statu quo, ignorando a menudo las fallas y, lo que es más preocupante, incluso los propios jueces, después de participar en mis cursos, han expresado su desencanto con un sistema que ellos mismos perpetúan. Este patrón común, detectado durante nuestras interacciones en las clases, revela la resignación arraigada en la percepción de que la justicia no funciona. Me honra decir que luego de las clases y la visión que les comparto, son los jueces y funcionarios quienes manifiestan sentirse aliviados al encontrar otras formas de gestionar las audiencias y administrar la justicia que es debida.

El impacto del Método DH

Aquellos que han pasado por mi enseñanza revelan una transformación inspiradora. Algunos colegas han compartido experiencias conmigo, revelando la presión palpable y la sensación de desventaja al enfrentarse a estas figuras destacadas en el ámbito legal. En un entorno donde la reputación puede eclipsar la verdad, es imperativo que los abogados menos conocidos puedan emerger no sólo ilesos, sino victoriosos.

Recientemente, una colega me relató su encuentro con un abogado mediático en un caso particularmente desafiante. Aunque al principio se vio amenazada por la prominencia de su oponente, su relato revela una narrativa de valentía, preparación y éxito. Esta historia destaca la importancia de las habilidades y técnicas fundamentales que, como abogados, debemos tener a nuestra disposición para nivelar el campo de juego.

Enfrentarse a un abogado mediático implica lidiar con las situaciones propias del proceso dentro de la sala y, además, hacer frente a la percepción pública que rodea a estas figuras. Mi colega, amén de resistir la presión, se sintió segura y preparada para el desafío. Su confianza no era meramente un acto de bravuconería; era el resultado de una meticulosa preparación respaldada por un kit de herramientas legal bien afinado. En el transcurso del caso, esta gran colega no sólo persuadió al juez con argumentos sólidos, sino que también resistió la intimidación que a menudo acompaña a los abogados mediáticos. Su habilidad para mantener la calma y concentrarse en su objetivo, en lugar de ceder ante tácticas de distracción o intimidación, demostró ser la clave de su éxito.

La lección que podemos extraer de esta historia es clara: no importa contra quién te enfrentes en el tribunal o fuera del mismo. La preparación meticulosa, el dominio de las técnicas y la confianza en uno mismo pueden nivelar el campo de juego, incluso cuando se enfrenta a abogados mediáticos. En un mundo actual, donde la atención mediática puede eclipsar la verdad, es esencial que los abogados se equipen con las habilidades y la confianza necesarias para enfrentar y superar a sus contrapartes (no importa su relevancia en los medios).

Asimismo, muchos colegas —fiscales— confían en mí para analizar y perfeccionar sus presentaciones para garantizar que incluyan los elementos esenciales del Método DH. La seguridad y la convicción emanadas de la aplicación de estas técnicas permiten a los fiscales enfrentar cualquier escenario con confianza y determinación.

Mi método de enseñanza no solamente proporciona conocimientos sólidos; también inculca confianza a través de la investigación y la comprensión profunda de cada caso. Aquellos que lo han adoptado han experimentado la transformación de su enfoque, pasando de la inseguridad al convencimiento y la capacidad para persuadir. No importa con quién se enfrenten; lo que importa es cómo se enfrentan.

A todas estas, en el campo laboral del Derecho —en la litigación oral— resulta imperativo reconocer y apreciar las diferencias que marcan la pauta entre un abogado común y corriente y un litigante líder. En el corazón de esta distinción radica la esencia misma de la planificación estratégica y la visión integral que, lamentablemente, muchos colegas no logran abrazar.

La carencia de una planificación meticulosa conduce a una navegación a ciegas por las complejidades y particularidades del proceso. Es evidente que algunos profesionales resuelven los casos sobre la marcha, reaccionando a las etapas procesales a medida que surgen. Este enfoque desarticulado carece de una perspectiva metódica y cohesiva, y es aquí donde nuestra metodología y técnicas específicas han demostrado ser un faro guía para aquellos que buscan no sólo resolver casos, sino hacerlo de manera organizada y efectiva.

Una de las observaciones más alentadoras que he tenido la oportunidad de presenciar es la transformación de la mentalidad de muchos litigantes. Nuestra metodología les ha permitido aprender a trabajar de manera organizada, establecer objetivos con precisión y evaluar con honestidad si están preparados para alcanzarlos. En los casos en que la respuesta es negativa, se han dedicado a formarse, ya sea en el conocimiento de la ley, estudio de la jurisprudencia o incluso en el desarrollo de habilidades personales necesarias. Este proceso de autoevaluación y mejora continua es esencial para el crecimiento profesional y la excelencia en la práctica legal.

Pero, ¿cómo el concepto de litigante líder puede impactar a lo largo de toda la carrera profesional?

Pues, aquí quiero resaltar la conexión directa con el liderazgo personal. El litigante líder —aparte de guiar sus casos de manera efectiva— se lidera indiscutiblemente a sí mismo. Esto implica la habilidad de decidir con conocimiento sobre los casos que elige representar, establecer metas claras sobre el tipo de abogado que aspira a ser y comunicar de manera coherente la imagen que desea proyectar.

El liderazgo en la relación uno a uno con el cliente es igualmente fundamental. Mostrar empatía y liderar desde una posición de igualdad, en lugar de superioridad, establece la base para relaciones sólidas y duraderas. La coherencia entre lo que se hace y lo que se comunica crea una imagen auténtica y confiable, esencial para construir la confianza del cliente.

En última instancia, liderar un caso connota poseer el conocimiento profundo en materia legal, pero también supone un compromiso con el desarrollo personal y la seguridad en la toma de decisiones éticas. El litigante líder se embarca en una travesía de crecimiento continuo, sabiendo que cada elección no refleja únicamente su competencia profesional, sino también manifiesta su compromiso con hacer lo correcto. En este viaje, la formación de una imagen coherente, el liderazgo personal y la excelencia en el rol del abogado litigante convergen para dar forma a una carrera profesional impactante y gratificante.

Déborah Elizabeth Huczek

CONSTRUYENDO AL LITIGANTE LÍDER ¡TU CAMINO AL ÉXITO PROFESIONAL!

MI MÉTODO DE EFICIENCIA EN LAS ETAPAS DEL PROCESO (pensar, planificar, ejecutar)

Ser un profesional exitoso es que tu cliente esté orgulloso del abogado que eligió para representar sus intereses y defender sus derechos, que tus adversarios te admiren y que los jueces te respeten

DH

En otra época, un día en el que terminaba la recorrida en Tribunales, me crucé con Juan; un colega que conocí en los tiempos de universidad. Estudiamos algunas materias juntos, él era un alumno aplicado y sobresaliente. Aquella mañana, lo noté angustiado, perdido, me preocupó verlo así. Entonces, le sugerí que tomáramos un café y accedió.

Durante la conversación, Juan repetía constantemente: "No puedo entender cómo perdí este caso. Era un caso fácil, me sentía confiado. Llevé asuntos similares y me fue muy bien. No puedo creerlo, ¿qué hice mal? No sé qué le voy a decir a mi cliente. Tengo que idear una respuesta. Le fallé".

¿Esta historia te resulta familiar? Lo que le pasaba a Juan en aquel entonces es parte de lo que les sucede a diario a cientos de abogados en todo el mundo.

Conversando con él, descubrimos las razones de lo que él vivía como un fracaso personal y profesional; perder un caso "fácil" es una de las peores tragedias que nos puede pasar, mucho más si tenemos "experiencia" en la materia. Y digo tragedia, ya que si hay algo que nos identifica a todos en esta profesión, es la cuota de dramatismo que le imprimimos a la vida en general.

Son muchas las razones por las que se puede perder un caso o muchos —tanto fáciles como difíciles—. A pesar de haber estudiado cuanto posgrado y especializaciones se nos ofrecen y aun cuando nos dediquemos exclusivamente a una rama en particular, estas situaciones se repiten con más frecuencia de la que deberían.

Las razones de este desenlace son de diversa índole. A modo de ejemplo, podemos citar las siguientes: subestimar el caso, no estudiar lo suficiente, incurrir en exceso de autoconfianza, creer en el relato del cliente sin confrontarlo con datos de la realidad o incluso padecer un temor abrumador de hablar en público. En otro orden, podríamos incurrir en subestimar las habilidades y experiencias de nuestro ocasional adversario, no prestar atención a nuestras habilidades y no ejercer un pensamiento estratégico. Todo ello hace que vivamos una experiencia "trágica", "traumática" para nosotros y para la justicia que nuestros clientes buscan al encomendarnos el asunto. Pero, a diferencia de lo que sintió Juan y de las reflexiones que hicimos en conjunto, desanima saber que muchos colegas ni siquiera se disponen a pensar: ¿dónde estuvo el error?

La mayoría suele culpar al cliente porque "dijo algo que no tenía que decir", o porque "el testigo no respondió las preguntas", o que "el juez está atrasado en la jurisprudencia"; o porque "el colega adversario la tenía fácil". Lo anterior no quiere decir que esas circunstancias no puedan darse simultáneamente. Sin embargo, podemos anticiparnos, evitarlas o disminuir su impacto negativo si adoptamos un enfoque de liderazgo para el caso, que es la visión que vengo a proponerte en este libro.

Ahora, ¡atención a esto! No te estoy diciendo que es posible ganar todos los casos, mucho menos que puedas asegurarle al cliente un resultado. Eso sería una falta ética grave. Lo que sí te estoy diciendo es que sólo tú puedes evitar sentirte fracasado por el hecho de no hacer todo lo que deberías y te es exigido.

Por esto, y porque eres de esos colegas que están decididos a cambiar y dirigir el rumbo de sus asuntos legales, en los párrafos siguientes te hablaré de mi método, que también le compartí a Juan y a muchos otros en el mundo entero. Este método te permitirá trabajar disciplinadamente, enfocado en objetivos a largo y corto plazo, derribar las barreras mentales y, por último, alcanzar tu meta. Esto es lo que yo llamo: "Construyendo al litigante líder": ¡tu camino al éxito profesional!

Pues, no quiero que te pase lo mismo que le pasó a Juan, quien por fortuna y porque aprendió la lección, puedo decir con total seguridad que Juan tampoco es el mismo que era aquella mañana en que lo crucé.

"Construyendo al litigante líder": mi método de eficiencia en las etapas del proceso (pensar, planificar, ejecutar) a través de la inclusión de habilidades esenciales.

En la litigación oral como en la vida, es importante determinar hacia dónde quieres dirigirte, ser dueño de tu destino, trazar objetivos específicos y determinar las acciones que debes ejecutar en un plazo determinado para alcanzarlos. Es por ello que, como parte de mi filosofía, he creado una serie de máximas de la litigación oral que me permiten definir en una frase lo que quiero transmitirte.

Máxima de la Litigación Oral 1: "Triunfa quien litiga intencionalmente"

Litigar intencionalmente es lo contrario a la improvisación. Exige disciplina, compromiso, un método y el desarrollo de habilidades esenciales que iremos abordando a lo largo de este libro, con la intención de acercarte nuevas formas de ejercer la abogacía y ayudarte a lograr tu excelencia profesional para que te sientas gratificado al hacerlo.

Pero antes, quiero plantearte una pregunta que muchas veces nos toman en los exámenes de la materia "obligaciones" o similares y que aborda la esencia de esta profesión y la forma en la que nos enseñan a llevarla a cabo:

- ¿Establece la abogacía una obligación de medios o de resultados? inquiere el profesor.

Esta pregunta, aparentemente simple, apunta a un tema fundamental. La abogacía, como nos enseñan los códigos y las lecciones universitarias, es un servicio. Por lo tanto, no podemos garantizar resultados ni afirmar al cliente que resolveremos su asunto de manera exitosa. Hacerlo podría generarnos consecuencias.

No obstante, detrás de esa premisa hay otro mensaje que, a mi modo de ver, le ha hecho daño a nuestra profesión y que se ve reflejado en cómo la sociedad nos percibe.

Muchos abogados trabajan —algunos lo advierten, otros están más automatizados— sin intención de llegar a ningún lado, como meros gestores que realizan acciones desconectadas unas de otras. Cuando el resultado llega (imprevisible para muchos), suelen responder con: "es así, la justicia funciona mal," acompañado de una serie de excusas que no viene al caso enumerar porque son infinitas.

Y esto es así porque hemos caído en la trampa de confundir la imposibilidad de garantizar resultados con la idea de que no podemos trabajar para obtenerlos. Aquí radica el principal problema: en muchas ocasiones, trabajamos sin un propósito claro, sin reflexionar sobre los fundamentos éticos y prácticos de esta profesión. ¿Cómo podemos trabajar orientados hacia el éxito, aquel del cual hablé al inicio, mediante una litigación estratégica?

Lucio Anneo Séneca afirmó acertadamente que "no hay viento favorable para quien no sabe a dónde va". Es necesario litigar intencionalmente, dirigir todas nuestras acciones y pensamientos hacia un objetivo claro. La litigación estratégica, especialmente en el ámbito oral, se rige por dos máximas fundamentales: litigar es un arte y la justicia está más cerca si los abogados están bien preparados.

Mi interpelación es que dejes de trabajar y litigar sin buscar tus porqués, que comiences a trabajar con objetivos específicos y establezcas acciones para alcanzarlos.

Como resultado de lo cual, la preparación del caso y la litigación estratégica son cruciales.

Se trata de desarrollar habilidades como el liderazgo, la investigación, el pensamiento estratégico, la capacidad de negociación y la habilidad narrativa. El liderazgo, que se ejerce tanto con el equipo de trabajo como frente al juez y el cliente, es esencial para dirigir el caso, enfrentar conflictos de manera creativa y representar valores.

Estas destrezas son fundamentales para dirigir el caso hacia el éxito, con un propósito claro que guíe todas nuestras acciones a lo largo del proceso judicial.

Veamos a continuación cada una de ellas:

➤ Abogado líder

La habilidad de liderazgo es fundamental para cualquier abogado que desee dirigir su equipo de trabajo y planificar su caso de manera efectiva.

El liderazgo implica la capacidad de inspirar y guiar a otros en la búsqueda de valores y objetivos compartidos.

De ahí que resulta primordial que trabajes en ti mismo en desarrollar habilidades de liderazgo en cuatro áreas clave: la relación contigo mismo, la relación que debes entablar con el cliente, la gestión de tu equipo y tu papel de abogado líder al representar el caso ante el juez o jurado.

Abogado y su camino al desarrollo del autoliderazgo

En primer lugar, sabiendo que el despliegue del potencial humano parte de una base —la relación que el individuo establece consigo mismo— es de vital importancia que el abogado que desee desempeñarse de manera eficaz y eficiente trabaje su autoconcepto, practicando el diálogo interior de forma honesta para un buen autoconocimiento, a fin de que pueda identificar sus fortalezas y ocuparse en transformar sus limitaciones mediante el desarrollo de habilidades.

El liderazgo no solo se debe aplicar en situaciones de trabajo o respecto a su equipo, sino también en la vida personal. El liderazgo que se debe ejercer sobre uno mismo se enfoca en tomar control de tus acciones, pensamientos y emociones. Es decir, es la capacidad de tomar decisiones con intención y mantener el enfoque en tus metas y valores.

Una de las claves para liderarse a uno mismo es el autoconocimiento. Conocer tus fortalezas, debilidades, valores y metas te permitirá tomar decisiones más acertadas y estar enfocado en lo que realmente importa. Por ejemplo, buscar las herramientas necesarias para suplir o solucionar esas debilidades y desarrollar habilidades dormidas. Es necesario cumplir con la tarea efectiva de mejorarte a ti mismo en pro de tus objetivos.

Igualmente, es primordial ser consciente de tus pensamientos y emociones, para poder manejarlos de manera efectiva y no dejar que te afecten negativamente.

Otra clave importante para liderarse a uno mismo es la disciplina. La disciplina implica establecer metas claras y trabajar constantemente para alcanzarlas, incluso cuando no se siente motivado. Significa tener el compromiso y la perseverancia para llevar a cabo las acciones necesarias para lograr tus objetivos, y no permitir que las distracciones o la falta de motivación te desvíen de tu camino.

Al mismo tiempo, es esencial cultivar una actitud entusiasta y de fe renovada, lo que te permitirá mantener una perspectiva optimista incluso en situaciones difíciles. Esto te ayudará a superar los obstáculos y encontrar soluciones creativas. Por otro lado, la responsabilidad implica asumir el riesgo de tus acciones y decisiones, y no culpar a otros o a las circunstancias externas por los resultados ocurridos.

Abogado líder en relación con su cliente o representado

En la relación entre un abogado y su cliente, es fundamental que exista un respeto mutuo y una comunicación transparente. En mi experiencia como maestra de juicio oral, siempre he enseñado a mis estudiantes que el abogado y su cliente forman un equipo de trabajo indivisible, y que el abogado no debe considerarse superior al cliente por tener más conocimientos legales. De hecho, menospreciar la participación de un cliente que necesita colaboración puede ser contraproducente.

Para establecer una relación de confianza, el abogado debe ser honesto y transparente con su cliente, explicándole las debilidades del caso, las pruebas necesarias y la estrategia que se utilizará. Además, es importante que el abogado indague sobre la historia de vida de su cliente para adaptar la teoría del caso y presentarla de manera coherente ante la audiencia.

Como abogados, somos administradores de intereses ajenos, lo que significa que representamos a otros y defendemos sus derechos. De ahí que resulta fundamental que el cliente se sienta bien representado y esté orgulloso de haber elegido al abogado adecuado para su caso.

Abogado líder en relación con su equipo de trabajo

En tercer lugar, es importante destacar que el ejercicio del liderazgo dentro de un equipo de trabajo es esencial. Aunque algunos litigantes trabajan sin colaboradores, en ciertas circunstancias pueden necesitar la ayuda de otros expertos con mayor experiencia en el tema. En tales casos, es crucial que el equipo de trabajo se sienta motivado e inspirado por el líder.

El líder debe ser capaz de generar un auténtico interés en el equipo acerca de los derechos involucrados en el caso, su historia y todo lo relacionado con él. Un enfoque colaborativo, mediante el uso del método de lluvia de ideas y conversaciones en un ambiente abierto y libre, puede enriquecer el caso encontrando nuevas soluciones o defensas legales. Este proceso requiere dividirse en pasos claros para asegurar que todos los aspectos se consideren adecuadamente.

Además, la correcta distribución de roles y la suma de los esfuerzos individuales bajo una correcta dirección del líder puede hacer que se reúna información valiosa sobre el caso y sus participantes.

Durante dicha relación, el litigante líder debe ser modelo, reflejar los valores que pregona e inspirar a los miembros de su equipo para que hagan lo correcto. Un buen líder es aquel que asume los riesgos de su deficiente dirección y que además reconoce en cada uno de sus colaboradores la importancia de su aporte y cómo ha contribuido en obtener el resultado buscado.

La mentalidad de trabajo en equipo es poco habitual en esta profesión y requiere ser desarrollada.

Abogado líder en relación con terceros que tienen poder de decisión

Por último, abordaremos la cuestión del liderazgo del abogado al presentar el caso ante un tercero imparcial, como pueden ser el juez o el jurado.

Como líder del equipo, el abogado tiene el encargo de representar el caso ante el juez de forma adecuada y convincente. Esto implica la capacidad de comunicar con persuasión y coherencia los argumentos y pruebas del caso, y de responder a las preguntas y objeciones de manera adecuada.

Así también, la integridad, responsabilidad y seriedad son cualidades cruciales que el abogado debe demostrar en todo momento durante el juicio, ya que su credibilidad es la mejor herramienta para ganar la confianza de los miembros del jurado o del juez. Una vez que se ha establecido la tesis a través del trabajo en la teoría del caso, el abogado debe liderar la presentación del caso de manera apasionada.

Es importante que el abogado tenga en cuenta desde el principio cómo va a concluir su exposición y qué palabras utilizará para hacerlo. El alegato de clausura es una oportunidad decisiva para unir todos los elementos de la teoría del caso frente al juez y convencerlo de la validez de su argumento.

La autenticidad, convicción y determinación del litigante marcarán la diferencia en la defensa de los argumentos orales.

Liderar significa entonces demostrar que se ha hecho un buen trabajo y que podemos defenderlo pese a la embestida del adversario.

➤ Abogado estratega

Máxima de la Litigación Oral 2: "Litigar es un arte que no da lugar a la improvisación."

La espontaneidad de las audiencias orales, en ese mano a mano acalorado que se da entre adversarios y entre estos y los jueces, hace imposible que tengamos tiempo suficiente para pensar detenidamente qué debemos responder ante cada disputa o requerimiento. Es ahora, ya, que se nos exige una argumentación o respuesta adecuada. Por lo tanto, solo aquel que conozca profundamente su caso, tenga en mente sus objetivos y esté dispuesto a seguir el plan trazado, es quien tendrá mejor agilidad mental para responder a estos desafíos.

Un litigante estratega es aquel que mira más allá y traza un plan completo que incluye en su análisis todas las etapas del proceso (previas, orales y apelativas) y solo después toma decisiones.

Esta segunda competencia o habilidad esencial que debe cultivar el abogado litigante es la maestría en la estrategia. Término tomado de las contiendas militares que, aplicado a la litigación oral, nos exige, luego de analizar todas las condiciones que rodean al hecho conocidas hasta el momento, diseñar un plan con objetivos a corto, mediano y largo plazo.

Esto incluye la posibilidad de alcanzar soluciones tempranas al conflicto, como la negociación y mediación, el planteo de nulidades o excepciones, y un análisis de cómo nuestras decisiones afectan a las partes involucradas. Además, se requiere analizar la estrategia del adversario, anticipando su potencial éxito para adelantarnos a su jugada y contraatacar rápidamente.

Dentro de dicho análisis, debemos incluir un apartado especial sobre cuál es la tendencia del tribunal en casos similares, qué prueba podremos obtener, cuál es su posible resultado, y cuáles son las dificultades que deberemos afrontar.

En el sistema acusatorio o en audiencias orales, el litigante no solo debe estar preparado para responder audazmente a interpelaciones, sino también para tejer estrategias astutas de manera temprana. Desde la fase de investigación hasta la defensa oral, anticipar movimientos, evaluar pruebas y construir argumentos sólidos son habilidades esenciales para el éxito.

¿Por qué es imperativa esta destreza?

Primeramente, similar a la planificación y diseño integral de una casa por un arquitecto, el abogado estratega debe concebir su trabajo de manera holística, desde el diseño hasta la ejecución. Iniciar con un sólido plan de trabajo y ejecutarlo meticulosamente en cada fase del proceso es imperativo.

Esta metodología planificada exige que el abogado trace una ruta clara, comprendiendo a fondo el punto de partida y el objetivo final que persigue en su caso, así como también anticipar e investigar posibles contratiempos y sorpresas a lo largo del juicio.

Por lo tanto, desviarse de esta ruta meticulosamente planeada podría comprometer la estrategia, generando un impacto adverso tanto para el cliente como para la representación del caso.

El trabajo preventivo no solo revela posibles debilidades a las cuales los abogados deben hacer frente, ya sea en cuanto a la propia destreza profesional, al caso, al cliente y a la narrativa que se expondrá en el juicio, sino que también demuestra coherencia, firmeza en valores, y una comprensión clara de los objetivos.

De hecho, cuando se trabaja con un equipo este enfoque estratégico permite liderar. Es una demostración de dirección consciente, donde el abogado además de comprender a dónde va, también sabe cómo llegar. Se trata de delimitar el trabajo, establecer metas finales y determinar, a través de un plan de acción, cómo se lograrán cada uno de esos objetivos.

Seguidamente, las actividades clave se identifican, se organizan las tareas secundarias para una implementación eficiente en una segunda etapa, y se evalúa la información necesaria para completar y representar adecuadamente el caso en el juicio oral.

Este método proporciona una estructura sólida para organizar la información disponible y detectar las lagunas que deben llenarse para una presentación efectiva en el tribunal.

Entonces, la habilidad estratégica del abogado litigante no se erige únicamente como una herramienta para su propio éxito, sino también como la brújula para guiar a su equipo hacia la consecución de objetivos sólidos y fundamentados.

➤ Abogado investigador

Máxima de la Litigación Oral 3: "Al juicio no voy a investigar qué es lo que pasó, voy a demostrarlo".

La curiosidad, el querer obtener una respuesta de un testigo reticente, el no saber el resultado de una investigación o no comprenderlo por lo complejo, pueden realmente arruinar tu caso. Veamos cómo el desarrollo de esta habilidad puede salvarte de cometer errores graves dentro del proceso.

En la contemporaneidad del siglo XXI, bajo el imperante sistema oral, el abogado litigante no puede confiar meramente en la comodidad de su despacho, esperando pasivamente la llegada de la información. Este profesional, que se enfrenta en audiencias orales en un mano a mano con su adversario, no tiene tiempo para ir a buscar información que consta en los libros, ni siquiera en sus propios apuntes. Debe estar listo para responder todo embate, lo cual se puede lograr cuando ha hecho una investigación profunda del caso, a tal punto que puede sintetizar información compleja valiéndose de palabras sencillas.

El litigante investigador asume el desafío de reunir información exhaustiva, superando incluso el conocimiento de su defendido respecto de los hechos que lo involucran. Por ende, resulta imperativo que el abogado desarrolle habilidades de investigación independientes, sin obviar la posibilidad de colaborar con investigadores privados o peritos.

La investigación legal va más allá de la mera revisión de expedientes; implica una inmersión activa en los hechos. El abogado, al abandonar la comodidad de su despacho, se aventura al escenario de los acontecimientos, entrevistándose con testigos, explorando los lugares de los hechos y recopilando datos que no siempre se reflejan en el expediente.

Es fundamental que esta indagación se realice de manera objetiva, permitiendo al abogado ampliar la información existente en el expediente y discernir sobre qué presentar y qué reservar. En un sistema oral, donde la relevancia del juicio radica en la determinación de los hechos, el abogado debe emprender todas las acciones conducentes para descubrir la verdad.

El abogado-investigador, luego de recopilar información, forma una convicción diferente a la obtenida sólo con la lectura de un expediente. Este proceso le permite determinar la evidencia necesaria para probar los hechos del caso en un juicio oral, consultando a otros profesionales según la materia.

Papel del abogado como investigador

1. Entrevistas y recopilación de datos:
   - Ir al lugar de los hechos para confirmar o discutir las circunstancias que rodearon la situación.
   - Obtener información valiosa no proporcionada por los asistidos ni reflejada en testimonios o actas.
   - Recopilar información mediante filmaciones, fotografías, croquis y entrevistas con vecinos.
2. Investigación del cliente:
   - Indagar sobre la reputación del cliente en la zona, antecedentes profesionales y relaciones familiares.
   - Evaluar la idoneidad de los testigos propuestos por el cliente para evitar sorpresas durante el juicio.
3. Análisis de testigos y condiciones de percepción:
   - Profundizar en la vida de los testigos, su relación con el cliente y las partes involucradas.
   - Identificar las condiciones de percepción de los testigos, su horario laboral, relaciones personales, etc.
   - Evaluar la utilidad de los testigos y anticipar debilidades que puedan surgir en el juicio.

Este procedimiento fortalecerá la posición del abogado como el conocedor más informado del caso y —desde luego— brindará las herramientas para anticipar y contrarrestar estratégicamente los argumentos del oponente. La investigación exhaustiva, en manos de un abogado comprometido, se convierte en un pilar esencial para revelar la verdad y prevalecer en el sistema oral.

➤ Abogado narrador de historias

Máxima de la Litigación Oral 4: "Será persuasiva la historia que mejor ha sido acreditada."

El juicio no es un juego, por lo tanto, no se trata de argumentar sobre hechos no probados, ni de desvirtuar el resultado de la prueba. Tampoco de teatralizar hechos inventados o de exagerar su significancia. Por lo tanto, estará en mejores condiciones de vencer el litigante que haya demostrado a lo largo del juicio que los hechos han sucedido en la forma en la que los anticipó, porque así ha quedado demostrado.

Veamos cómo esta habilidad puede enriquecer y lucir tus presentaciones orales:

Una vez que el litigante ha seleccionado la tesis que defenderá en el juicio, se embarca en la tarea crucial de desarrollar la narrativa de su caso, equiparable a la elaboración de una novela.

Esta fase implica la cuidadosa integración de los protagonistas, la exposición del conflicto en cuestión y el detallado despliegue de la investigación, desentrañando aspectos clave como la escena del suceso, los móviles subyacentes y los eventos concomitantes que rodean el hecho.

Llegado a este punto, y mediante un relato persuasivo, el litigante debe abordar las inquietudes universales, responder a las preguntas latentes y conducir a los oyentes hacia la conclusión de la trama, revelando la sustancia y el significado profundo de los acontecimientos. Este valor, descubierto en el proceso de elaboración de la teoría del caso, debe impregnar cada palabra expresada durante la presentación oral.

La adopción de esta habilidad narrativa va más allá de la mera litigación; se convierte en un instrumento para acercar la justicia a la esfera pública. Permite que la figura representada en el juicio, lejos de ser encasillada en etiquetas simplistas, se revele en toda su complejidad y humanidad.

El objetivo es claro: lograr que los miembros del jurado se sumerjan y se identifiquen con la versión que presentamos de los hechos, creando una conexión emocional y una comprensión profunda que trascienda los confines del argumento jurídico.

Infografía: Construyendo al Litigante Líder

Habilidades del Abogado Líder

Competencia	Descripción
Abogado líder	→ Desarrollo del liderazgo en cuatro áreas clave: autoconcepto, relación con el cliente, gestión del equipo y liderazgo en sala. → Autoliderazgo: diálogo interior, autoconocimiento, disciplina, actitud positiva y responsabilidad personal.
Abogado líder en relación con el cliente	→ Respeto mutuo y comunicación transparente. → Formación de un equipo de trabajo con el cliente. → Honestidad sobre debilidades del caso y estrategia. → Conocimiento profundo de la historia de vida del cliente para adaptar la teoría del caso.
Abogado líder en relación con su equipo de trabajo	→ Inspirar interés en los derechos y la historia del caso. → Colaboración activa con el equipo: lluvia de ideas, discusión de hipótesis y tesis. → Motivación del equipo mediante valores compartidos.
Abogado líder en relación con terceros que tienen poder de decisión	→ Representación persuasiva y coherente del caso ante jueces y jurados. → Integridad, responsabilidad y seriedad como herramientas cruciales. → Preparación cuidadosa para la presentación del caso en el juicio. → Alegato de clausura como oportunidad decisiva para consolidar la teoría del caso.

Habilidades del Abogado Estratega

Competencia	Descripción
Abogado estratega	→ Planificación holística del caso: diseño, ejecución y anticipación de contratiempos. → Trabajo preventivo para identificar debilidades y coherencia en la presentación. → Evaluación de información necesaria para la presentación en el juicio oral. → Identificación de actividades clave. → Organización de tareas secundarias.
Abogado estratega en equipo	→ Liderazgo estratégico para guiar al equipo hacia una meta sólida. → Delimitación de metas y plan de acción para lograr los objetivos.

Habilidades del Abogado Investigador

Competencia	Descripción
Abogado investigador	→ Desarrollo de habilidades de investigación independientes. → Colaboración con investigadores privados o peritos.
Papel del abogado como investigador	→ Entrevistas y recopilación de datos en el lugar de los hechos. Investigación del cliente y evaluación de testigos. → Análisis de condiciones de percepción y relevancia de la información.

Habilidades del Abogado Narrador de Historias

Competencia	Descripción
Abogado narrador de historias	→ Desarrollo de la narrativa del caso con la integración de protagonistas, pormenores del conflicto y detalles de la investigación. → Respuestas persuasivas a preguntas universales. → Creación de conexión emocional y comprensión profunda.

Si has llegado acá, has dado un paso adelante en miras de transformar tu realidad y convertirte en un litigante valioso y líder en tu campo.

A partir de ahora entraremos de lleno en lo que se refiere a las técnicas que conforman el arte de la litigación oral. Cabe destacar que ya he preparado tu mente para abordar de una manera más audaz e inequívoca estas importantes herramientas de la práctica legal que irás encontrando a lo largo de este libro.

Este es solo el inicio de un viaje fructífero hacia tu camino al éxito profesional, ¡así que no te detengas!

LA IMPORTANCIA DEL JUEGO LIMPIO EN EL PROCESO ACUSATORIO ADVERSARIAL

LOS ABOGADOS TAMBIÉN TRABAJAMOS LOS DOMINGOS

"El litigante deberá actuar conforme a los principios constitucionales y exigirá que las autoridades y su adversario también lo hagan"
DH

La historia que a continuación te comparto es probable que te suene familiar. Seguramente te han convocado para brindar tus servicios cuando estabas celebrando un cumpleaños, jugando con tus hijos o tal vez en medio de una cita. El deber llama en horarios impensados, y uno debe ponerse el traje y salir a batallar.

...Al fin había llegado el domingo. Era necesario tomarse un recreo y distraer la mente luego de transitar una semana agitada entre audiencias, causas nuevas, cursos, exámenes y mis preocupaciones familiares. Estábamos listos: mi esposo, mis 4 hijos, y yo para salir a festejar el cumpleaños de un amigo en su casa de fin de semana. El plan sonaba realmente fascinante. Pasar tiempo con la familia y amigos era justo lo que necesitaba. Pero... de pronto, sonó el teléfono celular. Del otro lado, se escuchaba a una mujer angustiada, que de manera muy desordenada me contaba acerca de la detención de su esposo y me solicitaba que rápidamente fuera a socorrerlo, para lo cual debía viajar más de una hora. De tantas preguntas que le formulé a Roxana, logré entender que hacía dos horas que la policía se apareció en el comercio familiar del rubro supermercado, manifestando que estaban allí porque habían recibido una denuncia. Le exigieron a su esposo que exhibiera las facturas de compra de unas bebidas alcohólicas, para finalizar con el secuestro de algunas mercaderías y la detención de quienes luego serían mis asistidos.

Así fue que —luego de pactar los honorarios— suspendimos nuestros planes y le pedí a mi esposo que me llevara a la comisaría, mientras organizaba todo para que unos amigos se ocuparan de llevar a nuestros hijos a la fiesta.

Me hice presente en la comisaría, donde me informaron que mis asistidos habían sido trasladados a una fiscalía de la Provincia de Buenos Aires. Realmente me sorprendía la rapidez con la que se estaban movilizando en este caso "tan particular." Emprendimos viaje nuevamente, y al llegar a la Fiscalía me presenté como abogada en la mesa de entradas, solicitando conocer los motivos de la detención, cuál era el delito por el cual se los acusaba y, por supuesto, que se me permitiera acceder al expediente. Además, como corresponde, quería entrevistarme directamente con mis asistidos. Todo lo anterior generalmente no presenta grandes dificultades, o no debería presentarlas. Sin embargo, en este caso, todo indicaba que no iba a ser igual.

El instructor, en principio, me decía que ellos ya habían aceptado la intervención del defensor oficial, que pronto iban a declarar y que, por tal razón, no era necesaria mi presencia allí. La situación se estaba complicando, y no había razones o, al menos hasta el momento, yo no las conocía. Mis sospechas se acrecentaron cuando no me querían dar información sobre la causa, ni recibir mi presentación. Ante mi insistente respuesta me decían que:... "La acusación," balbuceaba el instructor, "era por contrabando y robo de mercaderías en poblado y en banda." Acusación contradictoria, pero que además no podía ser posible en virtud de que mis asistidos eran comerciantes, no ladrones, ni piratas del asfalto.

Entonces, comencé a preguntarme qué había detrás de esa detención. ¿Cómo era posible que sea la Fiscalía la que les negara el derecho de asignar a un abogado de su confianza y se me negara a mí cumplir con mi deber de representarlos? La experiencia previa me hacía pensar: ¿Por qué el funcionario quería apurar las declaraciones de los imputados? ¿Por qué se los había trasladado tan rápidamente? ¿Y por qué se me trataba de excluir? Eran algunas preguntas que me hacía mientras exigía que se hiciera presente el titular del Ministerio Público Fiscal. Luego, me dirigí al Juzgado de Garantías en turno para poner en conocimiento del juez las irregularidades que se estaban cometiendo, tanto con escrito en mano como también con mis argumentos expresados a viva voz. Estaba dispuesta a todo. Tenía que hacerme oír; no había más remedio. Solicité, enérgicamente, que me permitieran —de manera inmediata— tener contacto directo con mis asistidos e ingresar al expediente de manera completa. Y finalmente, mi petición fue concedida.

Una vez superados todos estos obstáculos, y leer rápidamente el expediente, mis sospechas se concretaron. La detención jamás se podría haber llevado a cabo, por lo tanto, era ilegal y se produjo en base a un procedimiento totalmente irregular. Mis asistidos habían sufrido serios atropellos a sus garantías constitucionales, y tenía que dejarlos en evidencia. Desde luego, comencé a delinear una estrategia de defensa que consistió —en primer lugar— en la solicitud del decreto de nulidad del procedimiento policial, como también de la detención ilegal sufrida por mis asistidos.

Es decir, que debía atacar desde cuestiones técnicas y procedimentales el actuar policial que contaba hasta el momento con la apresurada convalidación de la fiscalía, además de exigir enérgicamente y de manera inmediata que trajeran a mis defendidos para concretar esa entrevista que desde la fiscalía querían evitar.

Todo lo cual no cayó en gracia al instructor quien, al igual que yo, estaba trabajando un domingo y tenía premura por resolver el caso hasta que esta abogada particular llegó con estos planteos y tantos otros que, por fines didácticos, dejamos para otra ocasión.

Es importante recordar que, para algunos funcionarios, los abogados particulares podemos resultar un estorbo, al demostrar que nuestro compromiso es con nuestro cliente y que, por lo tanto, estamos decididos a controlar todo acto y a defender la vigencia de las garantías y derechos puestos en juego en cada caso.

Pero lo que piensen algunos funcionarios sobre nuestro rol no debe hacer mella respecto al accionar que debemos desplegar, más aún cuando se cometen arbitrariedades como la expuesta.

En definitiva, lo que quiero transmitir valiéndome de este caso como ejemplo, es que nosotros, los litigantes, debemos custodiar —en todo tiempo y lugar— las garantías constitucionales de nuestros asistidos. No sólo en pleno juicio oral, sino, como sucedió en este caso, en las etapas iniciales del proceso. Estas violaciones pueden cometerse tanto por oficiales de las fuerzas de seguridad como también por funcionarios judiciales y por el propio encargado de la investigación. En consecuencia, los abogados debemos estar preparados para destacar incluso un día domingo, con el proceso iniciado y los clientes arbitrariamente detenidos. Hay que estar listos porque, cuando el deber llama, ya no hay tiempo para tomar los libros y ponerse a estudiar.

Eres tú, abogado, litigante particular o defensor público, quien debe estar dispuesto a transitar por momentos de incomodidad y defender los derechos confiados.

Porque, en definitiva, "Todos y cada uno de nosotros, los litigantes de todo el mundo, hemos hecho el mismo juramento: defender la vigencia de las garantías individuales que se encuentren afectadas. Por lo tanto, debemos honrar esa promesa con actos concretos, palabras acertadas y argumentos sólidos cada vez que sea necesario y el deber nos llame, frente a quien sea."

El proceso oral:
Esencia del proceso acusatorio adversarial

El litigante se erige heroicamente en defensa de las leyes y del sistema frente a cualquier abuso de poder.

El modelo del proceso acusatorio destaca como una innovación sustancial en comparación con otros sistemas procesales. Representa un enfoque revolucionario en el proceso de juzgamiento, marcando una clara ruptura con prácticas anteriores, especialmente el proceso inquisitivo y mixto. De esta manera, se erige con la misión de salvaguardar las garantías individuales y los derechos ciudadanos, estableciendo reglas y principios cruciales que todo profesional del derecho debe comprender y aplicar para asegurar el cumplimiento del debido proceso.

Sin embargo, la implementación del proceso acusatorio no nos garantiza su pleno funcionamiento y eficacia. Para lograrla, se requiere voluntad, determinación, capacitación constante a sus operadores, compromiso de toda la comunidad jurídica, control y seguimiento por parte de las autoridades.

Más fundamental que todo lo expuesto es el rol que ejercemos los litigantes, tanto dentro como fuera del proceso, puesto que somos quienes detectamos esas fallas que abierta o solapadamente van dañando todo lo que se ha logrado conseguir.

La observación de la realidad evidencia que, si bien hemos avanzado tanto en la transparencia de los sistemas como en su eficiencia, todavía nos falta mucho por conseguir. No podemos asegurar que dichos avances están consolidados, sino todo lo contrario. El sistema oral y sus principios sufren frecuentemente intentos de desestabilización.

Es preciso reconocer que siempre hay ataques a este tipo de procesos, porque a muchos no les resulta conveniente. Ataques que pueden generarse desde dentro, ya sea por operadores que tienen una mentalidad inquisitiva, porque no están preparados en técnicas de litigio estratégico, o porque no respetan la garantía del juego limpio. Ataques que pueden ejercer las fuerzas de seguridad al avanzar contra los individuos, gracias a que no encuentran un freno en el poder judicial. También acometidas de cualquier poder del estado porque el sistema de frenos y contrapesos no funciona. Incluso provienen de la prensa u otros aparatos de poder, al no respetar las normas procesales establecidas para el esclarecimiento de los hechos.

Por ello, confío plenamente en el rol social que cumplimos los abogados litigantes. Somos nosotros quienes, ajenos al adormecimiento o acostumbramiento que produce el hecho de pertenecer a cualquier poder del estado, podemos advertir de manera temprana que algo está mal y actuar en consecuencia.

Somos nosotros quienes debemos estar atentos y reaccionar. En épocas en las que muchos quieren desprestigiarnos o imponer la idea de que somos prescindibles, es preciso responder con mayor fuerza. Somos los litigantes quienes delatamos la comisión de atropellos a la vida, libertad, seguridad y tantos otros bienes y derechos en juego. Gracias a nosotros, esas transgresiones no son la regla, sino la excepción. Gracias a nosotros, la creencia de que la justicia puede ser alcanzada es una realidad.

Mi convocatoria es abierta y clara: quiero que te sientas y te conviertas en un héroe, puesto que así somos percibidos por quienes sufren una situación inmerecida y acuden a nuestro auxilio. Porque todos los abogados estamos obligados a actuar en defensa de la ley suprema. Somos percibidos muchas veces como el héroe que rescata al detenido injustamente, que está dispuesto a pelear con argumentos audaces contra la autoridad, que enfrenta cara a cara al agresor de una víctima desesperanzada. Somos los intelectuales guerreros vestidos de traje o con tacones, quienes, con la Constitución Nacional en la mano, salimos por las mañanas a litigar para que nuestros asistidos reciban el alivio que reclaman. Somos quienes colaboramos en la búsqueda de la verdad y hacemos de nuestros países lugares más justos. Nuestra tarea es noble y fundamental, por ello debemos ejercerla con sumo orgullo.

Análisis sobre el Proceso acusatorio

Un abordaje centrado en la verdad, la justicia y en la protección del individuo.

Porque... Cambiar de traje no significa cambiar de contenido.

A pesar de la apariencia de lejanía que pueda tener esta discusión sobre las diferencias entre un proceso inquisitivo, mixto o adversarial, resulta crucial recordar que el sistema inquisitivo regía en toda Latinoamérica hasta muy recientemente. Incluso en algunas jurisdicciones de la Argentina, donde ejerzo, continúa siendo aplicado en el ámbito nacional para la investigación de delitos de alta envergadura. Es —recién— ahora que se está llevando a cabo la implementación del nuevo Código Procesal Penal Federal, fundamentado en un enfoque acusatorio.

Cabe decir que el procedimiento inquisitivo no es una reliquia olvidada en el tiempo, sino más bien una entidad cuyos fundamentos son dignos de ser recordados y analizados. La característica preeminente de este proceso radica en la consolidación de poderes en manos del juez, quien detentaba la exclusividad para perseguir, investigar y sancionar al acusado por un delito específico. El juez inquisitivo, investido con la autoridad para iniciar investigaciones de oficio, ejercía, mediante los atributos conferidos por su investidura, diversas acciones destinadas a esclarecer la comisión de un presunto delito.

Sin embargo, es sincero de mi parte reconocer que ese perfil de inquisidor puede estar presente incluso dentro de un proceso acusatorio y que me ha tocado lidiar con fiscales que son más inquisidores que los antiguos jueces que ejercen o ejercieron en un sistema inquisitivo o mixto. También podemos ver sus rasgos característicos en procesos civiles, de familia o contencioso-administrativos.

No obstante, es fundamental destacar que, además de liderar la investigación, el juez inquisitivo asumía la responsabilidad de pronunciar sentencias y condenar al sospechoso por los hechos que él mismo había indagado. Esta confluencia de facultades jurisdiccionales y acusatorias en una sola figura era posible gracias a la concepción del juez como un delegado divino, cuyos poderes emanaban del monarca, a su vez investido como representante de Dios. Las atribuciones conferidas por el rey eran percibidas como una delegación divina, atribuyendo al juez ciertas virtudes y dones especiales que lo diferenciaban de los ciudadanos comunes.

En el contexto de este sistema inquisitivo, las resoluciones del juez gozaban de una autoridad absoluta. Este paradigma se sustentaba en la noción de que el individuo bajo investigación era considerado un objeto de prueba, sujeto a la aplicación de tormentos, azotes y castigos con el propósito de obtener una confesión. Históricamente, la confesión se erigía como la máxima prueba, siendo la reina indiscutible de la evidencia. Afortunadamente, en la evolución de estas facultades, se ha abandonado este enfoque, otorgando al proceso mayor imparcialidad y protección de los derechos individuales.

Resulta menester subrayar que, en contraposición a la discrecionalidad del juez en ese contexto, se imponía lo que se conocía como prueba tasada. Este principio limitaba la interpretación y aplicación de las facultades del juez, proporcionando un marco normativo que garantizaba la equidad y la justicia en el desarrollo del proceso inquisitivo.

Esta metodología inquisitiva ha sido relegada hace un tiempo considerable. No obstante, numerosos profesionales del ámbito judicial se muestran renuentes a incorporar los cambios necesarios en la administración de justicia. Esta resistencia no sólo se fundamenta en la habitualidad del ejercicio de sus roles, sino también en la falta de confianza en la capacidad de los litigantes para desempeñar eficazmente sus funciones. Surge el temor de no poder descubrir la verdad detrás de los acontecimientos.

La diferencia sustancial se manifiesta cuando el juez asume personalmente la investigación y promueve diligencias en función de opiniones preconcebidas, prejuicios o información recientemente adquirida. En este acto de asunción, el juez se vuelve responsable de las decisiones que emite en concordancia con su función, a diferencia de cuando depende de terceros ajenos para llevar a cabo dicha facultad. Este cambio de paradigma requiere una transformación en la conciencia y un proceso extenso de capacitación, pues instar a los jueces a abandonar el antiguo papel de inquisidores demanda un ajuste en su enfoque.

Asimismo, se destaca otra de las características fundamentales del régimen inquisitorio: la realización a puertas cerradas y con escaso control de las partes. La monopolización de funciones por parte del juez no favorecía la participación activa del fiscal o las partes en la discusión de un asunto bajo análisis. Además, este método se caracterizaba por ser predominantemente escrito, lo que limitaba el conocimiento del juez sobre los involucrados, a menos que estuvieran a punto de recibir una sanción.

En este contexto, es vital recordar que el sistema inquisitivo, con escaso control de las partes, así como procesos escritos y secretos, alejaba la justicia de la percepción pública y generaba desconfianza en la sociedad. La transición al método mixto en muchos países latinoamericanos, incluida Argentina, ha introducido una fase escrita y una audiencia oral, pero ha planteado desafíos, como la incorporación de pruebas escritas en el juicio oral.

La convergencia de métodos escritos y orales en el proceso mixto ha generado problemas, permitiendo la introducción de pruebas por lectura en el juicio oral, lo que ha afectado principios fundamentales como la contradicción, la inmediación y el derecho de defensa en juicio, conduciendo a sentencias erróneas. Aunque el proceso inquisitivo representó un avance en su momento, sus limitaciones, como la tendencia del juez a conservar facultades investigativas, resaltan la necesidad de sistemas más equitativos.

Con todo, y a pesar de haber sido en gran medida desterrado, persiste en varios países, especialmente aquellos bajo regímenes autoritarios donde la democracia no prevalece, como es el caso de China y algunos países del Medio Oriente. La vigencia de este sistema también se manifiesta en la cultura de sociedades que demandan, a menudo a través de denuncias públicas, que la mera acusación se traduzca automáticamente en una condena, fenómeno alentado por los medios de comunicación —y las redes sociales de hoy día— que no siempre difunden los principios cruciales que deberían ser promovidos.

Por otro lado, el sistema acusatorio regula las formas en las que el proceso por audiencias debe llevarse a cabo.

Se erige sobre una serie de garantías fundamentales, estableciendo límites para sus operadores. De alguna manera, es una proyección de las garantías individuales y procesales establecidas en las Constituciones nacionales de nuestros países. El individuo afectado está en condiciones de reclamar, casi en pie de igualdad, frente a un juez o jurado imparcial para que quien cometió la acción o la omisión perjudicial reciba su castigo o repare de algún modo y conforme lo establece la ley.

Incluso ese individuo puede ser acusado de cometer terribles hechos; sin embargo, en el ejercicio de la persecución penal, no vale todo, puesto que hay ciertos ámbitos sobre los cuales no se puede avanzar, tampoco se puede ejercer de cualquier modo.

Por ello, hay datos que son realmente reveladores. Aquellos países cuyos gobiernos son autoritarios o se asemejan poseen sistemas procesales inquisitivos. Aquellos países donde el ejercicio del poder es democrático o liberal poseen sistemas procesales acusatorios. Y aquellos que están viviendo una transición o no están muy definidos tienen procesos mixtos.

El problema que se vive en estos países con procesos mixtos es principalmente que las reglas no son claras. Los ciudadanos viven una profunda desilusión de la justicia, puesto que la ley no se aplica de manera pareja para todos. Por lo tanto, esa inseguridad jurídica genera que muchos conflictos se resuelvan por fuera del sistema legal. De ahí que insisto en que la formación en litigación oral puede ser la pieza clave para afianzar esas bases de comprensión necesarias y dar el salto cualitativo que permita derrocar aquel sistema opresor y pasar a uno de vigencia plena de garantías y principios.

El perfeccionamiento de este método procedimental se manifiesta tanto en su óptica del individuo como sujeto de derecho, como en la creación de nuevos roles en pro de la búsqueda de justicia.

Por mejor decir, la oralidad, una característica esencial del proceso acusatorio, divide el procedimiento en etapas que, conducidas a través de audiencias orales, demanda un conocimiento profundo de los roles y funciones que deben desempeñar los litigantes y operadores tanto dentro como fuera del ámbito judicial.

Por tanto, la transparencia inherente al proceso acusatorio —al exhibir de manera pública tanto nuestras competencias como las posibles deficiencias en la preparación de abogados y jueces— es esencial para restaurar la legitimidad del sistema de justicia.

De ahí que resulte pertinente reflexionar sobre la trascendencia de adquirir conocimientos y destrezas que permitan resolver controversias y disputas mediante un enfoque informado y actualizado.

En este sentido, el proceso acusatorio se presenta como el método más evolucionado de juzgamiento en la actualidad, proporcionando un marco robusto y equitativo para la administración de justicia.

Sin embargo, es imperativo reflexionar sobre el contexto histórico del proceso inquisitivo, conocer sus características, ya que sus rasgos, modos de ejercerse y vicios pueden estar presentes en nuestros sistemas judiciales, y es necesario advertirlo a tiempo. Luego abordaremos qué involucra la implementación, puesta en funcionamiento y actuación dentro del sistema acusatorio.

Antes bien, el principio de presunción de inocencia es fundamental en el ámbito de la justicia, siendo esta la instancia donde deben resolverse los conflictos legales. Así pues, es importante señalar que el sistema inquisitivo no ha sido completamente erradicado de todos los países ni de nuestras culturas. Por ende, es crucial destacar ciertas consideraciones, en calidad de observadores y agentes del sistema de justicia, para preservar y garantizar el respeto a las garantías individuales en cada caso en el que intervenimos.

» En primer lugar, como profesionales del derecho, tenemos la responsabilidad de velar por la adecuada aplicación de los principios jurídicos en cada caso particular. En este sentido, resulta necesario enfocarnos en la salvaguarda de los derechos consagrados en la Constitución, comunicando a la sociedad la importancia de respetar estos fundamentos legales. Los abogados desempeñamos un papel esencial como comunicadores y educadores, transmitiendo a la sociedad la vigencia de principios irrenunciables que deben preservarse en todo proceso judicial.

» En segundo lugar, nuestra labor como abogados implica ser agentes de paz, actuando como representantes de las diversas demandas de la sociedad y las partes involucradas. Contribuimos al funcionamiento eficiente de los sistemas de justicia, siendo esenciales para la resolución pacífica de conflictos. Al exigir un desempeño óptimo de los sistemas judiciales, promovemos la armonía social y reducimos los reclamos de la sociedad.

Dicho lo anterior, el sistema acusatorio adversarial —evidente y necesariamente— emerge como una evolución significativa, superando las dificultades inherentes a los sistemas anteriores y ofreciendo una solución sorprendentemente efectiva para superar los desafíos presentes en los métodos precedentes.

¿Qué significa el sistema acusatorio adversarial de justicia?

Máxima de la Litigación Oral 5: "Acostumbrados a que se incurra en la trampa nos vimos obligados a desconfiar. Entonces...Desconfía."–DH.

¿Por qué es importante conocer las garantías individuales? Pues, porque siempre hay una excusa para avanzar sobre ellas.

Es así como, a la luz de esta afirmación, surge el sistema acusatorio adversarial en los países democráticos, pues viene a resarcir a la justicia de las terribles consecuencias y quebrantamientos que, por mucho tiempo, vienen arrastrando el sistema inquisitivo y el sistema mixto, respectivamente.

Los roles en el proceso acusatorio adversarial

1. La acusación pública:

El sistema acusatorio y adversarial, aunque a menudo se emplean de manera intercambiable, poseen distinciones fundamentales que arrojan luz sobre la estructura de roles y funciones. En este contexto, el Ministerio Público emerge como el ente encargado de formular la acusación contra un individuo específico por la presunta comisión de actos tipificados como delitos por la legislación vigente. Es imperativo destacar que esta tipificación del delito ha sido preestablecida por la ley, siendo este un componente esencial del debido proceso legal, un aspecto que se explorará más detenidamente en subsiguientes discusiones.

En el ejercicio de su función, el Ministerio Público tiene la autonomía para presentar la acusación de manera independiente, en cumplimiento de su obligación inherente.

Abro un pequeño paréntesis para dejar plasmado un problema que mancha al proceso acusatorio en la actualidad:

Es importante observar cómo algunos fiscales desempeñan su rol dentro del proceso.

Esa autoridad y cierta autonomía en el ejercicio de la acción penal pública lleva a muchos fiscales a que se comporten como adversarios del defensor y sostengan acusaciones sin fundamento suficiente u oculten información que podría favorecer a la parte imputada del proceso.

O también aquellos otros que no saben distinguir lo real de lo ideológico y se suman a una ola preocupante de pedir prisiones preventivas sin que se acrediten riesgos procesales o, peor aún, pedir la condena de personas sobre las cuales no han demostrado culpabilidad.

Realmente es alarmante que, a pesar de recaer en los fiscales la obligación de custodiar las garantías individuales, entre las que se encuentran la del debido proceso y presunción de inocencia, se desempeñen en una especie de "vale todo" y cometan actos contrarios a su función.

Ni hablar de la litigación que muchos ejercen de manera desleal, introduciendo pruebas a último minuto o incluso en pleno juicio, forzando al juez a su admisión.

Son muchas veces quienes, a pesar de la orfandad probatoria con la que se presentan a juicio, sostienen acusación y peticionan condenas severas porque proclaman abiertamente que la palabra de la denunciante, a quien llaman víctima, equivale a una condena. Y olvidan el deber de objetividad que deberían imprimirle a toda su actuación.

Torturas corporales no ejercen de manera directa, como ordenaban aplicar sobre el cuerpo de los acusados los jueces inquisitivos. Sin embargo, muchas veces piden medidas cautelares sin razón o apoyan los escraches y las condenas mediáticas. Flagelos que se cometen en pleno Siglo XXI.

Son temas que realmente deben abrirse al debate y que quería introducir de manera preliminar, para dejar asentado que el hecho de cambiar de un proceso inquisitivo o mixto a uno acusatorio no viene a resolver todos los problemas. Estoy convencida de que, si no corregimos la mentalidad de los operadores (jueces y fiscales son representantes del Estado), no resolveremos nada de manera profunda y definitiva.

2. La acusación privada:

Ahora si volviendo al tema en cuestión, es importante subrayar que esta acusación puede ir acompañada de la presentada por una querella, es decir, cuando la víctima se integra al proceso como parte querellante. No obstante, es crucial reconocer que la Fiscalía y la querella no siempre coinciden en su perspectiva, ya sea respecto de la secuencia de los acontecimientos o de la imputación específica formulada contra el acusado. En numerosas ocasiones, la Fiscalía y la querella discrepan, ya sea en relación con la calificación legal del delito o incluso al considerar que la infracción fue perpetrada por otro individuo. Esta divergencia puede reflejarse en sus solicitudes al tribunal, siendo posible que la Fiscalía abogue por la condena, mientras que la querella podría inclinarse hacia la absolución. Aunque casos excepcionales, estas discrepancias son una realidad palpable, particularmente desde mi experiencia personal ejerciendo como abogada querellante en representación de las víctimas.

En el ámbito procesal penal, la acusación recae primordialmente en el Ministerio Público, el cual puede optar por avanzar con la acción penal y llevar al imputado a juicio oral o, en ciertos casos, desistir de la misma. La parte acusadora o Fiscalía tiene la responsabilidad de presentar pruebas que demuestren que el acusado ha cometido un delito. Asimismo, debe seguir los procedimientos legales y respetar los derechos del acusado durante el proceso. Además, se encarga de solicitar la imposición de una pena en caso de que se condene al acusado.

En países latinoamericanos, la querella puede asumir esta facultad de manera exclusiva, prescindiendo de la participación del fiscal, una situación que he experimentado en múltiples ocasiones logrando condenas sin el respaldo de la Fiscalía.

Además de la parte acusadora, inherente al proceso penal, se encuentra la defensa, la cual desempeña un papel activo. Ambas partes investigan, desarrollan sus teorías del caso y presentan argumentos durante el juicio. Este proceso implica —además del manejo de palabras— la investigación, el desarrollo de argumentos, el interrogatorio y contrainterrogatorio de testigos y peritos, así como la presentación de evidencias materiales.

3. La defensa:

El rol de la defensa es el de representar al acusado en un juicio. Su función principal es garantizar que se respeten los derechos del acusado y presentar una defensa en su nombre. El abogado defensor debe asegurarse de que el proceso sea justo y que se presenten pruebas que respalden la inocencia del acusado. Es importante destacar que el abogado defensor no tiene la responsabilidad de probar la inocencia del acusado, sino de garantizar que se respeten sus derechos y que se presente una defensa adecuada.

En contraste, el juez, en el marco de un sistema acusatorio adversarial, adopta un rol pasivo. Esta característica distintiva lo diferencia significativamente de su papel en sistemas mixtos o inquisitivos. La pasividad del juez radica en la imposibilidad de llevar a cabo investigaciones, proponer pruebas o interrogar testigos durante el juicio oral, a excepción de situaciones excepcionales. Tal limitación busca preservar la imparcialidad del juez hasta el momento en que emite una sentencia que pone fin al litigio.

Igualmente, al juez se le prohíbe arrogarse facultades relacionadas con el impulso de la acción penal. Aunque pueda considerar que el fiscal actúa de manera indebida, el juez no puede asumir el papel de fiscal para impulsar la acción penal. Por ello, aquellos que ejercen la abogacía de manera independiente deben considerar la posibilidad de constituirse como parte querellante, ya que el papel de la víctima, aunque importante, no es suficiente para desempeñar activamente el rol de acusador al concluir el juicio. Esta clara demarcación de funciones y roles es esencial en el marco del proceso penal.

Así es como el proceso acusatorio adversarial establece un claro marco de actuación para las partes involucradas: el fiscal, la querella y la defensa. Asimismo, delinea la posición del juez, permitiendo comprender las facultades y limitaciones de cada actor en la búsqueda del objetivo final, que es la revelación de la verdad.

La oralidad en el proceso civil: Un avance inexorable

La tendencia hacia la oralidad en el ámbito del proceso civil no experimenta retroceso alguno; por el contrario, se proyecta de manera inexorable hacia un progreso continuo. Los modernos códigos procesales deben incorporar procedimientos que destaquen por su eficiencia, en marcado contraste con regulaciones anacrónicas. Las audiencias orales, presididas por jueces comprometidos con la búsqueda de la verdad procesal, aportan una mayor visibilidad a los actos jurídicos, celeridad a los trámites y claridad en la expresión.

En virtud de ello, el imperativo de la colaboración procesal y la prohibición de tergiversar los hechos benefician no únicamente a la parte más astuta, sino principalmente a aquella que ostenta la verdad de su lado. La conjugación de estos principios no solo fortalece la integridad del sistema judicial, sino que también contribuye a la equidad y transparencia que deben caracterizar a todo proceso legal.

En contraposición al antiguo proceso escrito, donde los jueces, influenciados por presiones sociales, asumían un papel inquisitivo, el sistema actual encomienda la responsabilidad de buscar la verdad a las partes, conforme a las reglas procesales. El juez, manteniendo imparcialidad, no podría realizar investigaciones independientes ni suspender audiencias para obtener más información.

Y aquí es importante hacer hincapié sobre el deber que tienen los litigantes de conocer a fondo las normas procesales, investigar meticulosamente sus casos y dominar técnicas de litigación oral. Pues, un caso bien investigado carece de eficacia si no se sabe presentar adecuadamente en el juicio.

En el proceso acusatorio y en el proceso civil que se desarrolla a través de audiencias orales, la esencia se encuentra en los hechos, a diferencia de sistemas anteriores que priorizaban la ley. La discusión se centra en la veracidad de los hechos, la participación de las partes, etc.

La oralidad y desformalización del sistema buscan acercarse a la gente y buscar la verdad sin excesivos tecnicismos.

En atención a lo cual, todo litigante debe tener en cuenta la importancia de investigar y presentar los hechos de manera clara y comprensible. El objetivo es responder a las preguntas que surgen al conocer un hecho delictivo. Además, se fomenta un debate libre entre las partes, para buscar información legalmente y presentar sus teorías de manera estratégica.

A diferencia del procedimiento escrito, en el cual los litigantes a menudo construían o ajustaban su caso según los acontecimientos diarios, tanto el proceso acusatorio en el ámbito penal, como la oralidad del proceso civil, otorgan la posibilidad de implementar un plan de trabajo. Este enfoque, como se puede apreciar, es considerablemente más ordenado y se alinea más con las expectativas de las personas, siendo más comprensible, accesible y, sobre todo, amigable para los justiciables, aquellos individuos que están directamente involucrados en la disputa y buscan una solución. En la actualidad, se aspira a métodos de resolución de conflictos que sean simples en lugar de complejos.

Principios procesales que fundamentan el proceso adversarial

Estos principios, destinados a regular la potestad punitiva del Estado en la persecución de delitos, representan un límite claro al poder del Estado sobre las garantías individuales.

Al tiempo que constituyen un marco normativo que determina cuándo y bajo qué condiciones el Estado puede avanzar en la persecución de delitos, y en caso de violación de estas garantías constitucionales, se establece una sanción tanto para el acto procesal en cuestión como para los funcionarios involucrados.

En segundo lugar, actúan como un marco de actuación tanto para los jueces como para los litigantes.

En cuanto a los jueces, al recibir actos procesales que vulneran las garantías individuales, deben ejercer su rol de dirección y control.

De igual manera, proporcionan un método de control sobre la actuación de los demás intervinientes o agentes, permitiendo cuestionar y anular actos procesales que violen dichas garantías, como allanamientos ilegales, detenciones sin orden judicial o confiscaciones que vulneren el derecho de propiedad.

En tanto a los litigantes, les brindan una guía sobre cómo actuar, recordando que son ellos quienes deben cumplir con estos principios en primer lugar. Por ejemplo, un fiscal no puede justificar un allanamiento ilegal, incluso en el contexto de una investigación compleja.

Estos últimos deben abstenerse de utilizar resultados obtenidos mediante la violación de garantías constitucionales, reafirmando así el compromiso con un sistema de justicia que prioriza el respeto a los derechos fundamentales.

Principios que integran el sistema acusatorio adversarial

La observancia de las normas constitucionales, procesales y de los principios rectores es esencial para garantizar la integridad y equidad del sistema de justicia.

1. Oralidad

Uno de los fundamentos primordiales del sistema jurídico actual radica en el principio de oralidad. Es pertinente destacar que, a diferencia de los procedimientos inquisitivos —que se caracterizaban por su naturaleza eminentemente escrita— y el proceso mixto, que experimentó una significativa evolución al desplegarse en dos fases: una escrita y otra oral. En el marco del proceso acusatorio, se consolida un paradigma judicativo enteramente oral, donde las diversas controversias se dilucidan mediante la celebración de audiencias orales. Este modelo no se limita únicamente al juicio y al debate oral y público, sino que también abarca otras resoluciones, como las solicitudes de prisión preventiva por parte del fiscal, las peticiones de excarcelación de la defensa, las instancias de embargo solicitadas por la querella, entre otras medidas cautelares. Además, se extiende al abordar litigios mediante métodos alternativos de resolución de conflictos, todo ello bajo el enfoque de audiencias orales.

La oralidad, como principio rector, conlleva la observancia de otros principios que serán abordados en su debido momento. Sin embargo, cabe resaltar que uno de los beneficios más notables de este enfoque radica en el acceso directo a los despachos judiciales. En contraste con la antigua práctica de resolver de manera individual las disputas, los jueces ahora se encuentran abiertos a la interacción directa con las partes involucradas. Este cambio resulta fundamental ya que, anteriormente, los jueces decidían sobre asuntos trascendentales en la vida de las personas sin haber establecido un encuentro cara a cara con ellas, lo cual propiciaba malentendidos y prejuicios.

Por tanto, la necesidad de que el juez perciba personalmente los eventos de un proceso, conozca a las partes y aprecie tanto sus argumentos verbales como sus expresiones corporales, se erige como imperativa.

De modo que la oralidad, además de buscar que el juez sea el testigo principal de los acontecimientos en el juicio, también pretende que forme sus impresiones iniciales, las sostenga o las modifique a medida que avanza el proceso y, finalmente, que su convicción al momento de emitir un fallo sea sólida y fundamentada.

En contraposición a los procedimientos anteriores, donde el juez —de manera aislada— basaba sus decisiones en manuales jurídicos, consultas con asesores o reuniones privadas con su secretario para abordar casos complejos; la oralidad propicia la apertura de las puertas del despacho judicial. Esto posibilita que las partes conozcan al juez, lo vean personalmente, reconozcan su humanidad; y le permitan al juez comprender, e incluso, proponer alternativas de solución en algunos casos.

La autoridad emanada de un dictamen oral se distingue significativamente de aquella impuesta a través de un escrito, ya que incorpora elementos de contacto directo, expresión facial y otras dimensiones que enriquecen la perspectiva decisora y contribuyen a la legitimidad del proceso. En definitiva, la oralidad no solamente transforma la naturaleza del proceso judicial, sino que también revitaliza la relación entre el juez y las partes, fomentando una administración de justicia más transparente, participativa y cercana a las demandas de la sociedad.

2. Publicidad

El segundo de los principios es el de publicidad, el cual engloba una serie de consideraciones significativas para la sociedad. Para empezar, es importante recordar que los actos de gobierno deben ser siempre públicos; es decir, deben ser sometidos al escrutinio ciudadano. Este imperativo es particularmente esencial en países democráticos y liberales, donde aquellos investidos con roles de autoridad, independientemente de su cargo, están obligados a rendir cuentas por sus acciones.

En este marco, el Poder Judicial, durante muchas décadas, se ha sustraído en cierta medida a este control ciudadano; no obstante, en la actualidad, este escrutinio se materializa a través de su participación en audiencias orales públicas.

La apertura de las audiencias al público permite la participación de las partes involucradas y posibilita la intervención de terceros interesados, miembros del público en general e incluso representantes de los medios de comunicación. Al abrir las puertas de los tribunales de justicia, se fomenta la participación activa de la ciudadanía en la supervisión del desempeño de las funciones judiciales. De esta manera, la transparencia lograda mediante la publicidad de los actos de gobierno, especialmente en el ámbito judicial, refuerza la necesidad de que este poder del Estado rinda cuentas por sus decisiones.

La presencia del juez en la misma sala donde se lleva a cabo el juicio —junto con las partes y sus litigantes— y bajo la observación del público y la prensa, constituye la imparcialidad del proceso; al mismo tiempo que compromete al juez a decidir conforme a los hechos presentados. Esta exposición pública facilita la formación de conclusiones lógicas y razonables por parte de la sociedad, lo que, a su vez, actúa como un contrapeso que impide resoluciones injustas.

Los beneficios derivados de la publicidad de los actos judiciales son sustanciales. No obstante, esta transparencia también impone una mayor responsabilidad tanto a los litigantes como a los jueces. La labor de los abogados debe realizarse con diligencia y conocimiento exhaustivo de los hechos del caso, ya que cualquier deficiencia se evidenciará ante la audiencia pública. Por otro lado, la actuación de los jueces queda expuesta a la evaluación de la ciudadanía, asegurando que sus decisiones sean razonadas y conformes a la justicia.

Entonces, la publicidad no sólo sirve como medio de control sobre la actividad judicial, sino que también desempeña un papel educativo en la sociedad. La apertura de los tribunales a la participación ciudadana contribuye a la comprensión de las garantías individuales y fomenta el abandono de prejuicios, promoviendo así una apreciación más informada de las decisiones judiciales.

Igualmente, la prensa desempeña un papel fundamental al divulgar información de calidad, acercando a la sociedad a los casos judiciales de interés público. Así pues, la publicidad confirma o refuta condenas mediáticas, incluso, educa a la sociedad y actúa como un canal de comunicación entre el poder judicial y la opinión pública.

3. Inmediación

El principio de inmediación impone al juez la obligación de tener un contacto directo con toda la prueba presentada durante el juicio, al tiempo que prohíbe la delegación de esta responsabilidad a otros funcionarios; garantizando así, que el juez esté presente en cada audiencia oral y perciba personalmente la evidencia presentada.

La inmediación es importante porque permite al juez evaluar las pruebas en tiempo real y hacer preguntas directas a las partes para obtener una mejor comprensión de los hechos. De esta manera, el juez puede evaluar la credibilidad y la fuerza probatoria de las pruebas presentadas, lo que contribuye a una decisión judicial más justa y precisa.

De igual modo, el juez puede evaluar el comportamiento de las partes y garantizar que se respeten los derechos procesales de todas ellas; puede detectar posibles irregularidades y abusos que podrían afectar la imparcialidad del proceso y corregirlas de manera oportuna.

La inmediación fortalece la legitimidad de las decisiones judiciales al asegurar que estas se basen en la información veraz recopilada durante el juicio, sin posibilidad de recurrir a la lectura de expedientes o documentos ajenos a la audiencia. Este principio es esencial para preservar la imparcialidad y la integridad del proceso judicial.

4. Concentración

El principio número cuatro, conocido como el principio de concentración, establece la imperativa necesidad de llevar a cabo —preferiblemente en una única audiencia o en audiencias simultáneas— la mayor cantidad de actos procesales viables. No obstante, dicha concentración debe ser ejecutada con prudencia, evitando que la duración de estos actos procesales resulte en la fatiga de los participantes. Es bien sabido que la participación en audiencias orales impone una carga significativa tanto a los litigantes como a los jueces, por lo que se debe evitar la extensión desmedida de los actos, preservando la calidad de la atención y evitando la disminución de la eficacia a lo largo del tiempo.

Este principio —además de que aboga por la realización de múltiples actos procesales en una misma audiencia, como se mencionó arriba— también persigue el objetivo de permitir que el juez retenga información relevante sobre los acontecimientos. La calidad de esta información es crucial, considerando que el transcurso del tiempo puede afectar la memoria de todas las personas involucradas. Imaginemos el escenario en el cual un juez recibe alegatos de apertura y declaraciones iniciales sobre un caso de homicidio simple en un día, y al día siguiente enfrenta argumentos sobre un homicidio agravado o testimonios de otro caso. En tales circunstancias, existe el riesgo de confusión respecto de los resultados, las intenciones de los litigantes o, incluso, la interpretación de las pruebas presentadas. Esta situación, como es evidente, conlleva peligros significativos para la administración de justicia.

Además de promover la concentración de actos procesales en una sola audiencia, este principio enfatiza la importancia de realizarlos sin interrupciones excesivas. Aunque la consolidación en una única jornada puede no ser factible debido a la cantidad de actos o la complejidad del caso, se insta a que, en caso de realizarse en múltiples sesiones, estas se lleven a cabo sin espacios temporales prolongados que puedan comprometer la integridad de la información. La pérdida o confusión de datos debido al deterioro causado por el paso del tiempo es un riesgo que debe ser prevenido, especialmente teniendo en cuenta la limitada capacidad de la memoria humana.

El principio de concentración —además de agilizar el proceso— busca también preservar la coherencia y calidad de la información relevante, sin menoscabar otros principios fundamentales del sistema jurídico. La celeridad, en este contexto, no debe traducirse en un detrimento de los demás principios que rigen el debido proceso legal.

5. Contradicción

Este principio se destaca como uno de los elementos más valiosos y característicos en el marco del proceso acusatorio adversarial. La contradicción, en este contexto, otorga a las partes litigantes el derecho de confrontar todos los hechos, examinar todas las pruebas presentadas y discutir la aplicación de la ley propuesta por su adversario. Esta manifestación de contradicción se evidencia de manera clara durante el interrogatorio directo de un testigo por parte del Ministerio Público Fiscal, seguido inmediatamente por el contrainterrogatorio realizado por la defensa. Este proceso permite depurar la información presentada, destacando que en este juicio las partes actúan como adversarios inmersos en una lógica competitiva.

Dicho lo anterior, la lógica competitiva de este método de juzgamiento se basa en la confrontación, donde cada parte se esfuerza por identificar las debilidades de su oponente. Los litigantes operan bajo una dinámica pugilística, en la que buscan atacar y defender en busca de demostrar la validez de su tesis y desacreditar la teoría del caso del adversario. Este planteamiento competitivo impulsa una constante puja de dos versiones, donde cada litigante busca prevalecer persuadiendo al juez de la corrección de su posición.

La singularidad de este enfoque se revela al considerar el escenario hipotético del testimonio de un testigo estrella. Aunque inicialmente podría presentarse como una verdad absoluta, el contrainterrogatorio de la parte contraria revela las posibles debilidades, inconsistencias o intereses subyacentes en la declaración. Este proceso de contradicción, inherente al sistema acusatorio adversarial, desempeña un papel crucial en la identificación de fallas en la evidencia presentada y, por ende, contribuye a la obtención de información de calidad para el juez.

Asimismo, la contradicción, facilitada por el proceso acusatorio adversarial, contrasta con la limitada capacidad de contradecir directamente las interrogaciones del juez. Este principio permite a los litigantes depurar la información presentada, impidiendo que se acepten versiones sesgadas o inexactas. En ausencia de contradicción, el riesgo de que el juez forme una opinión equívoca aumenta considerablemente. Por ello, es esencial destacar que la contradicción no busca restringir la actividad del juez, sino que recae en la responsabilidad de los litigantes, quienes despliegan un papel fundamental en la presentación y cuestionamiento de la evidencia.

En suma, la contradicción se erige como un pilar fundamental en el proceso acusatorio adversarial, permitiendo la exhaustiva revisión de la información presentada en juicio. Este principio sirve a la búsqueda de la verdad y resalta la importancia del papel del juez en la resolución de disputas y el control de las emociones que puedan surgir durante el ejercicio de la contradicción en las audiencias en vivo.

6. Principio de igualdad de partes

Constituyendo uno de sus pilares esenciales, el principio de igualdad de partes es vital en el marco del proceso acusatorio. La equidad entre las partes, tanto acusadora como defensora, es esencial para la integridad del proceso judicial. Este principio reconoce que la igualdad no puede lograrse únicamente mediante la presencia de un juez imparcial, sino también garantizando que los litigantes, independientemente de su condición profesional, tengan acceso equitativo a los recursos y oportunidades procesales.

La igualdad de partes implica que, a pesar de las diferencias en la naturaleza de sus roles, las partes actuantes deben ser tratadas con imparcialidad por el juez. Este último tiene la responsabilidad de asegurar que las armas procesales estén equitativamente distribuidas, evitando favorecer a una parte sobre la otra.

El juez no puede otorgar preferencias injustificadas, tiempos desproporcionados o ventajas indebidas a ninguna de las partes durante el desarrollo del juicio. La igualdad de partes impone la obligación de otorgar a los litigantes el mismo plazo tanto para la investigación del caso como para su representación en el juicio.

Preservar la igualdad de partes no se traduce, únicamente, en el tiempo otorgado, sino también en el manejo imparcial de disputas y la resolución de posibles desequilibrios que puedan surgir. Es esencial que el juez actúe como un celoso custodio del principio de juego limpio, evitando artimañas procesales y garantizando que ambos litigantes tengan oportunidades equitativas para expresar sus argumentos y presentar pruebas.

En ocasiones, se ha observado cierta tendencia a socavar estos principios, alegando que ciertos roles tienen más peso o jerarquía en la sociedad. Resulta imperativo rechazar esta noción y asegurar que todos los participantes en el proceso tengan igualdad de oportunidades y trato, ya sea la víctima, el imputado, el litigante de la querella, o el representante de la fiscalía o la defensa.

Y es el juez, como guardián de la igualdad de partes, quien debe velar por el cumplimiento de las reglas de juego y las normas procesales para garantizar que los litigantes participen de manera justa y tengan la misma oportunidad procesal para exponer y demostrar sus argumentos en el juicio.

Sistema Adversarial vs. Sistema Inquisitivo

Adversarial	***Proceso Inquisitivo***
Se basa en la presunción de inocencia del acusado	*El acusado es considerado culpable hasta que se demuestre lo contrario*
El proceso se enfoca en el resultado final: la verdad objetiva y la justicia	*El proceso se enfoca en el procedimiento y la autoridad del juez*
El fiscal es responsable de presentar pruebas y convencer al jurado o juez de la culpabilidad del acusado	El juez tiene la responsabilidad de investigar, interrogar a testigos y recolectar pruebas
El acusado tiene el derecho a un abogado defensor y a enfrentar a sus acusadores	El acusado no tiene el derecho a un abogado defensor y no puede enfrentarse a sus acusadores
Las pruebas se presentan ante un juez imparcial y el acusado tiene la oportunidad de refutarlas	El juez es el que recolecta las pruebas y toma la decisión final sin dar oportunidad al acusado para refutar las pruebas.
La investigación se realiza antes del juicio y se presentan pruebas en el juicio	La investigación y el juicio ocurren al mismo tiempo
El juicio es público y los ciudadanos tienen el derecho de asistir y observar	El juicio es privado y solo las partes involucradas pueden asistir
El jurado o juez toma la decisión final en función de las pruebas presentadas	El juez tiene la decisión final independientemente de las pruebas presentadas
El proceso se divide en etapas claras y distintas	El proceso no se divide en etapas distintas y puede ser menos predecible
Las pruebas deben ser presentadas ante el tribunal en forma de evidencia admisible	Las pruebas pueden ser presentadas al juez de cualquier manera y pueden ser aceptadas aunque no sean admisibles
El acusado no está obligado a testificar en su propio juicio	El acusado puede ser obligado a testificar en su propio juicio
Los procedimientos son más rápidos debido a la necesidad de cumplir con plazos y requisitos legales	Los procedimientos pueden ser más lentos debido a la necesidad de recolectar pruebas y a la autoridad del juez en el proceso
El fiscal y la defensa tienen un papel más activo en el proceso	El juez tiene un papel más activo en el proceso
Las partes tienen el derecho de apelar una decisión desfavorable ante un tribunal superior	Las partes no tienen el derecho de apelar una decisión desfavorable.
La carga de la prueba recae en el fiscal, quien debe demostrar la culpabilidad más allá de una duda razonable	La carga de la prueba recae en el acusado, quien debe demostrar su inocencia.

¿Qué hace que el proceso acusatorio adversarial sea ventajoso?

¿Te has preguntado qué espera la comunidad del servicio de justicia?

» La protección de los derechos individuales y la presunción de inocencia: toda persona es considerada inocente hasta que se demuestre lo contrario en un juicio justo y equitativo.

» Su función es la de salvaguardar a los ciudadanos del potencial abuso del Estado

» Trabaja para controlar la parcialidad en el entorno de la sala del tribunal

» Carga de la prueba: la carga de la prueba recae en la parte acusadora, quien debe demostrar más allá de una duda razonable que el acusado es culpable.

» Derecho a un juicio justo y público: el acusado tiene derecho a un juicio justo y público, con todas las garantías procesales necesarias.

» Derecho a la defensa: el acusado tiene derecho a ser representado por un abogado defensor y a presentar pruebas en su defensa.

» Derecho a confrontar a los testigos: el acusado tiene derecho a confrontar y cuestionar a los testigos presentados por la parte acusadora.

El mundo de la justicia se encuentra en constante evolución y adaptación para responder a las necesidades de una sociedad cada vez más exigente. En este sentido, el proceso acusatorio adversarial representa una alternativa innovadora que busca acercar la justicia a lo que realmente importa: las necesidades de las personas y su bienestar.

Por si fuera poco, este sistema promete respuestas en tiempos útiles, al mismo tiempo que se enfoca en la transparencia y en el acompañamiento de la víctima durante todo el proceso. Es decir, busca alcanzar una justicia más eficiente, accesible y humana, que realmente responda a las demandas de una sociedad que exige soluciones concretas y efectivas.

CONSEJO PROFESIONAL

Recuerda que cumples un rol fundamental en la sociedad y que de ti depende, en gran medida, que el sistema acusatorio funcione y prospere.

LA ESTRATEGIA GANADORA: UNA SÓLIDA TEORÍA DEL CASO

"Para tener éxito hay que desarrollar la valentía para pensar como otros tienen miedo de pensar"

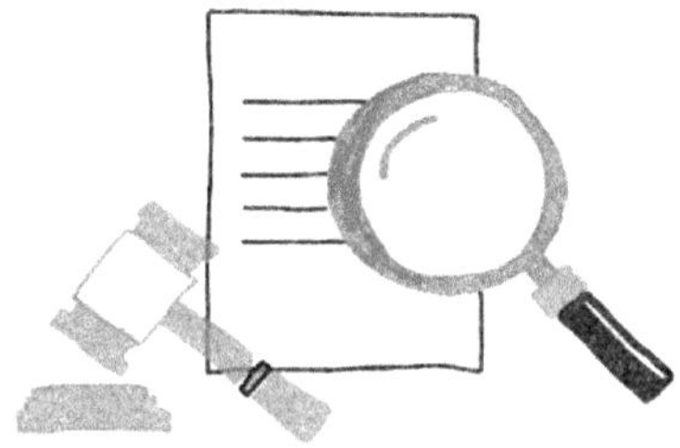

¿Sabías que? Cuando llega el juicio oral, la suerte ya está echada. Buena o mala, dependerá de tu preparación. Entonces, si estás deseando el éxito de tu caso, que te valoren los clientes, que tus adversarios te admiren y los jueces te respeten, tienes que saber cómo debes prepararte. ¿En qué consiste esa preparación, tanto personal como también en tu rol de litigante, acusador o incluso juez? Vamos juntos a explorar todas las opciones.

Pero primero, tienes que saber que hablar de la teoría del caso es hablar de uno de los conceptos más importantes del ámbito jurídico. Es una herramienta crucial para llevar cualquier caso hacia un resultado exitoso. Pero, ¿a qué se refiere exactamente la teoría del caso?

Te lo grafico con un ejemplo...

¿Te imaginas levantarte cada día sin saber qué vas a hacer, ir a la deriva? ¿Te imaginas que esto suceda cada día de tu vida? Seguro me dirás que no, que eso es imposible. Sin embargo, muchos colegas y jueces también así toman su vida y ¡sus casos!

En pocas palabras, se llama teoría del caso a la estrategia de la que se sirve el abogado para presentar su caso ante un juez o jurado. En su sentido más amplio, se refiere a la historia coherente que el abogado construye, con base en una adecuada investigación previa, para explicar los hechos y exponer sus argumentos, sustentando su postura en un determinado caso.

Ya que el juicio oral viene dado por una pugna que debe ser resuelta dentro de los cánones legales y donde ha de ganar la narrativa que logre ser más creíble y aceptable, es vital que esta sea lógica, coherente y persuasiva, con el único objetivo de convencer al juez o jurado de que la posición del abogado es la correcta.

A nosotros, como operadores del derecho, la teoría del caso nos provee de una metodología con la cual podemos trabajar tácticamente y con anticipación para la consecución de un objetivo. Esto no es otra cosa que un trabajo de organización previo, que estaremos dispuestos a hacer si queremos encontrar la forma más útil y eficaz de exponer nuestro caso, y por ende, tener más probabilidades de éxito.

La teoría del caso sirve para todas las etapas previas, de juicio oral y posteriores, incluso, para una negociación.

Características de la teoría del caso

Para una estrategia efectiva, es esencial contar con una teoría del caso clara, concisa y fácil de entender. Al mismo tiempo, esta teoría debe ser lo suficientemente flexible como para permitir que el abogado adapte su estrategia a medida que surjan nuevas pruebas o se presenten argumentos contradictorios, sin alterar su objetivo general.

Es importante destacar que también necesita ser coherente en todas las etapas del proceso. Una vez presentada en la sala del tribunal, el litigante se compromete a ella hasta el final y no puede cambiar la versión de los hechos en etapas posteriores. La congruencia en todo momento es fundamental para la validez y credibilidad de la teoría del caso.

Además, la teoría del caso debe ser consistente con las acciones y declaraciones del abogado, del cliente y otros involucrados, tanto dentro como fuera del proceso. De esta manera, la teoría del caso se convierte en el fundamento de la postura del abogado y en el elemento conductor del proceso hacia su resolución final, que es la sentencia y la solución del conflicto.

¿Cómo elaborar un pensamiento estratégico?

Para una estrategia efectiva, es esencial contar con una teoría del caso clara, concisa y fácil de entender. Al mismo tiempo, esta teoría debe ser lo suficientemente flexible como para permitir que el abogado adapte su estrategia a medida que surjan nuevas pruebas o se presenten argumentos contradictorios, sin alterar su objetivo general.

Es importante destacar que también necesita ser coherente en todas las etapas del proceso. Una vez presentada en la sala del tribunal, el litigante se compromete a ella hasta el final y no puede cambiar la versión de los hechos en etapas posteriores. La congruencia en todo momento es fundamental para la validez y credibilidad de la teoría del caso.

Además, la teoría del caso debe ser consistente con las acciones y declaraciones del abogado, del cliente y otros involucrados, tanto dentro como fuera del proceso. De esta manera, la teoría del caso se convierte en el fundamento de la postura del abogado y en el elemento conductor del proceso hacia su resolución final, que es la sentencia y la solución del conflicto.

➤ Abogado líder

La habilidad crucial del liderazgo en el rol del abogado es un pilar esencial para el éxito profesional. Mi propuesta de un plan de trabajo integral se centra en tres aspectos clave: la relación abogado-cliente, el liderazgo en el equipo de trabajo y la representación ante el tribunal.

El abogado líder establece una conexión basada en la confianza y colaboración con el cliente, reconociendo su papel activo en la estrategia de defensa. La autenticidad de la teoría del caso se nutre de la historia de vida del cliente, asegurando su aprobación y reflejando su narrativa en la presentación y vestimenta del litigante.

Asimismo, el liderazgo se extiende al equipo, inspirando un interés genuino en los derechos y las historias de vida. La diversidad de habilidades se aprovecha mediante lluvias de ideas y colaboración, mientras que el compromiso del equipo se asegura al inspirarlos en valores compartidos. Se asignan tareas estratégicas para enriquecer el caso.

En lo referente al tribunal, el abogado líder proyecta una imagen de integridad y credibilidad, siendo la carta de presentación más valiosa. La culminación de la teoría del caso se refleja en un alegato de clausura cuidadosamente elaborado, uniendo todos los elementos de la estrategia para liderar con maestría frente al juez.

Este plan de trabajo posiciona al abogado como líder íntegro y comprometido, elevando los estándares de la profesión.

➤ Abogado estratega

Una de las habilidades esenciales que un estratega legal debe desarrollar es la capacidad de trazar un plan metódico y analítico para alcanzar un objetivo específico. Es crucial tener en cuenta tanto el punto de partida como la meta final. La teoría del caso se utiliza para evitar la improvisación y trabajar con un plan definido, lo que es esencial para el proceso de litigio oral. Se considera que la teoría del caso es una guía que el litigante debe seguir para superar cualquier obstáculo que se presente. Aunque es imposible prever todas las situaciones que pueden surgir durante un juicio oral, no contar con un método sólido puede llevar a peores circunstancias que podrían poner en peligro los intereses del cliente y el éxito del caso.

Es fundamental seleccionar una teoría del caso sólida e inflexible y “casarse” con ella como si se tratara de un matrimonio. Esto garantiza que el plan trazado sea coherente y permita enfrentar cualquier imprevisto con eficacia.

➤ Abogado investigador

El abogado ya no es aquel que simplemente espera que la información llegue a él desde la comodidad de su despacho. En cambio, actúa como un investigador activo, persiguiendo diligentemente los hechos relevantes y las pruebas necesarias para construir un caso sólido para su cliente.

Después de visitar el lugar de los hechos y recopilar información relevante, el abogado puede llegar a una conclusión diferente de la que podría obtener simplemente revisando el expediente o hablando con su cliente. Además, será capaz de determinar qué tipo de evidencia será necesaria para probar los hechos que ha identificado durante el juicio oral.

En este sentido, es posible, y yo sí lo recomiendo, que consulte con expertos en diferentes áreas para identificar los puntos de pericia necesarios o los profesionales que deben ser citados. Así pues, esta información también es útil para determinar la ley aplicable al caso en cuestión y discutir con el abogado de la parte contraria sobre la tipificación legal de una conducta específica.

Dado que se comprende a sí mismo como el líder y conductor de su caso, el abogado investigador busca el conocimiento para comprender los hechos y relaciones, con el fin de descubrir la verdad o encontrar elementos que le permitan acercarse a ella al defender su posición conforme a su teoría jurídica.

LA INVESTIGACIÓN ➔ IR A LOS HECHOS

Una buena investigación exige que visitemos el lugar donde ocurrieron los hechos para poder recopilar información valiosa que nuestros clientes no pueden proporcionar y que no se encuentra en las actas testimoniales o de actuación. Esta información detallada será crucial en el juicio y nos permitirá presentarnos como la persona con el mayor conocimiento sobre el caso.

La recopilación de información puede incluir la toma de fotografías, grabaciones, croquis y entrevistas con testigos que no hayan sido consultados previamente. Además, es importante investigar a nuestro cliente y conocer su reputación en la zona donde vive, sus antecedentes profesionales, así como su relación con su familia y amigos.

También debemos investigar a los testigos que nuestro cliente nos proporciona para garantizar que no haya sorpresas durante el juicio. Es fundamental conocer las condiciones de percepción de los testigos, su horario de trabajo y su relación con nuestro cliente o las partes involucradas en el caso. Estos aspectos nos ayudarán a identificar las fortalezas y debilidades de nuestro caso y a anticiparnos a posibles argumentos de la parte contraria.

Ahora, comencemos a desarrollar una historia...

➤ Abogado narrador de historias

Después de elegir la postura que defenderá en el juicio, el litigante debe redactar una versión detallada y persuasiva de los hechos, que involucre a los protagonistas y describa el conflicto que dio lugar al proceso judicial. La investigación realizada por el abogado permitirá incluir detalles relevantes sobre la escena, los móviles y los acontecimientos que llevaron a la disputa.

El objetivo de esta narrativa persuasiva es responder a las preguntas que surgen naturalmente y presentar el desenlace del caso y su significado. La teoría del caso, que se desarrolla durante la investigación, debe estar presente en la historia que el abogado presentará verbalmente.

Esta habilidad es fundamental para acercar la justicia al público, permitiendo que se conozca a la persona que se representa más allá de la etiqueta impuesta por el caso en cuestión. La meta del abogado es persuadir a los miembros del jurado para que acepten su versión de los hechos y se identifiquen con la perspectiva del representado.

¿Cómo construir una teoría del caso?

Como ya lo vimos anteriormente, la teoría del caso es la guía, el GPS que conduce la acción del litigante desde el inicio y a lo largo del proceso. Sin embargo, para realizar una construcción de la teoría del caso, se deben tener en cuenta tres elementos que la integran. Cuando llega a faltar alguno de ellos, nuestra tesis o teoría queda desprovista de efectividad.

Elementos que componen la teoría del caso

1) Proposiciones fácticas ➔ Los hechos

En el proceso oral, el asunto parte de la incógnita: ¿qué pasó realmente? El juez, cuya competencia es garantizar la verdad y la justicia, se dedicará en todo momento a dar claridad y buscar respuestas a esta interrogante; es por ello que usted, litigante, deberá proporcionar una explicación clara y convincente.

El punto de inicio para una construcción adecuada de la teoría del caso es la investigación preliminar. Considerando que en un determinado asunto, el conflicto se genera al presentarse distintas versiones sobre un mismo hecho, el litigante debe tratar de clarificar cómo se desarrollaron los eventos y buscar acercarse a la versión más apegada a la verdad de las pruebas.

Para llevar a cabo esta investigación preliminar, suelo usar y recomendar en mis clases un sistema infalible que te muestro a continuación:

- **El Método 5"W" + "H"**

Who?	¿Quién? ¿Quiénes son los protagonistas de esta historia? ¿Quién es la víctima? ¿Quién es el victimario?
What?	¿Qué? ¿Qué ha ocurrido entre ellos? ¿Cuál es el acontecimiento que da origen a esta investigación?
When?	¿Cuándo? ¿Cuándo se originó–duró–finalizó el hecho?
Where?	¿Dónde? ¿Dónde estaban situados el autor y la víctima?
Why?	¿Por qué? ¿Por qué se originó el acontecimiento? ¿Qué lo causó?
How?	¿Cómo? ¿Cómo sucedió ese evento que he sujeto a investigación?

Al responder estas preguntas ya tendremos la información central del asunto, y servirá para las etapas sucesivas: alegato de apertura, interrogatorio, contrainterrogatorio y alegato de clausura.

Igualmente, y a mi juicio, es necesario realizar también un análisis FODA a las proposiciones fácticas; esto quiere decir buscar las fortalezas o debilidades del caso propio y del adversario.

- **Análisis FODA**

FORTALEZA

OPORTUNIDADES

DEBILIDADES

AMENAZAS

Aplicando este análisis a nuestro caso, evitaremos incurrir en el error común de analizar los hechos desde un mismo punto de vista, lo cual revela un trabajo ineficiente e incompleto y, por ende, hay que rehuir de estas prácticas encarecidamente.

Así pues, tomar en cuenta la óptica del adversario y los distintos puntos de vista que se vayan suscitando con los hechos resulta lo más favorable para poseer una visión del asunto más general, objetiva y abarcadora.

Conviene subrayar que el litigante puede adoptar la postura que más le sirva a efectos de lograr una comunicación persuasiva y efectiva; esto es, luego de escuchar las diversas interpretaciones de los testigos e involucrados y sus puntos de vista, puede servirse de la versión más coherente y que mejor sirva a su tesis. En otras palabras, no estamos obligados a seguir rígidamente la postura del cliente.

Además, en la tarea de establecer una teoría del caso integral/completa, es preciso tener en cuenta no sólo cuestiones judiciales, sino también cuestiones perjudiciales; la vida del asistido en general.

Con esto quiero decir que nuestra teoría del caso debe estar acorde con la vida, historia, profesión, relaciones personales, relaciones comerciales y antecedentes del cliente. Recordemos que no debe haber ningún ápice de contradicción, ya que, de ser así, nuestra estrategia podría derrumbarse como un castillo de naipes.

Las fases del trabajo sobre las proposiciones fácticas:

A. *Investigación preliminar* que consiste, en la medida de lo posible, en investigar a los testigos, a los de actuación, solicitar y revisar las cámaras dispuestas en la vía pública. Solicitar la opinión de los peritos y expertos. Investigar la parte contraria. Y otras acciones que se consideren necesarias.

B. *Listar los hechos* para poder aclarar cuáles son los más fuertes es decir, aquellos que la contraparte no podrá rebatir, y establecer cuáles son las debilidades y amenazas del caso para hacer la debida preparación y estar en capacidad de explicarlas. Recuerda, en el litigio, tu debilidad es la fortaleza del adversario.

C. *Analizar los hechos* empleando el método de la superposición de las proposiciones fácticas; dicho de otra manera, determinar la contundencia de una proposición fáctica comparándola con otra igualmente razonable y creíble sobre los hechos.

En suma, después de ejecutar la investigación previa y tener toda la información posible, debemos separar los hechos fuertes, conocer las debilidades y descartar las conclusiones; saber diferenciar si los datos aportados están basados en prejuicios o si están sustentados en una visión objetiva es necesario. Por consiguiente, es supremamente importante realizar una buena investigación y listar los hechos para la segunda etapa: buscar evidencias que prueben y sustenten la tesis.

2) Elementos probatorios ➔ Buscar evidencias que sustenten las proposiciones fácticas

En todo proceso acusatorio adversarial hay una prevalencia de los hechos por sobre el derecho. Lo cual nos permite demostrar o comprobar en vivo que, en el asunto en cuestión, los hechos sucedieron de la manera en que lo explicamos.

Es por ello que el proceso de reunir pruebas para acreditar las proposiciones fácticas es de vital importancia para la construcción de la teoría del caso; y, en consecuencia, la capacidad del litigante para desarrollar las habilidades de investigación se convierte en un requerimiento supremo.

Toda prueba que el litigante reúna para defender su tesis deberá contar con tres requisitos:

- *Legalidad de obtención:* los principios de buena fe y lealtad procesal dictaminan la prohibición de obtener cualquier elemento probatorio contraviniendo la normativa procesal ni las garantías individuales; mejor dicho, el litigante, aquel que se considere honesto, no podrá hacer uso de ninguna prueba que haya sido obtenida de forma ilícita o valerse de una prueba indebida.
- *Pertinencia:* la oralidad implica y se inclina por la brevedad y por la economía del lenguaje, esta propiedad no escapa de la práctica legal; en igual forma, el juicio o audiencia oral exige que seamos precisos y presentemos de forma breve, pero muy clara y coherente los elementos más convenientes y útiles a nuestro caso.
- *Credibilidad*: la tarea de persuadir, de convencer que encara todo litigante al momento de asumir un caso, debe estar respaldada en todo momento por pruebas que estén en consonancia con la historia; estas deben ser coherentes y ajustarse a la teoría del caso que hayamos construido. Esto es, necesita ser creíble y estar alineada con la imagen y la postura que queremos transmitir para cumplir con este principio.

3) La ley ➔ La teoría jurídica

La teoría jurídica se trata de la base teórica que sustenta la argumentación y las pruebas que se presentarán durante el juicio. En esencia, se refiere a la interpretación y aplicación de las leyes y normas que rigen el caso en cuestión. Para poder desarrollar una teoría jurídica sólida, es necesario realizar un análisis exhaustivo de la legislación y la jurisprudencia relacionadas con el tema, así como tener un profundo conocimiento del sistema legal en el que se enmarca el proceso.

En este sentido, la teoría jurídica es un elemento clave para el éxito en cualquier litigio. Una teoría jurídica bien fundamentada y argumentada puede ser la diferencia entre una victoria y una derrota en un caso legal. Además, permite a los abogados prever y refutar posibles argumentos de la contraparte, lo que aumenta sus posibilidades de éxito.

Es importante recalcar que la teoría jurídica no es un elemento aislado en la teoría del caso, sino que está interconectada con otros elementos clave, como los hechos del caso y las pruebas que se presentarán en el juicio. Por lo tanto, es fundamental que los abogados realicen un análisis profundo y minucioso de cada uno de estos elementos para poder construir una teoría del caso sólida y convincente.

En pocas palabras, su importancia radica en que permite interpretar y aplicar las leyes y normas que rigen el caso en cuestión de manera sólida y fundamentada. Por lo tanto, es esencial que los abogados dediquen tiempo y esfuerzo a desarrollar una teoría jurídica sólida para aumentar sus posibilidades de éxito en el juicio.

Factores claves de la teoría del caso

➤ Narrativas de los hechos

Uno de los factores claves de la teoría del caso es la narrativa de los hechos. Una buena narrativa debe ser clara, coherente y convincente. También, necesita exponer la historia completa de lo que sucedió y cómo el cliente fue afectado. Es importante que la narrativa se adapte a la audiencia y esté diseñada para apelar a los sentimientos y la razón de los miembros del jurado.

➤ Motivos

Los motivos son los objetivos o las intenciones que impulsaron a nuestro cliente a actuar de una manera determinada. La teoría del caso debe responder a la interrogante sobre lo que motivó a nuestro defendido a llevar a cabo la acción que suscitó la controversia. En consecuencia, los litigantes estamos encargados de presentar estos motivos de manera clara y convincente para demostrar que el cliente actuó con justificación y de manera razonable.

➤ Emociones

Las emociones juegan un papel importante en la teoría del caso. El litigio puede ser un proceso muy emocional para todas las partes involucradas. Capturar y utilizar las emociones adecuadamente para conectar con el juez o los testigos es requisito esencial para construir una teoría del caso mucho más persuasiva y lograr que estos se inclinen en favor de nuestra postura.

Para puntualizar: ¿cuáles son las ventajas de trabajar con una teoría del caso?

- ➔ Nos permite trabajar con anticipación, con una estrategia y orientados al resultado concreto.
- ➔ Nos provee de una metodología para poder contar nuestra versión sobre lo que realmente ocurrió; delimitar la hipótesis que intentaremos probar.
- ➔ Es de gran utilidad tanto en las etapas previas (mediación y conciliación, como también al momento de formular presentaciones escritas, intervención en una audiencia preliminar y cuando debemos defender nuestra postura en un juicio oral.
- ➔ Nos da coherencia, organización y el beneficio de poder sostener una postura-tesis determinada durante el proceso.
- ➔ Funciona como una guía que dirige al litigante desde el inicio hasta la resolución del asunto.

La teoría del caso tiene como fin último contar una historia que sea creíble, sencilla y que logre persuadir a la audiencia para hacer valer nuestra verdad. Esto exige un relato lógico, congruente, coherente y verosímil.

Lo grafico con un breve ejemplo

Para que puedas apreciar la importancia de construir una teoría del caso siguiendo los elementos expresados previamente, te pregunto qué pasaría si tuvieras que defender a un hombre acusado de abusar sexualmente, matar y arrojar a un container de basura a un adolescente.

Un hecho aberrante y desgarrador. Y la estrategia de tu caso sea, casi exclusivamente, discutir la evidencia incriminante en función de cierta contaminación en las muestras de ADN tomadas del cuerpo de la víctima.

Y que dicho perfil genético (que tu pones en discusión) es el hallado debajo de las uñas de la víctima.

Así es que, siguiendo tu plan, en tu alegato de apertura haces mención a los procedimientos utilizados para el levantamiento de rastros, durante el desarrollo del proceso, interrogas a peritos que explican cómo es el procedimiento de levantamiento de rastros, que protocolos deben cumplirse, que establece la cadena de custodia y porque podría o no existir contaminación.

Luego insistes con lo mismo en tu alegato de cierre y pasas por alto, las circunstancias que rodearon al hecho, la actitud adoptada por el imputado y otros rastros que lo vinculan directamente.

¿Piensas que tu estrategia prosperará?

Claramente no. En un caso como el expuesto, con prueba incriminante de manera fulminante, tu coartada debería abarcar los elementos que te compartimos en el presente capítulo, entre los que se encuentran la fundamental obligación de construir una historia persuasiva, acreditable y rebatir con la misma fuerza la historia que ha construido tu adversario.

Si sólo te apoyas en una teoría científica parcializada, pero además no puedes responder de manera alternativa, a las clásicas preguntas que todos los presentes se hacen vinculadas al qué pasó, cómo pasó, cuándo pasó y donde, tu teoría del caso fracasará por más intentos que hagas.

CONSEJO PROFESIONAL

- No subestimes ningún caso, todos son importantes
- Mantén comunicación abierta con tu cliente
- Informa de los riesgos sin asustar. De las probabilidades de éxito sin generar excesivas esperanzas

- Cumple tu palabra
- Trabaja en tus debilidades. Apoyate en tus fortalezas
- Investiga a tu adversario
- Estudia al juez y sus fallos
- Construye una historia persuasiva (por acreditable)

IMPORTANCIA DEL LEMA-TEMA

EN EL JUICIO ORAL

¡No subestimes el poder de un lema efectivo!

Como lo mencioné en el capítulo anterior, la habilidad de persuasión en un juicio oral es decisiva para cualquier litigante. Por esto, las técnicas de litigación oral se sirven del concepto lema-tema con el objeto de garantizar que la presentación del caso cumpla con ese requisito fundamental (y deseable): una exposición del caso convincente y efectiva.

En este capítulo, te mostraré cómo identificar el tema y el lema de tus casos y a trabajar esta herramienta de forma minuciosa; para lo cual debemos analizar, primeramente, ambos vocablos por separado.

La palabra "Lema", si nos referimos a ella etimológicamente, tenemos que remontarnos a la raíz latina "*lemma*" que a su vez proviene del griego "*lêmma*", y su significado apunta a la frase o al título que encierra la idea central de una obra, grupo u organización, evento, entre otros. **Es el enunciado que captura el espíritu y la idea principal, y se utiliza como guía para transmitir un mensaje concreto.**

Dicho de otra manera, un lema es la clave para lograr la comprensión y el impacto deseado en el lector o audiencia. Al expresar un ideal o intención, el lema se convierte en una herramienta poderosa para inspirar, motivar y conectar con el público objetivo.

Por su parte, **el tema tiene que ver más con el trasfondo del asunto, con los antecedentes que desencadenaron los hechos**; lo relacionamos con las emociones o relaciones previas que han o no tenido las partes. Por ejemplo, el odio racial, la xenofobia, la violencia de género, la codicia, etc. Y su origen viene dado por el nombre latino "thema", cuya procedencia viene a su vez del término griego "*θέμα: théma*".

Entonces, a mi manera de ver, estos dos términos guardan significados muy distintos; sin embargo, uno depende del otro. Para poder llegar a identificar cuál será nuestro lema, antes tenemos que haber delimitado bien el tema de nuestro asunto.

El lema será ejercido en función del tema y transmitirá el alma, la sustancia vital de nuestra teoría buscando apelar a las emociones y causar un gran impacto en el juez y en el resto de la audiencia.

El lema, así, es un principio fundamental que está intrínsecamente ligado a la teoría del caso y a los alegatos de apertura y clausura. Aunque a veces se pasa por alto en relación a estas instancias, su importancia no debe ser subestimada, porque nos resulta útil incluso, como eje al interrogar y contrainterrogar a los testigos y peritos.

Con esto quiero decir, que el lema es y debe ser esa frase corta y precisa con la cual se establece una postura que procederá a ser argumentada y se implanta la intención del alegato de clausura. Asimismo, es empleado fuera de la jurisdicción del tribunal, normalmente, para dar a conocer a la opinión pública —si tiene características mediáticas— las vicisitudes del caso que ameriten ser divulgadas. Puesto que los abogados líderes debemos estar preparados para ejercer nuestro rol tanto dentro como fuera del palacio de justicia, sintetizar en una sola frase los valores e historia que estamos representando, pueden marcar la diferencia en la comunicación.

Un lema podría ser: "Jueces ordenaron reducir la pena a un violador serial, por considerarla cruel e inhumana"; este fue el lema que usé en los medios y en las instancias apelativas de un caso muy controvertido en Argentina.

El objetivo de todo Lema es apelar a la emotividad de los encargados de resolver la pugna y de los espectadores, transmitiendo de manera clara y concisa la idea fundamental del caso que ha quebrantado la justicia y, de manera igualmente importante, el ideal de justicia que se busca conseguir.

En pocas palabras, **el lema es la llave que abre la puerta a una resolución justa del conflicto, puesto que resume en una sola frase memorable toda la cuestión a debatir**. Así que no subestimes su poder. Con el lema adecuado, podrás transmitir la esencia misma de tu caso y emocionar a los involucrados para que luchen contigo en la búsqueda de la legalidad.

Los litigantes expertos trabajan esta herramienta concienzudamente para garantizar que su manejo sea lo más efectivo y persuasivo en todas las etapas del proceso judicial. Puesto que el uso adecuado del lema puede hacer la diferencia entre ganar y perder en un juicio o audiencia oral.

Propósito del lema-tema

Impactar con una frase memorable para lograr adhesión

Como ya sabemos, cuando se trata de un juicio oral, uno de los aspectos más importantes es tener una estrategia clara y efectiva para persuadir al juez a tomar una decisión a nuestro favor. Es aquí donde entran en juego el tema central y lema de nuestro caso.

El lema es como un regalo para el juez, una frase corta y poderosa que resume el conflicto en cuestión y que apela directamente a su lógica y emociones. Es por eso que es vital trabajar arduamente en la investigación de nuestro caso para poder abstraer el tema central y expresarlo de manera clara y concisa a través del lema.

Es así como durante el juicio, el lema se convierte en nuestro mejor aliado, recordándonos constantemente cuál es el objetivo principal. Deberíamos evocarlo en el transcurso del alegato de apertura, repetirlo durante las declaraciones testimoniales y presentaciones de pruebas, y mencionarlo nuevamente en el alegato de clausura. Esta metodología de trabajo con la teoría del caso nos permite transmitir de manera sencilla y clara a qué se refiere el asunto en cuestión, lo que resulta en una exposición más concisa y entendible para el juez.

Resumiendo: un lema poderoso es la clave para persuadir al juez y al jurado; y tener más probabilidades de alcanzar el éxito en nuestro caso.

¿Cómo descubro el lema-tema para mi caso?

Paso	
1 ➔	Explora las emociones detrás de los hechos. Analiza motivaciones: ¿Venganza, odio, codicia?
2 ➔	Enfócate en la psicología de los eventos. Comprende las razones y la motivación detrás de las acciones.
3 ➔	El alegato de apertura es clave. Presenta el tema eficazmente, responde preguntas clave sobre los motivos.
4 ➔	Para hallar el lema, resume la idea central de manera sencilla y memorable.
5 ➔	Crea una frase ética y moral que llame al sentido de justicia.
6 ➔	Considera la audiencia: jueces técnicos valoran hechos; jurado popular se guía por la empatía.
7 ➔	Realiza un brainstorming creativo. Permite todas las ideas, genera enfoques efectivos.
8 ➔	Utiliza pruebas materiales y testimoniales para obtener el lema.
9 ➔	Indentificación: Si la teoría sugiere una identificación incorrecta, demuéstralo.
10 ➔	Explora redes sociales, experiencias personales para inspiración.
11 ➔	Asegúrate de que el lema sea relevante y coherente con la imagen profesional.

Entonces, con respecto a la pregunta de ¿cómo descubrir tu tema para luego sintetizarlo a través de un lema? Para ello, es necesario ir a las emociones que generaron los sucesos; podría decir también que vayas a los hechos pero con un abordaje más psicológico a fin de entender los motivos que desencadenaron todo lo sucedido, debemos encontrar los motivos... la motivación.

En mi experiencia, el lema-tema es el corazón del caso, la esencia que se debe transmitir al juez y al jurado para que comprendan por completo lo que sucedió. Es por eso que **quiero destacar la relevancia de descubrir el lema-tema de un caso antes de presentarlo en un juicio oral.**

Las emociones suelen ser el principal motor detrás de las acciones humanas, por lo que al analizar los antecedentes de un caso, es fundamental prestar atención a las emociones que se esconden detrás de los hechos. "¿Actuaron por venganza, odio, remordimiento, codicia, negligencia, traición o desamor?"

Lo dicho hasta aquí supone que, para hallar el lema y el tema de un caso, el enfoque debe ir directo a las emociones que dieron paso a los hechos en cuestión; la mirada debe ser psicológica. Al hacer esto, podemos entender los motivos que desencadenaron todo lo sucedido y encontrar la motivación detrás de las acciones de nuestro cliente. Esto nos permitirá tener una comprensión completa de los antecedentes y exponerlos con claridad y convicción al juez y al jurado.

En el juicio oral, el alegato de apertura es el momento clave para presentar el tema de nuestro caso de manera efectiva. Debemos responder rápida y eficazmente a las preguntas que el juez y los miembros del tribunal se estén haciendo, especialmente aquellas relacionadas con el porqué de los hechos. La correcta respuesta a estas preguntas es esencial para conseguir que el juez y el jurado empaticen con nuestro cliente y tomen una decisión justa en su favor.

Hallando el lema...

Luego de abordar el tema vas a tener que descubrir cómo expresarlo a través del lema. Debes empezar por preguntarte ¿cómo puedo resumir y destacar la idea central del tema de mi caso de una manera sencilla y memorable?

Esta frase se asemeja a la del titular de un diario o de un artículo periodístico por lo que debe rescatar valores éticos, morales, el sentido de justicia, el sentido común, entre otros.

Cuando hablamos de la teoría del caso hicimos hincapié en la necesidad de que el litigante se convierta en un investigador exhaustivo para conocer a fondo los hechos, y rescatar valores, que bien pueden ser la historia de vida de su cliente para lograr alinear nuestra comunicación con la empatía del juez y el jurado; a esto se refiere la filosofía aristotélica como *pathos*.

Por consiguiente, debemos desarrollar una consigna que tenga contenido moral, ético y que llame al sentido de justicia y, consecuentemente, genere un impacto en las emociones del juez y el jurado.

Jurado popular y juez técnico

El papel del jurado popular y del juez técnico en un juicio es fundamental. Sin embargo, al comunicarnos con ellos, es importante tener en cuenta sus diferentes enfoques.

Ello debido a que las decisiones del juez técnico deberían fundamentarse en la lógica y los hechos científicos comprobables. Por lo tanto, es menester que presentemos pruebas concretas y una argumentación sólida para persuadir a este tipo de juez.

Por otro lado, el jurado popular está conformado por ciudadanos que no estudiaron derecho y no tienen contacto con ninguna rama vinculada al mismo, por lo tanto, su decisión podría fundamentarse en su capacidad para empatizar con los argumentos presentados. Para persuadir a un jurado popular, los litigantes debemos apelar a las emociones y al *pathos*. Es decir, es esencial presentar los hechos de una manera clara y accesible, al mismo tiempo que se transmita la emoción detrás del caso.

Brainstorming o lluvia de ideas

La lluvia de ideas es una excelente forma de despertar la creatividad y fomentar el debate entre el equipo legal, investigadores y otras partes interesadas. Al permitir que todas las ideas sean válidas, pueden surgir lemas y enfoques creativos y efectivos. ¡Deja volar tu imaginación y encuentra la estrategia perfecta para persuadir en tu próximo caso!

Medios alternativos para la adquisición del lema

➔ También es posible obtener el lema por medio de pruebas materiales y declaraciones testimoniales.

➔ Otra forma de adquirirlo es a través del proceso de identificación. Por ejemplo, si su teoría del caso sugiere que la identificación fue incorrecta, puede justificarlo demostrando que hubo un error en la identificación, usando imágenes o atuendos para graficar cómo es posible incurrir en una confusión.

➔ Asimismo, podemos hacer referencia a declaraciones hechas en las redes sociales e inspirarnos en nuestras propias experiencias o dichos populares para encontrar un lema adecuado.

➔ Es importante recordar que el lema debe ser relevante para el caso y no puede desconectarse de él. Como abogados, debemos mantener la credibilidad y asegurarnos de que el lema esté en sintonía con nuestra imagen profesional. El lema debe estar respaldado por el argumento y los valores expresados en las declaraciones de apertura y cierre, y a través de los testimonios de los testigos.

Formas de resolver los paralelismos del lema

Al redactar un lema para representar nuestro caso legal, es decisivo tener en cuenta que nuestro oponente probablemente esté haciendo lo mismo. Incluso una sola frase con un signo de interrogación puede ser interpretada de manera opuesta por las partes en disputa. Por lo tanto, necesitamos desarrollar dos historias persuasivas desde dos perspectivas distintas, apoyadas por evidencia sólida para respaldar nuestro lema.

Nuestro objetivo es convencer tanto al juez como al jurado, así como al tribunal en general, de que nuestra versión de los hechos es la correcta.

Para lograrlo, es preciso ser coherentes y astutos en la presentación de nuestros argumentos legales. Si nuestro oponente toma nuestro lema y lo tergiversa, debemos estar preparados para responder con una narrativa convincente que lo desmienta. Pues, el éxito en el litigio depende de nuestra habilidad para persuadir al tribunal de nuestra verdad.

Vayamos a un caso concreto...

¿Tienes un lema para usar en las etapas iniciales del proceso? Eso es algo realmente grandioso. Pues, a veces sucede que los abogados asumimos la representación de un caso en un estado avanzado del proceso. Tal como me sucedió a mí cuando asumí un caso asignado por el PROPAQUE (Programa de Patrocinio de Querellas), un mecanismo de representación de víctimas de delitos graves que no cuentan con los recursos financieros necesarios para obtener representación legal —llevado en conjunto por el Colegio Público de Abogados de la Capital Federal y el Ministerio de Justicia—. Te contaré lo más relevante:

A inicios del año 2014, me convocaron desde la oficina del PROPAQUE para solicitarme que asumiera la representación en una causa, en virtud de que debía reemplazar al abogado anterior. Según palabras de Mariana, la secretaria, no debía preocuparme. Mi función era presentarme como abogada de una de las 8 víctimas de un violador serial. Además, me indicaron que habían condenado al violador a 50 años de prisión, y que el defensor había presentado el correspondiente recurso de apelación.

Mi llegada al caso resultaba ser una mera formalidad, porque "en realidad no había mucho que hacer". Nada más alejado.

Conocí en aquel momento al Dr. Ustarroz, quien estaba en la misma situación, ya que asumió la representación de una de las víctimas por renuncia del anterior patrocinio.

Al tomar contacto con el expediente que tramitaba ante el Tribunal de Casación, descubrimos que el plazo para presentar nuestra contestación al recurso estaba corriendo y que, para poder darle debida fundamentación, debíamos estudiar un expediente que ocupaba algo más de 10 cuerpos, es decir, 2000 folios. No contestar ese traslado en tiempo y forma podría significar que nuestras representadas tuvieran que cargar con las consecuencias de un verdadero estado de indefensión legal, ya que en aquel momento el rol de la querella era subsidiario al Fiscal.

Fiscal que, según fuimos descubriendo, había acompañado muchas de las peticiones del defensor y solicitado la reducción de la condena para el violador serial.

Aunado a esto, en ese momento mi hija menor había sido internada por padecer de una neumonía, que había anulado la capacidad de uno de sus pulmones y la mitad del otro. Todo ello producto de una mala praxis médica que había complicado su cuadro inicial.

Así fue que, mientras la cuidaba por las noches en el hospital, aprovechaba para estudiar el voluminoso expediente.

A medida que avanzaba en la lectura de los testimonios desgarradores de las víctimas, mi angustia se acrecentaba y mi espíritu de lucha se fortalecía.

Poco a poco, fui comprendiendo dónde radicaba el conflicto legal.

Días después, junto a mi colega, hicimos las presentaciones pertinentes. Para mi sorpresa, era el Fiscal ante dicha Cámara quien solicitaba que se redujera la condena del violador serial, pues consideraba que la declaración de reincidencia del sujeto implicaba que este, en realidad, no pudiera acceder a la libertad condicional. Por lo tanto, se debía considerar que mantener la pena a la que se lo había condenado era otorgarle un trato cruel, inhumano y degradante.

Basado en lo anterior y citando a una cantidad de normas internacionales, solicitaba la disminución de pena de prisión a menos de 30 años, cuando ya se lo había condenado a 50. Dicho argumento fue compartido por dos de los jueces, que terminaron por mayoría dando vuelta el asunto. Lo que parecía un caso sencillo por encontrarse en etapas finales del proceso y con sentencia, terminó siendo un caso que, por cuestiones técnicas, cambió el destino de las víctimas y el mío en particular, dado que fue el primero que me abrió las puertas en los medios de comunicación.

Es decir que el Tribunal de Casación, por compartir argumentos del Fiscal, había ordenado al Tribunal de Juicio reducir la pena de 50 años al violador serial. Algo totalmente inusitado, que no atendía los derechos de las víctimas a obtener una condena conforme a la ley.

Alarmada por la noticia, comencé a escribirle notas a los periódicos más importantes del país, para lo cual busqué un título llamativo que representara y diera a conocer la naturaleza del caso.

Así, el lema de mi caso quedó planteado de forma contundente: **"Jueces ordenan bajar la pena a un violador serial por considerarla cruel e inhumana"**.

Imagina el impacto que generó en periodistas y medios masivos de comunicación este poderoso LEMA. Azorados por la noticia, no podían creer que se discutiera tal posibilidad.

Se graficaba claramente la balanza de la justicia: por un lado, las 8 mujeres víctimas de los hechos más salvajes padecidos y, por el otro, su violador, habiendo decidido la justicia poner sus dedos y mano entera en el platillo del condenado para favorecerlo.

Es decir, el foco de atención para estos jueces no estaba en lo cruel o inhumano de los desgarrantes hechos de abuso sufridos por las víctimas, que en un breve plazo habían sido cometidos por ese depredador sexual, sino en el monto de la pena impuesta.

Es importante mencionar que esos jueces de casación no habían presenciado el juicio, no conocían personalmente al acusado, no habían escuchado los desgarradores relatos de las víctimas y tampoco habían apreciado que el condenado era reincidente. Simplemente se limitaron a ordenar la reducción de la condena impuesta, a pesar de que la misma tenía fundamento legal.

Mi postura, más allá de la creación del lema, es que esos dos jueces de casación no podían obligar al individuo condenado a vivir en una sociedad con reglas cuando él claramente había demostrado un desapego absoluto a las mismas, puesto que, además, había sido condenado por los mismos delitos previamente.

El caso dio mil vueltas y fue, según el conocimiento que tengo, el caso más revisado, puesto que pasó por dos instancias casatorias distintas.

Sin embargo, la creación de este Lema me abrió la puerta de los medios y pude comunicarle a la sociedad, cómo funciona la justicia de puertas para dentro. Y también lograr que la condena a 50 años se mantenga como también la declaración de reincidencia, motivo por el cual, es casi improbable que pueda en algún momento salir de la prisión.

Este breve pero poderoso eslogan se convirtió en el marketing de mi caso;

Esto caló hondo en la moral de la sociedad y me permitió dar este debate tanto en tribunales como en los medios, poniendo al descubierto lo injusto del sistema y, además, la forma cómo los jueces —una vez más— con sus interpretaciones le hacían decir a la ley lo que la ley no dice, en perjuicio de quienes venían luchando hacía años por la justicia.

La historia no terminó allí. Puedes encontrar información relacionada con este caso en los siguientes enlaces:

https://www.infobae.com/2014/05/28/1568170-lo-condenaron-violador-serial-pero-jueces-quieren-bajarle-la-pena-cruel-e-inhumana/

Consecuentemente, el lema seleccionado en este conflicto fue el que nos permitió, finalmente, obtener la justicia hasta en las últimas instancias del proceso penal.

CONSEJO PROFESIONAL

- No todos los casos deben tener un lema, muchas veces encontramos el tema pero no las palabras adecuadas para transmitirlo. Tener un tema y transmitirlo por medio de un lema es una decisión estratégica del litigante; pues, es y debe considerarse responsable de su caso desde principio a Þn.

- No todos los lemas y temas cumplen con la función de persuasión que nosotros queremos lograr; esto dependerá si expondrás tu caso frente a un jurado popular o un juez técnico. Este último basa sus decisiones principalmente en la aplicación de la ley, la doctrina y la jurisprudencia, por tanto, la exposición debe ser a través del logos, la lógica y de comprobación cientíÞca de los hechos.

- El jurado popular, por su parte y al igual que nosotros, aplica mucho más el sentido común, los principios y las máximas de la experiencia y de sus vivencias; razón por la cual debes hablarles a través del pathos —de las emociones, de los móviles, explicarles el porqué—. Pero apelando a la empatía.

- Necesitas obtener el lema a lo largo del juicio para respetar el ethos y la conÞanza de tu auditorio, por ende el lema-tema debe ser acorde a los valores que necesitas transmitir como litigante para que sean defendidos y difundidos por tu audiencia.
- Asimismo, es imprescindible que tu público entienda de qué va el mensaje que estás dando, que comprenda su utilidad y que logre recordar de qué trata el caso, en qué consiste la historia.
- La última recomendación es que lo abordes en el alegato de apertura; que lo pronuncies a viva voz pero con mucha tranquilidad y seguridad (haciendo énfasis en frases importantes y repetirlas), como cumplimiento de una promesa, en el alegato de clausura.

DESVELANDO EL MANTO DE LA VERDAD CON EL ALEGATO DE APERTURA

Un alegato de apertura poderoso es como un mapa que guía al juez y al jurado hacia la verdad y la justicia

Muchas veces los abogados que tenemos la costumbre de desarrollar un pensamiento estratégico y analizamos cuidadosamente cada paso antes de darlo, nos preguntamos hasta qué punto es conveniente, exhibir al adversario nuestras cartas. Qué sentido tiene decirle al juez que los hechos sucedieron de tal manera y que va a venir Marta, testigo presencial, para contarle como Pedro sacó un cuchillo del bolsillo derecho de su pantalón de jean y apuñaló a Oscar por la espalda, sólo porque sospechaba que era el amante de su esposa.

Pensamos que esto de andar anticipando la jugada no es nada bueno para el caso, ya que le estamos diciendo a nuestro contrincante dónde le voy a pegar y valiéndome de que. Otorgándole la oportunidad de anticipar el golpe y debilitarme. Más aún, muchas veces dejar abierta la puerta de la incertidumbre puede darnos mayor seguridad en esta estrategia del juego controversial que se da en pleno juicio.

Si te has planteado esta disyuntiva al igual que lo hice yo alguna vez, quiero contarte porque he llegado a la conclusión de que estamos equivocados. Para ello, me voy a valer como ejemplo, de uno de los casos más resonantes y emblemáticos de mi país, que mantuvo cautivo a toda la comunidad.

En el verano del año 2020, en la puerta de una importante discoteca, un grupo de 10 jóvenes fue captado por las cámaras de seguridad y teléfonos celulares golpeando a otro grupo y en particular varios de ellos acometían con piñas y patadas a otro, que finalmente falleció.

Luego de 3 años iba a realizarse el juicio oral y público del caso más resonante y mediático, de los últimos tiempos.

Televisadas las imágenes las 24 horas del día los 7 días de la semana, en todos los canales, se generó una opinión popular tan fuerte, que se suponía que sobre los hechos, la responsabilidad de cada uno de los acusados y la pena que habría que imponerles no había nada para discutir. Todos pedían la pena de prisión perpetua para los 8 que llegaron acusados al juicio.

Otro dato importante se dio porque el abogado representante de los padres de la víctima, se ocupó de instalar un concepto sobre los acusados, al denominarlos "bestias" que "debían morir en la cárcel".

En cada entrevista brindada en los canales de televisión, radio y programas de YouTube repetía la misma denominación, la que se instaló en la conciencia colectiva de toda la sociedad en Argentina.

Como contrapartida, el abogado defensor jamás se había manifestado hasta entonces, manteniendo absoluto silencio. Pero además había decidido, estratégicamente, representar a los ocho acusados sin discriminar la intervención que podría haber tenido cada uno en el hecho y por consiguiente deslindar la responsabilidad sobre quienes, no habían cumplido ningún rol en la acción comisiva.

Pero… ¿Cuál fue el resultado de ese juicio?

Comenzaba el mes de enero. En Argentina, es feria judicial, esto significa que no hay actividad en los tribunales; no se pueden iniciar causas (salvo casos urgentes o detenciones) y que los abogados aprovechan para tomarse vacaciones. Pues bien, en enero del 2023 algo inusual sucedió. El tribunal N° 1 de Dolores —un pueblo de pocos habitantes ubicado a 200 km de la Capital Federal—, había decidido que el juicio más mediático de la Argentina diera inicio el 2 de enero. Toda la prensa nacional y extranjera había apostado a sus corresponsales allí. La sociedad estaba expectante por averiguar qué iba a suceder con esos 8 jóvenes (de 21 a 23 años) acusados de causar la muerte de otro joven, Fernando Baez Sosa, en la entrada de una discoteca muy concurrida de nombre "Le Brique", ubicada en la zona balnearia de Villa Gesell.

A través de un canal de YouTube la Suprema Corte de Justicia Bonaerense abrió las puertas de los tribunales y, en directo, todos pudimos presenciar los inicios de aquel juicio; sobre el cual toda la comunidad (legos y abogados también) ya habían tomado una posición.

El tribunal otorgó la palabra a las partes acusadoras (pública y privada) a efectos de que expusieran su alegato de apertura. El abogado que representaba a los padres de la víctima, un conocido y famoso abogado —muy mediático, por cierto—, se había encargado de generar todas las condiciones para que la atención de la prensa estuviera 100% allí.

La alocución de ambas partes acusadoras fue realmente sencilla, algo imprecisa e, incluso, algo incongruente. Pero se manifestaron sobre los hechos, detallando las pruebas que se iban a producir y la calificación legal que, según ellos, correspondería aplicar al terminar el juicio. La presidente del tribunal cedió la palabra al abogado defensor, el mismo que decidió representar a los 8 acusados. Todos —absolutamente todos—, tanto dentro como fuera del tribunal, estaban deseosos de oírlo por primera vez. Luego de 3 años de absoluto silencio, queríamos saber qué tenía para decirnos al respecto.

El rating subía aceleradamente; estábamos esperando que el defensor nos dijera qué pasó aquella noche del 18 de enero del año 2020. Queríamos saber cómo llevaría adelante su estrategia —esa que guardaba tan secretamente, que permitió involucrar a 8 jóvenes en la comisión de un delito que los podía condenar a la pena de prisión perpetua—. La muchedumbre clamando justicia estaba apostada en el lugar. Dentro del tribunal, los jóvenes acusados estaban allí, rodeados de policías, en una pequeña sala del tribunal pueblerino. Las especulaciones crecían a cada minuto: ¿qué dirá respecto de los acusados, por ejemplo, sobre aquellos "que no le pegaron a la víctima"? ¿O cómo defenderá al que le pegó una patada brutal y al otro que filmó parte del evento? ¿O respecto de aquel otro que arengó? ¿Tendrá pruebas para ofrecer? ¿Cuáles?

Y entonces el micrófono del defensor y su joven partener (abogada, que además era la hermana de un imputado y la prima de otros dos) se encendió.

Sus palabras dubitativas comenzaron a escucharse, pero aún no se comprendían, hasta que de pronto expresó: "Sí, tengo una teoría del caso y es que mis defendidos son inocentes hasta que se demuestre lo contrario". Y así cerró su presentación.

Nos quedamos todos azorados, porque en realidad lo que había dicho no significaba nada, no permitía calmar las aguas, tampoco comprender su posición. Y, menos, obtener otra versión sobre los hechos. Desaprovechó la oportunidad de responder todas las preguntas, de sentar una posición que le permitiera al tribunal encontrar cierta claridad respecto de la tesis que el defensor encararía en el juicio.

Su alegato duró apenas unos segundos. No expresó nada acerca de la mecánica de los hechos, no diferenció la participación total, parcial o nula que tuvieron sus asistidos en la producción del resultado muerte. Tampoco cuestionó la relación causal. No enunció las pruebas que sustentarían esa pretensión que, por otra parte, no sabíamos cuál sería concretamente. ¿Por qué esto era importante? Pues, porque nada dijo ni de hechos, ni de prueba, ni mucho menos de teorías jurídicas involucradas.

Ahí sentí que el colega había dado un salto al vacío. Me preguntaba si tenía una estrategia y si el hecho de enunciar podría beneficiarlo o generarle perjuicios. A la luz de los resultados, tal como lo pensaba, lo perjudicó el hecho de no expresarse y desaprovechar la oportunidad que le da el alegato de apertura. Nunca supimos qué tenían los acusados para decir, cuál era su versión y qué acusación correspondía para cada uno de ellos. La omisión de expresarse selló la suerte de ese juicio.

Además de este caso que analizamos como ejemplo, analicemos juntos cuáles son las otras razones para afirmar por qué sí es necesario —en el proceso acusatorio adversarial— expresar tu posición a través del alegato de apertura.

Veamos…

¿Para qué sirve expresarte al iniciar el juicio?

Responder este interrogante con una simple frase:

"Es el medio que te otorga la litigación oral para conquistar a tu auditorio desde el inicio del debate oral y público".

El alegato de apertura es como el manual de instrucciones del caso, le dice al juzgador, cuáles son las piezas y sus funciones, dónde deben colocarse y cómo encajan para que finalmente el aparato arranque. Es la técnica creada con la finalidad de predisponer positivamente al tribunal, para que abra sus sentidos a efectos de que interpreten las declaraciones testimoniales y periciales como tú lo sugeriste al iniciar.

Lo que buscas es utilizar las palabras justas y adecuadas para que los encargados de resolver le den a las evidencias el mismo significado que le has dado al enunciarlas.

El alegato de apertura y la conquista de la credibilidad máxima de la litigación oral

Máxima de la Litigación Oral 6: "Si ganas la confianza con tu primera presentación, los miembros del jurado o del tribunal desearán que ganes ese caso"

El ***litigante líder*** saldrá a escena por primera vez en este juicio, sabe que debe lucirse, no en el sentido de creerse una estrella de Hollywood, sino de demostrarles a todos los presentes, que conoce su caso mejor que nadie, que conoce todos los secretos y que está allí para develarlos.

Mientras tanto, las partes —el cliente, el juez, los miembros del jurado, el público y, tal vez, la prensa— se encuentran esperando en la sala del tribunal. Ellos desean oír esas valientes palabras, están ansiosos de conocer la otra versión sobre los hechos. Y, a través del litigante, conocer quién es su cliente, siendo que minutos antes escucharon a la demandante decir que "este sujeto manejaba alcoholizado". El litigante hace un paneo por la sala, observa al juez y detecta en él algo de agobio; sabe que está cansado de escuchar largos discursos que no aportan nada útil para su actuación y, por lo tanto, es el litigante quien tiene que generar un mínimo de esperanza, demostrando una actitud diferente a la que muestran el resto de sus colegas y contrarios.

Todo esto lo conoce el litigante líder de antemano. Estamos por presenciar el discurso de apertura de un litigante que —además de ser líder, es un hábil estratega e investigador— sabe muy bien cómo empezar, qué decir primero, segundo y tercero; con qué frases va a cautivar al auditorio, qué va a decir de las evidencias, qué presentará durante el juicio y cuál va a ser el rumbo o giro que obtendrá finalizada su exposición. Incluso, previamente a ello, ha decidido si les va a comentar sobre las debilidades o es mejor no anticiparlas.

Y esto es así porque la función del alegato de apertura es enunciar parte de la estrategia, compartirla ante el Tribunal aunque, en rigor de verdad, no es necesario develar todo lo que vas a ofrecer ni lo que pretendes obtener al expresarte. Pero sí es necesario reforzar que se trata del medio que te otorga la litigación oral para conquistar a tu auditorio desde el inicio del debate oral y público.

Esta herramienta representa tu oportunidad para decirle con seguridad a la sala del tribunal que estás ahí para obtener justicia, para brindar tu versión sobre los hechos; para prometerles que le vas a demostrar (con los peritos, testigos y evidencias) qué fue realmente lo que pasó. Pero principalmente es tu oportunidad de demostrarles que eres merecedor de confianza.

El alegato de apertura hace las veces del índice de un libro o, tal vez, el avance de la película que te permitirá decidir en una fracción de minutos, si es lo suficientemente potente para captar tu atención y lograr que dejes todo lo que estabas haciendo.

Un buen alegato de apertura informa persuasivamente, pero no profundiza en detalles, tal como sugiere la tapa del libro que te invita a abrirlo y a leer con atención su índice y que luego de ello te determinará a compararlo o a seguir buscando entre los estantes de la librería. **El abogado debe tener muy en cuenta que si no conquistó al inicio, difícilmente pueda ganar ese juicio al cerrar.**

Siendo el alegato de apertura la presentación inicial que realizan las partes ante el tribunal —ya sea que se trate del fiscal o acusador/querella o el abogado defensor, parte actora o demandada, su objetivo está orientado a poner en conocimiento al juez o al jurado sobre cuáles son los hechos del caso, de qué evidencia nos valdremos para demostrar la veracidad de esos hechos y que realmente ocurrieron como lo hemos esbozado en nuestra presentación; asimismo, plantearemos la ley que buscamos que se aplique y por último, nuestra petición final: la absolución o la condena, según el papel que estemos desempeñando, fiscal/querella o abogado defensor.

Es bueno aclarar que estas alegaciones iniciales son mucho más que una simple presentación; se trata de la oportunidad y la ocasión con la que cuentan los litigantes para atraer la atención y generar empatía en quienes decidirán las resoluciones del juicio.

No es más que la piedra angular en la cimentación de un caso sólido y contundente, estableciendo así las bases para el éxito que vendrá posteriormente.

Funciones del alegato de apertura

↓

Presentación inicial y persuasiva del caso, para poner en conocimiento al tribunal sobre los hechos y sus protagonistas

↓

Establecer una expectativa y las base argumentativa que se desarrollará a lo largo del juicio

↓

Preparar el terreno para la presentación de pruebas, que se realizará a posteriori

↓

Otorgar al juzgador (juez o jurado) el conocimiento del asunto concreto y herramientas para resolver con justicia

En el contexto y desarrollo de un juicio, en el sistema acusatorio adversarial, ninguna fase es tan crucial como la apertura. Aquí es donde se sientan las bases del caso y el rumbo que seguirá el proceso; procurando moldear la percepción del juez y del jurado. Para ello, debes ganarte confianza por completo y esto sí que es una tarea bien difícil, pero no imposible. ¿Por qué? A continuación, entenderás a lo que me refiero...

Requisitos y contenido que debe tener el alegato de apertura para lograr el efecto persuasivo

En consonancia con la esencia y el fin último del alegato inicial, el litigante debe convertirse en el héroe de su caso y, tal como lo dijimos en capítulos pasados, definir un objetivo claro y trabajar en consecuencia para poder alcanzarlo, es decir, desarrollar **habilidades de liderazgo.**

Puesto que como **líder** buscará con una meta clara y ya establecida con antelación, que los miembros del tribunal adopten su tesis y se enamoren del caso tanto como él debe hacerlo.

También debe trazar un plan para llevar a cabo ese objetivo que involucre una estrategia de principio a fin, donde el litigante **estratega** asume el compromiso con él mismo de cumplir y llevar su plan hasta las últimas instancias.

Es cuando se inicia el debate, el acto adversarial, que cada litigante presentará este plan y deberán decirle al juez —como todo abogado **investigador**— cuánto conocen sobre los hechos del caso, así como qué evidencias han encontrado y cómo las emplearán para probar las proposiciones fácticas.

Y en virtud de exponer estos hechos para darlos a conocer frente al juez y los miembros del jurado de una forma persuasiva y convincente, el abogado también debe convertirse en un experto **narrador de historias**; y así, lograr su adhesión a su teoría del caso.

EL ALEGATO DE APERTURA ES UN ACTO DE COMUNICACIÓN

Máxima de la Litigación Oral 7: "La credibilidad es la mejor carta de presentación"

Lo expresado es simple, ¿quién estaría dispuesto a seguir lo que otra persona le indica, sino cree en las palabras que dice?

Como pudimos apreciar con el caso real que compartimos como ejemplo en este capítulo, no hay que subestimar la fuerza y utilidad que posee el alegato de apertura para todo juicio.

Pero, sumado a lo anterior, corresponde referirnos al rol fundamental que el abogado con visión de liderazgo debe transmitir a su audiencia.

Ese rol de líder dentro del proceso se ejercerá a través de su primera aparición. Es allí donde deberá impactar a través de su discurso y de su lenguaje corporal.

Deberá demostrar confianza en sí mismo y en lo que dice, y demostrará a los miembros del tribunal y jurado que, al conocer tanto del caso, será la persona indicada para transmitirles todos los detalles relevantes y, por lo tanto, será en quien deberán confiar al momento de tomar una decisión.

Para causar tal efecto, deberá ser y parecer una persona digna de confianza.

Un abogado líder, además, puede valerse de un lema que reúna esos valores universalmente reconocidos dentro de su comunidad.

El litigante estratega, es consciente que cada palabra cuenta y es por ello que las selecciona cuidadosamente, a efectos de lograr comprensión por parte de los destinatarios de su mensaje.

De nada sirve un discurso inicial, tedioso, aburrido, confuso o abrumador.

Por otra parte, insinuará respecto a todo lo que ha investigado a efectos de lograr que los demás lleguen a su misma confusión.

Como litigante narrador de historias, anunciará como responderá a esas preguntas, que en silencio, los jueces y/o los miembros del jurado se hacen y cuyas respuestas los guían durante todo el juicio.

El litigante que busca distinguirse deberá crear y expresar un discurso lógico, técnico, sencillo y emocional a la vez.

Entonces, ¿qué condiciones debe cumplir el alegato de apertura?

Hay que causar una buena primera impresión y sostenerla

» Según Oscar Wilde, "no hay una segunda oportunidad para una primera buena impresión" y esto es una verdad tan grande como un templo. Vamos a imaginar que estás en un café y te encuentras con Pablo, un amigo de la universidad que viene acompañado de Pedro; se saludan con emoción y cariño, y tu amigo te presenta a Pedro. Sin embargo, Pedro no presta atención y toma su celular ignorando en todo momento tu saludo. Luego, termina de hablar por teléfono y se acerca a las prisas donde estás para disculparse contigo, pero lo hace con un lenguaje tosco y descortés.

Supongo que en ese cortísimo período de tiempo ya te formaste una primera mala impresión de Pedro (yo también), y aunque Pablo te asegure que es una excelente persona y coincidan en futuras ocasiones, tu mente ya está predispuesta a pensar de él lo que te transmitió su comportamiento inicial.

Todo lo expresado tiene una explicación, de acuerdo a la psicología, nos guiamos durante ese contacto inicial por sentimientos que, de manera inconsciente, nos generan las personas cuando tenemos contacto por primera vez.

Basta una fracción de segundos para que nos formemos una opinión sobre otra persona, que sin saberlo condicionarán nuestra relación a futuro.

Ya que las personas analizamos a otra cuando la vemos por primera vez, bajo dos métricas.

- Nivel de confianza
- Nivel de autoconfianza

En cuanto al nivel de confianza, buscamos descubrir si esa persona es sincera respecto a los objetivos que nos transmite o que podemos deducir, tanto desde lo verbal como también desde lo gestual (lo que no nos dice).

En cuanto al nivel de autoconfianza, lo que buscamos descubrir es si esa persona tiene el nivel suficiente de fe en sí mismo como para cumplir con esos objetivos que pudimos descubrir en esa primera interacción.

Sólo respondiendo afirmativamente a esas dos interrogantes que nos hacemos de manera inconsciente (si es confiable y si es capaz), recién ahí nos va a interesar escuchar a nuestro interlocutor.

Por lo tanto, para nosotros los litigantes, es fundamental capitalizar este conocimiento.

De ahí la importancia de que nuestra primera aparición en el proceso refleje estas virtudes que acabamos de descubrir.

Por lo tanto, el litigante debe demostrarle al juez y al jurado que sus objetivos son nobles y, por ende, es confiable, y que tiene seguridad y cree en lo que dice. Sólo así podrá conquistar al iniciar.

Puesto que así aumenta la posibilidad de que los miembros del tribunal confíen en lo que decimos y adopten nuestra postura.

¿Pero cómo podemos lograrlo?

- Estudiando el caso con lujo de detalles
- Presentando el caso de una forma ordenada y con un discurso concreto
- Siendo puntuales
- Hablando con claridad y educación
- Estando muy seguros de que lo que anunciamos se cumplirá en el desarrollo del proceso
- Haciendo un uso inteligente de todo mi lenguaje corporal

Después necesitamos mantener esa primera buena impresión con una segunda buena impresión:

Sostener lo que hemos construido mediante el fortalecimiento de los lazos que vayamos logrando entablar con los miembros del tribunal a lo largo del juicio, gracias a todas nuestras óptimas acciones. Por tanto, todas nuestras actuaciones tienen que ser honorables.

La información tiene que ser precisa y limitada

» En aras de no caer en el indeseable tedio que supone una presentación demasiado extensa o ahondar en detalles e información irrelevante, los litigantes deben ser lo más perspicuos y concisos posible. Visto que la importancia de capturar la atención de los miembros del tribunal es crucial para el éxito en la resolución del conflicto.

El mensaje debe ser presentado pensando en el receptor

» Es supremamente importante que, como narradores de historias, sepamos a quién vamos a dirigir nuestro alegato; ya que tanto el juez como el jurado popular se identifican y obedecen a distintas concepciones, así pues, nuestro relato deberá confeccionarse de acuerdo a quién tengamos que dirigir nuestras alegaciones iniciales:

- *A un juez técnico le interesa mucho más el abordaje de la normativa del Derecho y de la jurisprudencia.*
- *Mientras que el jurado popular centra su interés en los hechos; son los que conservan el sentido común.*

Vale decir también, que debemos presentarle al tribunal quiénes son los personajes, cuál es el conflicto y la solución que pretendemos que el juez adopte. No obstante, para que el juez se identifique con la parte que estamos representando y nos dé la razón en la resolución del conflicto, necesitamos emplear la persuasión; en otras palabras, necesitamos hablar de emociones.

Y esto puede llevarse a cabo de la siguiente manera:

- Presentación de la historia de vida de nuestro asistido
- La manera que ha atravesado el conflicto y cómo éste ha impactado en el desarrollo de su vida
- Enalteciendo o destacando en el juicio las emociones clave para lograr una conexión con el tribunal, para que logren empatizar con nuestra parte

- Asimismo, la implementación de recursos lógicos (de ahí la importancia de conocer al destinatario de nuestro mensaje), hablar de los hechos, de su comprobación o de su refutación, en términos científicos y demostrables. Por ejemplo, en lugar de basar mi teoría del caso en una prueba testifical, puedo basarla en una prueba pericial; tal vez al juez le interese más lo que dice la ciencia al respecto que lo que digan terceras personas testigos del hecho.

Ahora bien, hacer uso de las emociones implica que éste sea coherente y adecuado, no vamos a presentar un melodrama, sino que nos propondremos recuperar esas emociones que son comunes a todos los individuos para crear la empatía.

Hacer mención de las pruebas que acrediten su planteamiento

» Siendo la apertura el momento que corresponde a la introducción persuasiva del caso, cada litigante debe identificar y referirse a las pruebas específicas que planea presentar durante el transcurso del juicio para respaldar su posición o argumento. Estas pruebas pueden incluir documentos, testimonios de testigos, peritajes, fotografías u otros elementos que apoyen la versión de los hechos o las afirmaciones planteadas por las partes.

La inclusión de estas pruebas en el alegato de apertura sirve para informar a la otra parte, al juez y al jurado sobre la existencia de dichas pruebas y la importancia que tienen para respaldar la posición del litigante. Esto también permite al litigante establecer coherencia y persuasión en la narrativa desde el comienzo del juicio, generando una expectativa sobre la evidencia que se presentará más adelante.

Es importante destacar que, si bien se mencionan las pruebas en el alegato de apertura, es durante la fase de presentación de pruebas donde se deben presentar formalmente y admitirlas ante el tribunal de acuerdo con las reglas y procedimientos legales aplicables.

No argumentar sobre el resultado, no profundizar en detalles

» Podríamos decir que las alegaciones iniciales son apenas un avance de los hechos y la estrategia del litigante, que da inicio a un proceso de descubrimiento que los litigantes tenemos que ir haciendo a lo largo del juicio.

En lugar de argumentar en profundidad, hay que presentar —como lo mencionamos anteriormente— una descripción general de nuestra posición, exponiendo nuestros puntos principales sin entrar en detalles excesivos o presentar pruebas específicas.

La razón detrás de esto es permitir que la otra parte plantee su propia versión de los hechos durante su alegato de apertura, y de esta forma evitar discutir detalles que aún no se han presentado como pruebas.

Plantear la teoría jurídica de la que se valdrá el litigante

» La mención de la teoría jurídica en el alegato de apertura cumple varios propósitos. En primer lugar, ayuda a establecer la fundamentación legal y el contexto en el que se desarrollará el caso. Al identificar y presentar la teoría jurídica, el litigante muestra al juez y al jurado cuál es la base legal sobre la que sustentará sus argumentos.

Además, mencionar la teoría jurídica durante el alegato de apertura sirve para establecer las expectativas y guiar la atención de los participantes en el juicio hacia los principios legales relevantes. Esto ayuda a enfocar la discusión y facilita la comprensión de la posición y estrategia del litigante.

También debe abordar y anticipar las debilidades del caso

» Es una decisión estratégica, lo haremos siempre y cuando su mención no vaya en nuestro perjuicio. Con ella ganaremos credibilidad. Al plantar nuestras propias debilidades nos aseguraremos que la parte contraria no pueda manifestarlas al tribunal y así desfavorecer en mayor medida nuestro caso.

El poder de la preparación en el Alegato de Apertura

Obligaciones del Litigante *Cómo una estrategia sólida marca la diferencia en tu caso*		
1	**Presentación de la óptica de los hechos**	
• Describir los hechos, personajes y el conflicto.		• Acompañar con evidencias que respalden la perspectiva.
2	**Manejo de detalles de pruebas**	
• Evitar detalles exhaustivos en el anuncio de pruebas.		• Mantener el misterio para resolver durante el juicio.
3	**Mención de la tesis**	
• Debe introducirse al principio y reforzarse al final.		• Crucial para expresar el lema y anclarlo en la mente del tribunal.
4	**No leer**	
Evitar la lectura para demostrar preparación y confianza.		
5	**Enaltecer las emociones**	
Captar la atención desde el principio y mantenerla.		
6	**¿Qué NO se debe hacer?**	
→ Ser tediosos: Evita caer en monotonía. → Aburrir: Mantén la presentación interesante. → Ahondar en detalles: Guarda detalles para el desarrollo del juicio.		

Las partes enfrentadas y sus funciones

El abogado acusador o el fiscal, en su alegato de apertura, tendrá que decir a quién trae a juicio y de qué delito se le acusa. Presentará su versión de los hechos y expondrá las pruebas que planea presentar durante el juicio para demostrar la culpabilidad del acusado.

También resaltará los elementos clave del delito y explicará cómo planea establecerlos mediante testimonios y evidencias.

Asimismo, tiene el deber de mencionar que respetó el principio de presunción de inocencia y que demostrará que el acusado es culpable más allá de toda duda razonable.

De la misma forma, explicará cuál será la teoría jurídica de la que se servirá para lograr su objetivo de culpabilidad.

Por otro lado, el abogado defensor aprovechará su alegato de apertura para introducir su versión de los hechos y puede abordar dos tipos de defensa según sea su estrategia:

En la estrategia pasiva, deberá recalcar a los miembros del jurado y al tribunal, primeramente, la vigencia de la presunción de inocencia y resaltar cualquier información relevante que pueda beneficiar al acusado. Así pues, deberá mencionar que es la fiscalía quien tiene la carga de la prueba y exponer las posibles debilidades de la acusación, buscando generar dudas respecto de varios aspectos:

» la teoría jurídica de la fiscalía,

» la manera en que son presentados los hechos,

» que en esos hechos haya participado en acusado,

» que esa acción sea perseguible de oficio

» o dudas de la capacidad del acusado de cometer el delito.

Después de todo, el litigante persigue crear una duda razonable en el juez en relación con la manera en la que el fiscal ha presentado su versión de los hechos.

En contraste, también puede establecer una estrategia activa, al presentar una teoría del caso alternativa que deberá probar, donde tendrá que destacar el lema de su caso, y jugar un papel de igual a igual.

De esta manera, el litigante presentará su propia hipótesis al rehacer la secuencia de los hechos que contrarreste la teoría del caso de la fiscalía, lo que, al mismo tiempo, lo obliga a ejercer una labor de investigación vasta y eficaz que le permita respaldar su versión y presentar una teoría del caso sólida ante el tribunal.

Recordemos que en la exposición cada litigante debe cumplir, además, con requerimientos adicionales no menos importantes para su éxito en la sala del tribunal —ya lo hemos hablado anteriormente, pero es preciso hacer hincapié porque son esenciales para su rol de litigante líder e influye directamente en el resultado de su alegato de apertura:

» El litigante debe asegurarse de causar una buena primera impresión

» Lograr que su alegato sea persuasivo y convincente

» Hacer uso del lenguaje corporal para transmitir seguridad y convicción a los efectos de solicitar a quien tenga el deber de resolver el asunto cumpla con el rol trascendental de dictar justicia en el caso concreto.

Estructura del alegato de apertura

Máxima de la Litigación Oral 8: "empiece por lo importante" La técnica de los primeros y últimos 30 segundos

Todo mensaje, incluso en el ámbito forense, debe diseñarse de manera tal que las personas a quienes nos dirigimos lo quieran escuchar porque es algo importante.

No desperdicie esta oportunidad con rodeos, divagues, falta de certeza al hablar, hipótesis y teorías o sospechas que no vienen al caso.

Las personas que lo están escuchando necesitan certezas para resolver un asunto clave; usted está ahí para dárselas.

La siguiente es la estructura que utilizan los abogados más exitosos de los Estados Unidos. Espero que a usted también le dé excelentes resultados.

1. Diga lo esencial en los primeros 30 segundos. Incluya el lema de su caso. Lo más relevante tiene que ser incluido para captar la atención.
2. la historia: ¿Cuál es el problema a resolver? Aquí, céntrese en responder al cuándo y dónde (oriente sobre la escena), qué (hable sobre los eventos principales), por qué (los motivos), cómo (explique el suceso que abarque la preparación, planificación y ejecución), quién dijo (habilidad de los testigos) y certezas (cómo vamos a soportar la petición y por qué es plausible que haya sido así).
3. Las opciones que intentará probar el adversario.
4. Los efectos legales, de responsabilidad, atribución etc.
5. Los remedios legales.
6. Conclusión de la exposición en 30 segundos de mensaje.

En primer término y recordando lo dicho hasta ahora, el alegato de apertura es esencial por ser la primera oportunidad que tiene el litigante de hablar de su caso. Por lo tanto, es la ocasión perfecta para causar una primera buena impresión. Pues, de manera muy subyacente, el primer impacto o huella que el litigante sea capaz de dejar en la mente del juez o del jurado les dirá a estos qué esperar de aquél y jugará un papel fundamental en adelante.

Una manera muy simple de hacer un alegato de fácil comprensión es hacerlo con un orden cronológico y respondiendo, rápidamente, a las seis interrogantes (de las que hablamos de manera amplia en el capítulo de Teoría del caso): ¿quién?, ¿cómo?, ¿cuándo?, ¿dónde?, ¿por qué? y ¿a quién?

Es recomendable usar el lema que haya seleccionado para mi caso, como la introducción de mi alegato de apertura para que mi tesis se quede anclada en la mente de los miembros del tribunal. De este modo, enarbolo mi bandera al mismo tiempo que hago el planteamiento de los valores que necesitan ser rescatados o los sentimientos que deben ser protegidos. Uno el lema con mi teoría del caso.

Paralelamente, en el juicio no sólo importa lo que digo sino cómo lo digo. Mi relato bien puede ser muy coherente, pero si la audiencia no confía en lo que digo, si no toma mi versión como cierta, de nada sirve. Es por ello, que resulta menester que desarrollemos dotes de liderazgo; un abogado líder es capaz de ganarse a los miembros de la sala del tribunal con el impecable manejo de su comunicación verbal y corporal.

Existen muchas formas de hacer un alegato persuasivo, pero lo primero a tener en cuenta —y en esto hago especial énfasis—cuál será el destinatario de mi mensaje, sólo entonces aduacuaré mi presentación a las necesidades y características de ese destinatario a fin de lograr mis objetivos.

Pero ¿qué hacer en caso de que en el tribunal en el que me toca litigar no estén acostumbrados, o si las normas procesales de mi ciudad no contemplan esta técnica de litigación?

En estos casos, lo que te propongo es que lo solicites como líder que eres y marcar el camino. Por ejemplo: "Permiso, señor presidente del tribunal, necesito exponer mi caso a través de las alegaciones iniciales para que ustedes entiendan cuál va a ser nuestra postura durante todo el juicio". Es probable que estando bien fundamentada esa petición le sea concedida.

Hacer referencia a la prueba que se presentará a posteriori

Después de exponer los hechos debidamente, debemos hacer mención de las pruebas que traeremos más adelante al juicio; es decir, no basta con la sola enunciación que hace el litigante, sino que tiene que probar que lo que dice es verdad. Pues, de lo contrario, incurriría en una falsedad, lo que puede ser motivo de decepción para los miembros del tribunal.

Cuando los litigantes anunciamos la prueba que las que nos valdremos para respaldar nuestra postura no debemos profundizar en detalles, recordemos que la prueba es un descubriendo que tenemos que ir develando a lo largo del juicio. Basta sólo con mencionar las pruebas de las que nos serviremos para probar un determinado hecho y qué resultado esperamos obtener. Pero siempre teniendo como norte que esa enunciación tiene que ser cierta y demostrable.

Planteamiento de la teoría jurídica sobre la cual se fundamenta la tesis

Luego de relatar su óptica de los hechos y hacer mención de las pruebas, el litigante procede a plantear el fundamento jurídico en el cual se enmarca su teoría con único fin de señalar que se da el contexto y los aspectos requeridos para absolver o condenar al acusado.

Inclusive, se puede hacer mención de la disputa que existe entre la acusación de la defensa y nuestra postura jurídica, por poner un ejemplo.

El petitorio

El litigante está próximo a concluir su alegato, por lo que le planteará al juez cuál es su pretensión y solicitará que valore los hechos que ha planteado para que falle en favor de su asistido. Es decir, pedirá que se condene o absuelva al acusado.

Conclusión

Para cerrar el alegato de apertura debemos anticipar nuestras debilidades y volver a hacer mención de nuestro lema.

Pasos a seguir para la preparación del Alegato de Apertura

1. ***Revisión exhaustiva de los hechos*** → Analizar y comprender los detalles del caso → Identificar los elementos clave y las circunstancias relevantes
2. ***Investigación y recopilación de pruebas*** → Revisar las pruebas disponibles, incluyendo documentos, testimonios, expertos, etc. → Seleccionar las pruebas más convincentes y relevantes para respaldar el argumento
3. ***Definir el objetivo del alegato de apertura*** → Establecer el propósito principal del alegato: persuadir, informar, generar empatía, etc. → Identificar la posición y la teoría del caso que se presentará al jurado
4. ***Desarrollo de una estructura clara y lógica*** → Organizar los aspectos relevantes en una secuencia coherente → Establecer una introducción impactante y una conclusión convincente
5. ***Crear una narrativa poderosa*** → Construir una historia atractiva que conecte emocionalmente con la audiencia → Utilizar metáforas, analogías o ejemplos que refuercen los argumentos
6. ***Practicar y pulir el alegato de apertura*** → Realizar ensayos para perfeccionar el lenguaje, el tono y la fluidez → Hacer ajustes según el feedback recibido y la retroalimentación interna
7. ***Adaptar el alegato a la audiencia y al contexto*** → Considerar las características del jurado y/o el juez → Adaptar el lenguaje y los argumentos para maximizar su impacto
8. ***Establecer una presentación visual efectiva*** → Utilizar apoyos visuales como diapositivas, gráficos o videos si es apropiado → Diseñar una presentación clara y atractiva que refuerce los puntos clave
9. ***Prepararse para posibles contratiempos*** → Anticipar preguntas o argumentos contrarios y estar preparado para responder → Tener en cuenta posibles objeciones y cómo abordarlas de manera efectiva

¿Por qué es importante realizar un alegato de apertura?

Le da las herramientas la juez para resolver con justicia las disputas y objeciones

» Deja sentada la postura en el juicio y con qué evidencias se manejará el litigante

» Le deja al juez conocimiento de la postura de cada litigante, sobre cuál será su teoría del caso y cómo la van a defender

» Determina la pertinencia de cada una de las alegaciones de las evidencias que se van a presentar en el juicio, por lo tanto, podrá resolver de las distintas disputas que se susciten

» Establece el ámbito de la pertinencia de toda la prueba

CONSEJO PROFESIONAL

➤ Utiliza un tono Þrme y seguro al comenzar tu alegato de apertura. Crea una declaración impactante que capture la atención de la audiencia y establezca la importancia del caso.

➤ Utiliza lenguaje claro y conciso para facilitar la comprensión de los jurados y mantener su atención.

➤ Menciona a los testigos y la evidencia que presentarás durante el juicio. Destaca su relevancia y cómo respaldan tu teoría del caso. Esto ayudará al juez y a los miembros del tribunal a comprender la importancia de la evidencia que se presentará.

➤ Utiliza argumentos sólidos y convincentes para respaldar tu teoría del caso. Enfatiza la fuerza de tu evidencia y refuta posibles argumentos de la defensa. Hazlo con claridad y coherente tu presentación.

➤ Termina tu alegato de apertura con un cierre poderoso que refuerce tu posición y haga un llamado a la justicia

EL CASO SE SOSTIENE EN EL INTERROGATORIO DIRECTO A LOS TESTIGOS

"La prueba testimonial es la médula del caso y del trabajo de los litigantes depende el éxito de sus resultados"
D.H.

Etapa probatoria:

"Las cosas por su nombre"

Luego de presentado los alegatos, el juez a viva voz manifiesta, que pase a declarar ***la víctima.***

- Señora Martina Ramirez, adelante, siéntese. Le advierto que el Código Penal castiga a quienes mientan en el tribunal y agrava la pena cuando dicha falsedad es en perjuicio del imputado, le pregunto Señora Ramirez:Ud. jura o promete decir la verdad?

-¡Sí juro!, respondió Martina y paso seguido comenzó a responder las preguntas que se le formularon.

Pues bien, ese término utilizado por el magistrado, al dirigirse a la denunciante/testigo como víctima, ya había marcado la suerte del proceso. En virtud de que dicha denominación debería sobrevenir siempre y cuando se demostrara que los hechos afirmados por la parte acusadora se corroboran con la prueba rendida en el caso. Es decir, procesalmente hablando, el juez debería aguardar a que el juicio finalice para establecer con rigor de verdad que quien se señaló como víctima realmente lo fue y que su victimario es la persona sometida a proceso. Respetar la presunción de inocencia así lo exige.

Sin embargo, tratarla como tal al iniciarse el proceso, cuando hay solamente enunciados sin corroboración, lleva a torcer, en la gran mayoría de los casos, las reglas que rigen la actividad procesal y a cometer errores en perjuicio de las partes.

Porque está claro que, si tratamos a la denunciante como víctima, esto quiere decir que se está asegurando que la otra parte es el victimario, y eso claramente echa por tierra el estado de inocencia del que debe gozar toda persona acusada de un delito. Estado que sólo debe cesar cuando haya sentencia firme que establezca su culpabilidad.

En el caso real que comparto como ejemplo, este prejuzgamiento por parte del magistrado hizo que se le permitiera a Martina agregar información jamás dicha anteriormente en ninguna de las decenas de denuncias realizadas en contra de su ex esposo, que se nos privara de la posibilidad de confrontar debidamente, que se proveyera citar a la supuesta psicóloga tratante al momento de los hechos denunciados, cuando, conforme a las constancias reunidas en la causa, Martina había sostenido que no estaba haciendo terapia en aquel momento, y, peor aún, las partes acusadoras (ni pública ni privada) habían ofrecido a la mencionada psicóloga como testigo en las etapas destinadas al efecto. Todo lo cual se hizo fuera de los plazos procesales establecidos a tal efecto.

Además, y por si fuera poco, se permitió incorporar nuevos hechos (fuera de los que constituían el objeto procesal), obviamente cada vez más gravosos, lo que finalmente terminó ocasionando una alteración de la base fáctica y, por ende, de la acusación. Todo eso mientras iba transitando el juicio.

Esta historia, ¿te suena familiar?

A pesar de que en mi faz como docente busco inspirar a mis colegas para que sean hacedores de cambios positivos dentro de su comunidad, no puedo dejar de reconocer como litigante que estos problemas están presentes más que nunca y que debemos ponerlos en evidencia para crear conciencia del daño que se comete cuando se violentan garantías judiciales, privando a toda la comunidad de la certeza jurídica que se debe brindar.

De ahí la importancia de cierto rigorismo que debe exigirse a los operadores judiciales. El juez debió haber llamado a Martina a los estrados para declarar como denunciante/testigo y no como víctima, al menos para conservar cierta imagen de imparcialidad, la que nos es debida a todas las personas que acudimos al proceso en búsqueda de justicia.

En la actualidad, la administración de justicia se encuentra atravesando una serie de conflictos que, a mi modo de ver, no sabe cómo administrar. Muestra de ello es que, sin que exista certeza jurídica de ningún tipo (puesto que recién se iniciaba la etapa probatoria) y siendo que rigen principios procesales universales (la presunción de inocencia es uno de los más importantes), los jueces llaman víctimas a quienes hasta el momento son denunciantes que reclaman justicia.

Este detalle hace mella en toda la cuestión procesal, en virtud de que el juez deja ver su posición en ese juicio.

No requiere ser muy astuto para entender que, si es el propio juez quien, para mencionar a la denunciante, utiliza la palabra víctima, como consecuencia lógica de ello, quien se encuentra del otro lado, ubicado en el banquillo de los acusados, es sin lugar a dudas su victimario.

Y si no hay lugar a dudas, la pregunta es: ¿para qué realizamos todo un juicio bajo el paradigma de un sistema acusatorio cuando, como puede apreciar el lector, claramente estamos frente a un proceso inquisitivo? Se estableció que alguien es víctima (sin pruebas, porque aún no se han producido).

En definitiva, lo que busco a través de este ejemplo —que lo he visto decenas de veces, tanto cuando me toca representar a la "víctima" como también al imputado— es despertar conciencia en los operadores judiciales para que realmente nos metamos de lleno en la cultura del proceso acusatorio, dejando atrás frases y prácticas que son inquisitivas, aunque lo obviemos.

En el capítulo donde abordamos el alegato de apertura, dejamos claro que lo que hayan alegado los abogados no es prueba; son sus manifestaciones acerca de lo que pasó y cómo piensan probarlo. Su función es situar a los jueces o jurados para que comprendan lo que van a presenciar a continuación. Por lo tanto, si el testigo no expresa aquello que el litigante ha anunciado, no estará probando su teoría y probablemente perderá el caso. Los jueces deberán estar atentos a este detalle para no darle la victoria a quienes simplemente tengan facilidades de oratoria, se expresen de manera convincente, pero no logran demostrar nada de lo que habían prometido.

Dentro del proceso, es útil manifestar que cualquier persona no puede ir a declarar al juicio; tiene que reunir una condición esencial: poseer información relevante que le permita al juez descubrir la verdad acerca de lo que pasó. Pudo haber presenciado los hechos que son materia de confrontación, o conocer a las partes involucradas, o tal vez tener conocimiento acerca de algún dato relevante. Aclaro esto porque muchos litigantes creen que si se citan a más testigos es mejor; sin embargo, se incurre en un grave error.

Hecha esta salvedad, las personas y los jueces se molestan cuando advierten que les están haciendo perder el tiempo escuchando a alguien que sólo tiene para aportar rumores, o es tanta la confusión que realmente no suma ni resta nada para las partes en la controversia. Pensar anticipadamente al respecto y ofrecer testigos con responsabilidad es la clave para maximizar el rendimiento del juicio.

Entonces son testigos:

Aquellas personas que han percibido de forma directa, bien sea mediante su vista, oído, tacto y/u olfato, un hecho que es materia de investigación en el proceso. Cuando el litigante ofrece un testigo, lo hace únicamente porque éste se corresponde y sirve de apoyo a su teoría del caso. Y esto es así porque, como no hay teoría del caso del juez, tampoco hay testigos del tribunal, sino testigos que son ofrecidos por las partes. Lo mismo que sucede en el proceso civil sucede en el proceso penal. El juez no sabe quiénes pueden aportar información; son las partes las que le dicen quiénes son y establecen su utilidad para el esclarecimiento de los hechos.

Los testigos cumplen una función importante para el proceso judicial. Ellos son capaces de ofrecernos el lema o tema que vamos a enunciar en el juicio, de acreditar o desacreditar una determinada posición o tesis e, incluso, pueden tener la aptitud de hacernos ganar o perder el caso.

Una exigencia del proceso acusatorio

Tal como venimos señalando en los capítulos anteriores, el proceso acusatorio adversarial requiere que tanto el juez como el jurado no tengan conocimiento del conflicto hasta tanto no se hagan presentes en la sala de juicios, a fin de escuchar la explicación de los hechos de parte de cada litigante, quienes tienen el deber de ir descubriendo, en la medida que avance el proceso, la verdad que defienden y probar mediante evidencias contundentes su teoría del caso.

En aras de aprovechar de manera exhaustiva esta oportunidad que nos brinda el examen directo, es importante que los litigantes nos marquemos objetivos claros para llevar a cabo esta técnica. Es decir, saber qué queremos lograr cabalmente con nuestro testigo e idear un plan estratégico en consecuencia.

Preguntar es un arte, que requiere planificación, método y técnica, de cuya destreza dependerá si se extrae este fragmento de información clave para nuestro caso.

En este sentido, después de haber realizado una investigación con determinación y responsabilidad, y a fin de dar cumplimiento a esos objetivos que hayamos trazado, traeremos a nuestro testigo al estrado para obtener de él ese extracto de información que él o ella tiene para apoyar nuestras proposiciones fácticas.

La quintaesencia del interrogatorio directo es que la información —que todo testigo tiene— debe ser descubierta por los litigantes a través de las preguntas correctas. Así es como serán los declarantes quienes les contarán a los miembros de la sala del tribunal cómo fueron los hechos. Será, entonces, una reconstrucción de la historia que hace el litigante a través del testigo y, por supuesto, impulsada por lo asertivo de sus preguntas.

Hacer que un testigo hable parece una labor sencilla, pero lo cierto es que cuando hay que llevarlo al campo de la acción requiere una destreza muy refinada del litigante.

Siempre les comento a mis alumnos —y tal como nos enseña el derecho anglosajón— que la prueba testimonial "es el corazón del caso". Es la médula y el pulso vital de nuestro caso, ya que se erige como la ocasión insustituible para que los litigantes probemos todo lo que anunciamos en el alegato de apertura.

De tal suerte que dependerá de nuestra destreza al interrogar si se mantiene vigoroso o se termina desvaneciendo. Nuestro deber no es otro que impulsarlo con energía, vitalidad y fuerza para lograr los objetivos.

Objetivos del interrogatorio directo

¿A qué ideal obedece el interrogatorio directo?

Los testigos son quienes aportan, la mayoría de las veces, la información más sustancial y controvertida para un caso. Todas las personas que han presenciado un hecho tienen distintas versiones sobre lo ocurrido y es importante que las conozcamos a todas para descubrir nuestras fortalezas y debilidades.

Máxima de la Litigación Oral 9: Lo que no se probó en el juicio no existe

Es decir que puedes tener una teoría del caso ambiciosa, sustentada en una investigación exhaustiva pero... si al aplicar la técnica no logras extraer esas palabras exactas de la boca del testigo que le permitirán conformar una idea al juez respecto de lo que pasó según tu versión, la historia no quedará escrita y, por lo tanto, ese vacío en la información no podrá ser completado en otras etapas.

Aquí realmente se trata de hacer todo el esfuerzo para lograr algo muy grande. A continuación, analizamos los aspectos principales a considerar por el litigante.

1. Primer objetivo: La presentación del testigo

¿Por qué traemos a ese testigo a declarar?

Tal como lo hemos expuesto desde el comienzo de este apartado, la idea de convocar a un testigo al estrado es porque la historia que presentará a través de su testimonio es funcional a nuestra teoría del caso.

» Entonces iniciaremos con la pregunta: ¿quién es el testigo?

Su rol en el juicio va a estar fuertemente conectado con quién es él o ella como persona.

» Tengo que presentarlo, para eso primero tengo que conocerlo.

Indudablemente, al ofrecer un testigo tenemos el deber de saber a fondo su historia. Por ejemplo, su domicilio, ocupación (dónde vive o trabaja), si está casado o soltero, si tiene familia e hijos. La recopilación de toda esta información nos permitirá entenderlo mejor y desarrollar cierta empatía con él.

Ahora que terminamos nuestra investigación y seleccionamos a nuestros testigos, vamos a enfocarnos en tener muy en claro qué queremos obtener del testigo. Es decir, qué porción de la información necesitamos para probar nuestras proposiciones fácticas —para avalar nuestro encuadre jurídico—. Entonces, lo primero que haremos es hablar sobre el testigo, presentarlo a través de preguntas y éste le contará a sala del tribunal, a través de sus respuestas, quién es a los efectos de establecer su credibilidad y honorabilidad.

2. Segundo objetivo: La acreditación de su veracidad y objetividad

La importancia de proporcionar información de calidad sobre el testigo

Una vez que pasamos la etapa de averiguar quién es el testigo y las razones por las cuales hay que creer en él, entraremos en la segunda etapa, donde abordamos la condición de percepción. En esta fase, se hablará sobre los aspectos que puedan llegar a afectar la percepción del testigo y, al mismo tiempo, la percepción que el juez y el jurado tengan sobre él.

Para cumplir con esta finalidad, debemos suministrar información valiosa a los jueces y al jurado para asegurar la credibilidad del testigo y, por ende, el de su declaración.

Asimismo, indagaremos sobre si tiene conocimiento de las partes: si es amigo o enemigo, si conoce a las partes y desde cuándo las conoce; si es acreedor o deudor. Esto se conoce como las generales de la ley para demostrar que, en el caso de conocer a las partes, esto no va a afectar su testimonio o la veracidad de sus dichos.

La acreditación de las proposiciones fácticas

El tercer paso —y el tercer objetivo que encierra la técnica del interrogatorio directo— es comprobar las proposiciones fácticas.

En este sentido, no debemos ir directamente a los hechos, sino que de una forma minuciosa desglosaremos la historia y, acorde a esto, realizaremos el interrogatorio desde una perspectiva general hasta una más detallada; es decir, empezar desde lo general a lo concreto para ir reconstruyendo nuestra narración.

En lo que atañe a la presentación de esta narración, existen dos maneras de darla a conocer: de manera temática o cronológica. Sin embargo, como recomendación y práctica general, es que se presente de manera cronológica para lograr que el juez comprenda la secuencia de los hechos con mayor claridad. De ahí que, a partir de las preguntas que le hagamos al testigo, iremos narrando nuestra historia de una forma patente y sencilla para que quede en la memoria del juez y en la de los miembros del tribunal.

Una vez que hemos planteado los hechos, destacaremos los eventos más importantes de nuestra historia a través de una serie de preguntas que nos permitan situar el *qué*, *cómo*, *cuándo*, *dónde*, *por qué*, a *quién* y después qué pasó; nos serviremos de éstas para narrar la historia, haciendo especial énfasis en los detalles que necesitamos que salgan a la luz.

Y, si es posible, incluimos un toque especial que consiste en extraer del testigo sentimientos, emociones, percepciones personales para que formen un capítulo de la historia que quedará grabado en la psique del juez y en la del jurado.

¿Qué objetivos concretos busca alcanzar el litigante líder en el interrogatorio directo?

Cómo el liderazgo permite a los litigantes abordar y manejar la técnica del interrogatorio directo de testigos

El principal objetivo que debe perseguir un litigante líder al aplicar la técnica es demostrar al juez/jurado que es la persona idónea para descubrir y dar a conocer la verdad de los hechos.

De esa manera, afianzará la credibilidad ganada en el alegato de apertura, lo cual le permitirá seguir narrando esa historia, pero en esta ocasión a través de las palabras del testigo.

Como lo venimos viendo desde el inicio de este libro, la actualidad del mundo jurídico requiere del litigante una nueva óptica perspicaz y superadora. De esta manera, tal y como mi método lo propone el líder litigante será aquel que conduce el interrogatorio con convicción y orientado a los objetivos que debió plantearse con antelación, naturalmente.

Como resultado de lo cual éste se convierte en el artífice de la historia que se contará en el testimonio. No es protagonista, es quien construye la narración a través de la voz del testigo. Logra así, plasmar sus habilidades de liderazgo, pues, se encarga de encauzar el interrogatorio con el objeto de rescatar esos valores que constituyen la base de su tesis y que intenta ensalzar y enarbolar como su estandarte logrando que el juez y de los miembros del jurado adopten su postura.

Déficit del litigante: Si no sabes preguntar podrías perder tu caso.

No se trata únicamente de saber realizar preguntas del tipo abiertas, sino de preguntar siguiendo tu plan. Extraer a través de cada pregunta fragmentos de la información, es un detalle clave para marcar el rumbo de tu caso.

Muchas veces, hay litigantes que se justifican al decir que el testigo no contó tal o cual cosa, que no lo declaró. Sin embargo, y esto es importante remarcarlo, cuando la información no surge del testigo se trata más de un déficit del litigante que del mismo testigo, es decir, a menudo sucede que el abogado no supo interrogar.

Generalmente esta falencia está ligada a la falta de investigación, dudas sobre la información a reproducir, falta de preparación del testigo, desprolijidad en el manejo de las técnicas o inexperiencia.

Estos problemas del litigante se pueden advertir en pleno juicio cuando sus preguntas son confusas y el testigo no logra comprenderlas. También pueden ser ambiguas, es decir, pregunta dos cosas al mismo tiempo y el testigo evade o contesta sólo una. O porque —tal vez— no preguntó lo que debía preguntar. Asimismo, sucede que el litigante hizo preguntas sugestivas que la contraparte objetó, y este litigante no estaba preparado para reformular. Es decir, hizo la pregunta, pero no se le dejó responder al testigo.

En suma, el liderazgo del litigante se verá reflejado en su maestría para conducir con éxito el interrogatorio y redimir los valores que han sido cercenados, con lo cual podrá consolidar su teoría del caso y persuadir a su audiencia.

El segundo objetivo, obedece su labor de estratega y pericia para actuar conforme a su meta. En decir, con un plan bien definido en mano —previamente elaborado— que le permita establecer un objetivo claro. Después de anunciar este plan en las alegaciones iniciales, en su apertura; es el interrogatorio o examen directo cuando el litigante comienza a ejecutar ese plan.

Lo anterior significa que en la persecución de ese objetivo el litigante debe tener muy claro para qué cita a su testigo, qué información desea obtener y qué pasos deberá seguir a los efectos de no desviarse del plan que se trazó.

Recuerde en todo momento que: Los dichos del litigante no son prueba

Un litigante que asume y lleva a la práctica las nuevas habilidades que requiere el sistema oral de la litigación, sabe que debe contar los hechos a través de sus testigos. Pues, lo que dice él o ella dice en el alegato de apertura no es prueba, por tanto debe respaldar su tesis con lo que dirá el testigo.

Y sabe que para ello debe hacer las preguntas adecuadas que haga decir al testigo "las palabras mágicas", vale decir, que las interrogantes que dirija el litigante a su testigo serán la llave para obtener ese fragmento de la historia que sirve para acreditar su teoría, para probar que los hechos sí son como él los presentó al inicio del juicio.

En este sentido, el testigo contará —lo que el litigante quiere y sabe que dirá porque así lo dispuso— la reconstrucción de las proposiciones fácticas con tal persuasión que los miembros del tribunal se sientan inclinados a adoptar la teoría del caso que el litigante ofreció.

Este nuevo litigante del que hemos venido hablando a lo largo de estas páginas entiende que al juicio no se va a investigar. La investigación es una tarea previa con carácter de obligatoriedad que debe asumir cualquier abogado o abogada que asuma el compromiso con su propósito fundamental: ganar. De resultas que antes de comenzar a guiar el interrogatorio directo, él o ella sabe lo que el testigo responderá gracias a que estudió a fondo cada elemento de su caso.

Para tal efecto, no debe hacer preguntas cuya respuesta desconoce.

Ya que de lo contrario dejaría su suerte al azar. Recordemos que el testigo —con la orientación del litigante— debe decir de la manera más persuasiva posible lo que sirve a la causa que defiende la parte convocante.

El rol de los intervinientes en el proceso de la acreditación de la prueba testimonial

➤ De la actuación del juez

El juez no va al juicio oral a investigar la verdad

A diferencia del sistema inquisitivo y el sistema mixto, el sistema acusatorio adversarial exige que el juez mantenga un rol pasivo —es decir, no hace interrogatorio a los testigos— en aras de mantener la objetividad y la parcialidad en sus decisiones.

Cuando se presenta a un testigo ante los estrados del Tribunal, el juez:

- Tomará juramento del testigo para advertirle de las penas con las cuales se castiga el falso testimonio.
- También está obligado a actuar cuando el falso testimonio es cometido en su presencia.
- Excepcionalmente, podrá realizar preguntas aclaratorias directamente al testigo.

- Conduce la audiencia del debate oral, es el director del proceso y dirime las distintas disputas que se puedan presentar entre las partes. Soluciona las pequeñas controversias y objeciones, conservando —siempre— su rol de imparcialidad

→ Garantías procesales que debe resguardar

En el sistema adversarial, tal y como entendemos, el juez ingresa al tribunal con una comprensión básica de las posiciones de las partes, sin tener un conocimiento detallado de los hechos en cuestión. Su función no es la de investigar ni cuestionar la veracidad de los hechos, sino más bien administrar justicia de manera imparcial desde una perspectiva neutral.

Es decir, su función se limita a obtener información, a procesarla en base a su leal saber y entender, para luego resolver.

No obstante, existen ciertas preguntas que sí están autorizadas para su investidura, verbigracia, las preguntas aclaratorias: cuando el litigante al interrogar al testigo deja espacios vacíos que el juez necesita poder sanear; en este caso deberá limitar su pregunta a simplemente obtener esa porción faltante de información, pero no puede ir más allá de eso.

En el juicio, la responsabilidad recae en los litigantes que deben valerse de los testigos para presentar la evidencia y relatar los detalles de las pruebas materiales a través de su testimonio. Es decir, en este sistema legal se requiere que la información sea presentada por la fuente directa, quien debe exponer todo su conocimiento ante el juez.

En el proceso acusatorio adversarial la facultad de investigar está vedada para la figura del juez. Y, a diferencia con los sistemas que lo anteceden, la denuncia no equivale a una condena, sino que se necesita que los testigos vengan al juicio a los efectos de lograr la debida contradicción.

Las estrategias de interrogatorio nos muestran que cuanto menos involucrado esté un juez y mantenga su imparcialidad, más justo será el juicio, ya que los litigantes tendrán una mayor libertad para desarrollar y ejecutar sus estrategias.

› De la actuación de los litigantes en general

En el momento de la audiencia testimonial, el abogado goza de total autonomía para ejecutar su estrategia y convocar a los testigos que considere más apropiados y acordes a su teoría del caso. Es responsabilidad del litigante seleccionar a los testigos competentes. Además, surge la pregunta: ¿Cuáles serán las interrogantes que planteará durante el testimonio?

→ Custodia del cumplimiento de las garantías procesales en el caso concreto

En ocasiones, los litigantes no desempeñan adecuadamente su labor dejando vacíos o ambigüedades en perjuicio de los acusados. En tales situaciones, el juez se ve en la obligación —de buena fe— de asumir ese papel y realizar preguntas e indagaciones sobre los hechos. No obstante, esto compromete y empaña su imparcialidad, uno de los principios fundamentales del proceso acusatorio adversarial.

Ante esta situación, resulta pertinente convocar a los litigantes al estrado e indagar sobre el tiempo que cada uno ha tenido para preparar su caso; e incluso, considerar la suspensión de la audiencia. También, los litigantes pueden solicitar una prórroga si así lo requieren.

Por esto, es crucial enfatizar que la falta de preparación, por mínima que sea, puede comprometer nuestra teoría del caso y ponerla en riesgo.

En caso de que el juez perciba que el litigante no está comprometido con la teoría del caso, se debería suspender el juicio y solicitar a la parte que designe a un nuevo defensor. De no tomar esta medida, existe el riesgo de dictar un fallo erróneo y, como consecuencia, una condena injusta.

→ Derechos que representa y cómo los llevan a cabo

La investidura del abogado durante las audiencias de debate oral le brinda la libertad de presentar las pruebas que considere necesarias para respaldar su teoría del caso. En este sentido, puede seleccionar a los testigos que desee llevar al juicio y formular las preguntas pertinentes. Además, a diferencia del sistema anterior, los abogados litigantes son los responsables de la teoría del caso, lo que les otorga la libertad de renunciar a un testigo si no resulta útil o si lo que iba a probar no es relevante.

Por otro lado, el litigante también tiene el derecho de contrainterrogar a los testigos presentados por la parte contraria. Esto implica la facultad de generar controversia durante la audiencia oral y de proteger a su propio testigo de cualquier comportamiento hostil por parte del adversario.

Es importante destacar que el litigante, como garante y vigilante del cumplimiento de las normas procesales y las garantías constitucionales, puede realizar peticiones para asegurar el correcto desarrollo del juicio oral y alcanzar los objetivos propuestos.

En síntesis, el abogado en las audiencias de debate oral puede y debe:

- presentar pruebas,
- seleccionar testigos,
- contrainterrogar a la parte contraria y
- velar por el cumplimiento de las normas y garantías procesales.

→ Entrevistas previas y sus objetivos

En este punto, vamos a retroceder un poco y analizar el papel del litigante antes del juicio oral. Es crucial entender que el trabajo de un abogado no se limita a las audiencias públicas. Existen tareas previas que deben llevarse a cabo para evitar sorpresas y garantizar que los hechos se presenten tal y como los hemos anunciado.

Durante la fase de apertura, es fundamental tener claro qué deseamos demostrar y cómo lo haremos. Aquí es donde las técnicas de litigación oral entran en juego, permitiendo al litigante entrevistarse con los testigos antes de la audiencia.

Sin embargo, hay casos en los que algunos abogados recurren a prácticas deshonestas. ¿Qué implica esto exactamente? Se trata de entrevistar al testigo y proporcionarle información adicional que no ha sido corroborada, con el objetivo de mejorar su testimonio y conocimiento de los hechos y circunstancias personales, cuando en realidad no los posee. Esta conducta deshonesta está en contra de los códigos de ética que rigen la profesión de abogado en todos los países del mundo.

Es esencial preservar el principio de igualdad ante la ley y la igualdad de armas, y ganar la confianza de la sociedad en nuestro trabajo. No podemos recurrir a testigos falsos para obtener una victoria en un caso. Además de dañar nuestra reputación, nos exponemos a sanciones y ponemos en grave riesgo a aquellos que están dispuestos a testificar falsamente en un juicio oral.

> *Nunca puedo ser un buen abogado si necesito valerme de pruebas falsas para ganar un caso.*

La justicia es un asunto serio y debemos abordarlo como tal. Detrás de cada caso se encuentran intereses y derechos que los abogados estamos obligados a proteger en aras de un sistema de cooperación social.

➤ De la actuación del testigo

Después de haber tenido en cuenta estas consideraciones iniciales y observaciones preliminares, nos adentraremos en el tema de las diferentes entrevistas que un abogado puede llevar a cabo con un testigo antes del juicio.

Estas entrevistas pueden involucrar a testigos directos, presentes durante los hechos o a profesionales como policías o peritos. En este contexto, el abogado asume el papel de investigador, cuyo objetivo principal es obtener la mayor cantidad de información posible sobre los hechos, antes del juicio, con el fin de construir su teoría del caso de manera consciente y sólida.

Orden y planificación de las declaraciones testimoniales

No solo realizaremos interrogatorios directos para respaldar mi caso, sino que también puedo abordar cualquier debilidad que considere pertinente, siempre y cuando no afecte mi teoría o la credibilidad del testigo.

Esto me permitirá controlar la narrativa de la historia durante el contrainterrogatorio, evitando que las debilidades del testigo lo presenten como alguien poco confiable o alguien que oculta información. Una estrategia efectiva es abordar las debilidades con el testigo mismo, asegurándome de mantener el control y no permitiendo que estas debilidades perjudiquen mi argumento legal. En este sentido, las preguntas se centrarán en su conocimiento personal sobre las personas involucradas en el conflicto.

Orden externo

Orden de presentación de nuestra prueba testimonial

Cuando se trata de planificar estratégicamente la presentación de pruebas testimoniales, es crucial considerar cómo causar un impacto desde el principio. Esto implica seleccionar cuidadosamente los testigos más sólidos para presentar al inicio y al final del proceso.

En la fase inicial, es recomendable presentar testigos que aporten una fuerte evidencia sobre los hechos en cuestión. Luego, en la etapa final, se deben incluir testigos capaces de generar un impacto emocional, que apelen a los sentimientos y logren crear un compromiso profundo con la causa.

Por ejemplo, si tenemos un caso complejo que involucra múltiples allanamientos y diversas investigaciones sobre diferentes imputados, presentar toda la información de manera cronológica puede dificultar la comprensión tanto del juez como del jurado. En cambio, la estrategia adecuada sería organizar la presentación en bloques temáticos o de investigación, agrupando los testigos relacionados con cada bloque específico.

De esta manera, logramos citar a los testigos pertinentes en relación con cada fragmento de información, facilitando una comprensión clara y ordenada del caso para todos los involucrados en el proceso legal.

El objetivo principal es que la historia sea entendiblemente persuasiva

En cuanto a la organización de la declaración testimonial, es crucial considerar cuidadosamente el orden en el que se presentarán los testigos. Es necesario evaluar cuál de ellos permitirá introducir la evidencia material en el momento más oportuno para lograr el impacto deseado. Además, se debe tener en cuenta el momento adecuado para presentar a los peritos.

En los casos penales, es común comenzar citando a la víctima, ya que esta persona puede proporcionar un relato cronológico de los hechos y transmitir las emociones y sentimientos experimentados, lo cual genera una gran impresión tanto en los jueces como en los miembros del tribunal.

En segundo lugar, se podría presentar al médico que asistió a la víctima, quien puede hablar sobre las lesiones sufridas, su duración y si son permanentes o temporales. Además, el médico puede describir el estado emocional de la víctima durante el examen médico, si estaba en estado de shock, emocionada o golpeada. También puede hacer referencia a un diagnóstico realizado, informes periciales o historias clínicas relevantes.

En tercer lugar, se puede citar al policía que encontró a la víctima corriendo desesperada en la vía pública, solicitando ayuda. Esto ayudará a ilustrar el momento de su intervención y la situación en la que se encontraba la víctima.

Posteriormente, se pueden citar testigos que presenciaron a la víctima en esas condiciones o aquellos que observaron al autor del crimen huyendo.

Es fundamental planificar y considerar cuidadosamente el orden de presentación de los testigos y la evidencia material con el objetivo de maximizar el impacto y persuasión en el tribunal.

Tipos de preguntas que se pueden hacer en un interrogatorio directo

El abogado nunca debe perder el control sobre su caso

→ Preguntas de tipo narrativas

Las preguntas narrativas, que requieren de una amplia cantidad de información, solían ser comunes en el sistema antiguo. Sin embargo, estas preguntas demuestran una falta de preparación por parte del abogado litigante, ya que dejan demasiada libertad para que el testigo responda. En lugar de actuar como director o líder, el abogado permite que el testigo responda de manera abierta, lo que aumenta el riesgo de que sus respuestas no se ajusten a la teoría del caso. Utilizar este tipo de preguntas no es recomendable, ya que puede resultar en una pérdida de control sobre el caso.

→ Preguntas del tipo abiertas

Las preguntas abiertas son aquellas que se plantean al testigo con el objetivo de obtener respuestas más detalladas. Algunos ejemplos clásicos de preguntas abiertas incluyen: qué sucedió, cómo ocurrió, cuándo sucedió, dónde tuvo lugar y por qué sucedió. Aunque existen muchas otras variaciones, estas son las más comunes.

Estas preguntas brindan al testigo una sensación de orientación y suelen generar un diálogo fluido. En este tipo de interacción, el testigo se convierte en el protagonista de la historia, mientras que el abogado litigante asume el rol de conductor.

→ Preguntas cerradas

Las preguntas cerradas se emplean cuando se necesita obtener información específica y detallada. Estas preguntas son ideales para obtener detalles precisos y pueden ser utilizadas para tipificar o deslegitimar una conducta. Por ejemplo, podríamos preguntar: *"¿Cuál era el color del auto en el que anotaste la patente del autor?"* o *"¿Cuántas botellas de alcohol encontraste en el baúl de dicho auto?"*

También podemos indagar sobre la ubicación del arma homicida con preguntas como: "¿Dónde estaba exactamente el arma homicida?" De esta manera, al utilizar preguntas cerradas, buscamos restringir la información para obtener detalles específicos que de otra forma no podríamos obtener.

→ Preguntas sugestivas

Las preguntas sugestivas, aunque no están contempladas en algunos códigos procesales, están prohibidas en el interrogatorio directo según la regla general 611-B de la Ley Federal de Estados Unidos. Es considerada mala práctica utilizar este tipo de preguntas, ya que colocan al abogado en el centro de atención en lugar de los hechos.

Un ejemplo de este tipo de preguntas es: *"¿Usted estaba ubicado a 20 metros del lugar de los hechos, y había 5 personas delante de usted en ese momento?* Desde su posición, *¿no pudo haber visto al otro testigo cuando fue llamado por la policía?"*

Estas preguntas son subjetivas y sólo permiten respuestas de sí o no.

El litigante y el lenguaje corporal en el juicio oral

En el clímax de este análisis crucial sobre esta técnica de litigación, nos encontramos en el momento de extraer conclusiones que revestirán de eficiencia nuestro desenvolvimiento en el juicio oral. Como enfaticé en el alegato de apertura, la presentación de la teoría del caso es análoga a un índice literario o al tráiler de una película, subrayando la importancia de abordar cada capítulo con precisión a través de la declaración testimonial.

La preparación meticulosa es esencial para triunfar en las audiencias orales —que transcurren a un ritmo vertiginoso, sin margen para la improvisación—. Ante este desafío, la clave radica en procesar de antemano la información necesaria, destacando la importancia de estructurar declaraciones testimoniales en orden temático para lidiar con la espontaneidad inherente al interrogatorio directo.

En esta situación, es trascendental recordar que el abogado no ostenta el papel protagónico durante el interrogatorio directo; este lugar lo ocupa el testigo. La habilidad para expresar emociones y rescatar temas cruciales depende en gran medida de la atención prestada al lenguaje corporal del testigo, cuya primera impresión resulta equiparable en relevancia a la del propio abogado.

El trato adecuado al testigo emerge como una faceta ineludible en el desarrollo de la justicia. Demasiado a menudo, el testigo se ve sometido al desdén, ya sea durante la fase previa al juicio o en la audiencia misma. No obstante, su papel es trascendental para el cumplimiento de la justicia; sin testigos, no hay pruebas, no hay caso, no hay justicia. Ergo, el respeto y consideración hacia el testigo se erigen como cimientos inquebrantables.

En cuanto a la labor del litigante, resulta necesario no concebir su función meramente como la de arrojar a los testigos al vacío del juicio oral. La responsabilidad recae en cuidar y valorar el papel del testigo, protegiéndolo de posibles conductas inapropiadas por parte del adversario. La elaboración de declaraciones testimoniales claras, la consideración del tiempo del testigo y la aplicación de preguntas comprensibles son directrices ineludibles.

La gestión emocional del litigante durante el interrogatorio es vital para el éxito del caso: la capacidad para controlar el ritmo, modular la voz según las necesidades y mantener el autocontrol son habilidades invaluables. En situaciones excepcionales que dificulten este control emocional, es un deber del abogado notificar al juez para solicitar la interrupción o ajuste de la audiencia. La conciencia de nuestra humanidad y la anticipación mediante una preparación exhaustiva son los pilares que garantizarán la solidez de nuestro desempeño en el juicio.

CONSEJO PROFESIONAL

Recomendaciones para interrogar a un testigo:

➤ Debemos trabajar con planiÞcación y la organización de la información mucho antes de la audiencia oral

➤ Establecer con qué testigos podemos probar los hechos, los elementos más importantes de nuestra tesis; para ello, empezaremos con los mejores testigos y también terminaremos con los mejores. Así la info le queda grabada al juez en el caso de que intervengan

- Organizar las preguntas de manera cronológica, y de esta manera vamos introduciendo información sobre los hechos de manera escalada, que le permita al juez tener un conocimiento global sobre el caso

- Organizar las preguntas de manera temática, esto es especialmente útil cuando en los casos de delitos complejos o cuando se hayan realizado varios allanamientos. Abordar al testigo teniendo en cuenta qué información especíÞca quiero que ese testigo me entregue.

- Por último, si nos encontramos en la posición de contar con un testigo estrella para nuestro caso, es muy importante pensar estratégicamente en qué momento lo llamaré al estrado, antes y después de qué otro testigo.

INTERROGATORIO DIRECTO A PERITOS

Ayudemos al juez a darle sustento científico a la resolución del asunto.

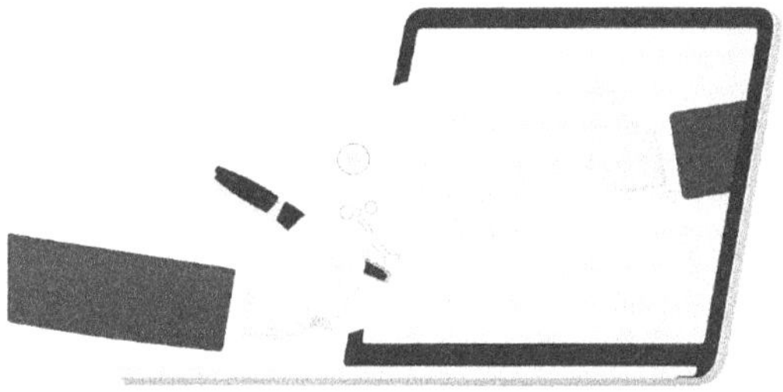

La prueba pericial es la armadura del caso, cuando está presente, orientan al juez y le dan seguridad por su apoyo científico a las resoluciones que alcanzan. En este sentido es mucho más complejo para los litigantes cuestionar los fundamentos de una sentencia cuando los mismos se basan en prueba pericial.

A diferencia de los testigos del hecho, quienes tienen una experiencia inmediata y un verdadero conocimiento sobre los eventos, cuya naturaleza forma la cuestión a dilucidar; las personas que encarnan a la figura del perito cuentan con un conocimiento especializado en un campo específico relacionado con el tema en cuestión, pero no han presenciado los hechos.

Estas personas expertas son convocadas por cada parte con el objetivo de que den su valoración sobre el proceso y fundamentar —gracias a su saber altamente calificado— la constatación o disentimiento de un hecho

para la resolución del caso. Por lo cual serán citadas al juicio oral para brindar explicaciones al respecto.

Pero ¿cuáles son los requisitos para que un perito sea considerado válido en un juicio oral?

La validez de la opinión de un perito en un juicio oral depende de varios factores:

» En primer lugar, es fundamental que el perito tenga un sólido conocimiento en su área de especialización, respaldado por estudios, doctorados, maestrías o posgrados relevantes en ese campo específico. Es decir, para que la voz de un perito sea valorada en un juicio oral, es esencial que posea un sólido conocimiento respaldado por formación académica o experiencia relevante en el campo.

» Como segundo requisito, es necesario que su participación sea relevante para la resolución de los puntos en disputa en el caso.

Es fundamental destacar que no todos los casos necesitan la intervención de un perito o especialista; de hecho, esto suele ser la excepción.
Por lo cual, es necesario que el litigante establezca que la complejidad o naturaleza técnica del caso exige la participación de un experto para proporcionar una visión especializada que contribuya a la resolución justa y precisa de los hechos en disputa.
Demostrar y asegurar que esa intervención es realmente relevante y esencial para desentrañar los aspectos fundamentales del caso; resulta crucial para obtener el respaldo del tribunal y garantizar un proceso legal justo y eficaz.

En algunos casos, el perito puede ser convocado debido a su experiencia profesional destacada, respaldada por recomendaciones de colegas.

Sin embargo, en un juicio oral, es esencial contar con herramientas para evaluar la idoneidad y competencia de ese perito o especialista.

Para este fin, volvamos a mi estrategia para asumir nuestro rol de litigantes. Como litigantes investigadores nuestra tarea consiste en examinar si el caso requiere la participación de un experto. Así, con el expediente en mano:

- evaluamos todas las pruebas,
- nos comunicamos con nuestro cliente
- y entrevistamos a los testigos.

Estas acciones nos ayudarán a determinar si la presencia de un especialista es necesaria para respaldar nuestra teoría del caso.

En el sistema acusatorio adversarial, tanto la acusación como la defensa llevan a cabo su propia investigación. Por lo tanto, nuestra principal misión es identificar cualquier punto de conflicto que requiera la intervención de un experto para su esclarecimiento.

Sin embargo, surge una pregunta: ¿de todas las especialidades disponibles, ¿cuál será la más útil para mi caso?

Los peritos pueden ser doctores, científicos, mecánicos, ingenieros, arquitectos, analistas de sistemas, entre otros. Nuestra labor consistirá en determinar cuál de ellos puede ayudarnos a desarrollar nuestra teoría del caso y otorgarle peso durante el juicio oral.

Análisis de selección de peritos

Como abogados líderes, una de nuestras responsabilidades es entrevistar a los diversos peritos para evaluar su idoneidad y compatibilidad con nuestro rol como litigantes y responsables de nuestro caso.

Además, es crucial establecer cláusulas de contrato claras que el perito debe respetar, incluyendo la prohibición de actuar en contra de los intereses de la parte que representamos. Construir una relación basada en la confianza implica realizar una investigación exhaustiva sobre la trayectoria y reputación del perito en cuestión.

Siendo litigantes que buscamos obtener resultados contundentes en pro de nuestros objetivos, no podemos correr el riesgo de perder nuestra credibilidad, y esto depende —en gran medida— de la selección adecuada del perito. En atención a lo cual es necesario encontrar a un profesional que se ajuste a las necesidades específicas del caso y que sea capaz de resolver de la manera más clara las incógnitas que se derivan de los hechos Nuestro objetivo es presentar de manera clara nuestra teoría del caso al juez y al jurado.

Vale recordar que si elegimos a un perito inadecuado, tanto nuestra credibilidad como la de nuestro cliente se verán comprometidas. Por lo tanto, es fundamental conocer la calidad profesional del perito que estamos contratando, ya que esto tiene un impacto directo en el resultado y la percepción del caso.

En este sentido, es sumamente importante que lideres la relación con el perito, pues de lo contrario, podrías poner en riesgo tu caso.

Para graficar lo expuesto quiero compartirte una experiencia personal y profesional. Mi función en aquel proceso era representar a los padres de una niña que había sufrido tocamientos en sus partes íntimas por parte de su profesor de natación.

La niña iba a ser entrevistada por los psicólogos designados por el Fiscal, quienes tenían la función de determinar si la niña estaba en condiciones de declarar en Cámara Gesell. Todo acorde a lo que establecen los protocolos. Tal es así que le informé a los padres de la necesidad de designar a un perito psicólogo infantil de parte para que intervenga en el proceso, lo controle y pueda realizar ciertas peticiones. Además del informe particular que luego podríamos adjuntar si no estaba de acuerdo con el resultado del informe oficial.

Como parte de mi estrategia, ofrecí a los padres la intervención de peritos que conocía y sobre quienes podría asegurar que ejecutarán su trabajo conforme a las necesidades y particularidades del caso.

Sin embargo, los padres decidieron designar a una perita que yo no conocía, lo cual tuve que aceptar.

El rol del perito es fundamental y por más que todos realizan su trabajo conforme a las reglas de su profesión, arte u oficio y que están obligados a decir la verdad, eso no significa que no puedan aportar, desde su enfoque, otros puntos de vista. Sin embargo, no es lo que sucedió.

En aquella entrevista inicial donde se indagó a la niña respecto al hecho que formaba parte de la acusación, cuando el objeto procesal era totalmente distinto. La perito que habían designado sus padres, no actuó como contralor del acto dejando asentada su oposición de que avancen en tal sentido. Con lo cual la perito avaló que en un ámbito ajeno a la cámara Gesell la niña sea interrogada.

En segundo lugar, la niña además de ser sometida a indagaciones por parte de los peritos oficiales, preguntada que fue sobre los hechos, manifestó un rechazo y temor absoluto a su profesor de natación, pero no refirió hechos de abusos, sino hechos violentos. La conclusión de los peritos oficiales y de la perito de parte fue, que el tiempo había borrado de la memoria de esa niña el hecho que había padecido, razón por la cual, recomendaron NO hacer la cámara Gesell.

Cuando nuestro perito me comentó del resultado de dicha entrevista y que había decidido de manera inconsulta (sin conformidad de los padres, tampoco mía como letrada), avalar el dictamen oficial, le pedí explicaciones y formas de rectificar esa opinión, lo cual luego hizo pero, como te imaginarás ya era demasiado tarde.

Los padres comprendieron entonces, porque yo les comentaba acerca de la necesidad de formar un equipo con los peritos designados, y se arrepintieron de su decisión, pero ese acto inconsulto marcó la suerte del proceso, ya que por más que la niña tuviera pesadillas mencionando a su agresor, por más que pudiera poner en palabras los hechos vejatorios que sufrió con tan sólo 5 años, el defensor de menores y también el fiscal, decidieron no continuar con la investigación, lo que generó la impunidad de ese agresor sexual y riesgo potencial para otras niñas en la misma situación.

Se privó a mi pequeña asistida del derecho a ser oída, bajo las condiciones que establece la ley y en un ámbito adecuado.

La intervención de esta perito fue perjudicial, puesto que no exigió que se cumplan con los protocolos, que se pregunte lo que se debe preguntar, como tampoco exigió que se respete el derecho de la niña a ser escuchada en cámara Gesell. Avalando un informe a todas luces arbitrario e ilegal.

Espero que este caso, sirva como ejemplo, de que las riendas del juicio la tenemos que llevar nosotros los litigantes, que si bien formamos un equipo con nuestros asistidos, debemos ser conscientes que ellos son ajenos a estas cuestiones procesales por lo que es sumamente importante que escuchen a quienes somos expertos en la ley.

Además, es importante destacar la importancia de la preparación previa del experto. Antes de que se siente en el estrado, el abogado litigante debe prepararlo minuciosamente. La forma en que el perito se exprese, sus gestos y su comportamiento en general son aspectos que el abogado debe estudiar y tener en cuenta para presentar un caso sólido y persuasivo.

Asimismo, es necesario aclarar que las recomendaciones de otros colegas abogados no garantizan que un perito sea útil para nuestro caso en particular. Cada caso es único, de modo que necesitamos evaluar cuidadosamente las habilidades, conocimientos y experiencia del perito para asegurarnos de que sea el más apropiado para nuestro caso específico.

Sea dicho de paso, como abogados estratégicos, debemos pensar de manera anticipada y planificar nuestras acciones, para abordar diversas posibilidades y complicaciones que puedan surgir durante el juicio. Lo que nos permitirá responder eficazmente a los desafíos que se presenten, garantizando así una representación legal sólida y efectiva.

Ser abogados estrategas nos ayudará a colaborar de manera efectiva con el perito para alcanzar nuestros objetivos. Sin embargo, es importante tener en cuenta que el trabajo en equipo con el perito no implica que este deba o pueda testificar en función de los intereses del abogado, si estos son contrarios a la verdad, ya que esto es una práctica prohibida y sancionable.

Es por ello que se dan tres situaciones:

» La primera: Evaluación del perito con la finalidad de analizar su incorporación como perito de parte.

Una vez que seleccionamos al perito más idóneo para llevar a cabo la tarea, debemos revisar —detenidamente junto él— si la evaluación que realizará sobre el objeto pericial nos acercará o alejará del resultado esperado o deseable; es decir, si fortalecerá nuestra teoría del caso. Luego de ello, y sólo en caso afirmativo, confeccionamos los puntos periciales y, en tercer lugar, analizará el material probatorio o participará junto a otros peritos en su evaluación o peritaje. Por último, nos presentará su correspondiente informe, al cual deberá adosarle una explicación especial para nosotros, donde nos exponga —en concreto y en términos sencillos— qué técnicas administró, por qué las seleccionó y descartó otras, y qué fue lo que observó; culminando con las conclusiones arribadas y cómo estas se relacionan con nuestra posición en el juicio.

» La segunda: Evaluación del perito con la finalidad de incorporarlo como perito de parte, cuando no ofrecemos puntos de pericia, sino que vamos a confrontar (contradecir) la prueba del adversario.

Aquí es donde el perito acude como observador de la tarea pericial a efectos de entregarnos material para impugnar el informe oficial o de la parte contraria. Este trabajo debe ser llevado a cabo con mucho profesionalismo y seriedad, puesto que la función no es obstaculizar la justicia, tampoco dilatar, sino colaborar para lograr su perfección, la excelencia de sus resoluciones. Es por ello, que destaco la importancia de que se manifieste el contradictorio en cada una de las pruebas que se vayan a rendir en el juicio oral, siendo la pericial una de ellas, corresponde también aquí presentarle al juez estas dos versiones antagónicas que se contraponen y se controlan mutuamente.

En este sentido nuestro perito tendrá una misión distinta a la que corresponde a la primera hipótesis, siendo entonces su función acudir, participar y no consentir actos que terminen contaminando las evidencias analizadas, observar rastros de contaminación o alertar por escrito que se ha roto la cadena de custodia. Oponerse a la técnica utilizada porque es desactualizada o porque no es la que se aplica habitualmente en estos casos, y también manifestar la discordancia con el resultado, o dejar a salvo la posibilidad de presentar sus observaciones por separado. Es muy importante, aquí, que el perito en toda tarea asignada se comporte como un vigilante de los procedimientos y de los resultados. Luego, nos brindará su informe técnico para que este sea aportado al expediente y, al mismo tiempo, un informe a nosotros en un lenguaje más coloquial y con observaciones especiales, que nos permitan el día de mañana —en pleno juicio oral— ejercer hábilmente la técnica del contraexamen al perito de la contraparte.

» Y hay una tercera posibilidad, tan importante como las anteriores, que tiene que ver con la actuación del perito o experto simplemente como asesor.

En este caso, no se presenta en el juicio —al menos en la primera etapa—, pero nos instruye, nos informa y nos aporta información respecto del informe presentado por el perito oficial o de la contraparte. Este perito, en su rol de asesor, podría ofrecernos bibliografía sobre el tema, estudios periciales, puntos de pericia y material para impugnar la pericia de la otra parte. Nos aporta datos sobre los aciertos y errores del material peritado y de los métodos utilizados. Nos da las bases para hacer eficientemente nuestro trabajo en todas las etapas del proceso. Este tipo de asesores periciales son muy útiles para juicios civiles, penales y laborales. Recomiendo especialmente que incorporen a su staff personas de confianza con especialidades específicas en los temas que se trabajan en sus estudios jurídicos.

La relación del abogado litigante y el perito se divide en distintas fases que son clave para el éxito del caso

Fase 1

Determinar la necesidad del perito. En esta etapa, se busca identificar si la participación de un experto es necesaria para aclarar un punto controvertido en el caso. Se evalúan las circunstancias para determinar si la experiencia y conocimientos especializados de un perito pueden brindar claridad y perspectiva.

Fase 2

Selección del perito más idóneo. Aquí se elige al perito con las mejores credenciales, ya que su testimonio será considerado una voz autorizada y no podrá ser cuestionado fácilmente por los jueces. Se busca encontrar al experto con la experiencia y el conocimiento adecuado para respaldar la posición planteada en el juicio.

Fase 3

Entrevistas previas con los peritos. Durante esta etapa, se llevan a cabo entrevistas para evaluar la idoneidad del perito y su utilidad para los objetivos propuestos. Se analiza su trayectoria, su calidad como persona y se abordan los detalles de la pericia requerida. Además, se prepara conjuntamente el testimonio para el juicio oral, utilizando herramientas de litigación oral para asegurar que su relato sea comprensible y persuasivo.

Fase 3.2

Se abordan las fortalezas y debilidades del perito, así como las posibles críticas que puedan surgir debido a su trayectoria, calidad profesional o cambios de postura. Estas cuestiones se tocan en las entrevistas previas para estar preparados y tener respuestas ensayadas ante posibles objeciones. También se discuten las debilidades del adversario y se tratan temas como las conclusiones alcanzadas, el método y los testigos utilizados.

El arte de lograr que el perito resulte entendible y, por ende, útil su declaración:

» Valores tiempo y utilidad:

La oralidad de los procesos sean estos de índole penal o no penal, nos exige observar en cada actuación los valores tiempo y utilidad.

Ser parte del sistema nos exige que no podemos dilatar uno de los valores más preciados, el tiempo de los justiciables. En este sentido, se nos demanda que seamos conscientes y responsables de toda la prueba que ofrecemos y producimos tanto en las etapas previas como también en el juicio oral.

Por ello, debemos renunciar a presentar o peticionar que se realicen pericias que malgastan el tiempo o cuya utilidad no va a servir a esclarecer los hechos. En sintonía con lo expuesto, es importante que el perito comprenda la importancia de su actuación y que se comprometa a colaborar en los objetivos de su presentación. Si su pericia no aporta nada, la pregunta es para qué se propuso o se hizo.

Si su pericia aporta mucho, pero nadie termina de entender su utilidad, la pregunta es por qué desperdiciamos tanto potencial.

De ahí que nuestro arte como litigantes va a consistir en simplificarle la tarea al tribunal y a los miembros del jurado; si estos están participando o hay posibilidades de que intervengan en el futuro juicio oral. Razón por la cual entre las bases del acuerdo al que arribemos con los peritos, deben incluirse la necesidad de que se exprese en términos técnicos y en su traducción a términos claros y sencillos. La premisa es que si nosotros no podemos entender que es lo que informa el perito, cómo vamos a pretender que lo entienda aquel tercero imparcial, que no tiene ningún conocimiento sobre la expertise o lo tiene vagamente y que tampoco conoce los hechos del caso, ni las posiciones de las partes.

Entonces, el litigante en esta situación viene a hacer las veces de intérprete o traductor de ese informe pericial. Le pregunta tantas veces al perito como sea necesario hasta lograr comprender con suma profundidad todo lo que este ha expresado.

Aspectos que deben abordarse

El Método DH

Dado que es común que los expertos y quienes manejan un profundo conocimiento en un área determinada utilicen un lenguaje técnico y complejo; resulta menester que en las entrevistas previas el litigante trabaje junto al perito aspectos clave, como la credibilidad de este, su presentación ante el juez y el jurado y el uso adecuado de un lenguaje accesible para todos los miembros del jurado quienes deberán analizar y comprender la prueba pericial. Es ideal y aconsejable practicar una serie de preguntas abiertas y cerradas para instruir al perito a responder en un lenguaje sencillo durante el juicio oral.

Asimismo, es importante indagar aquí —en las entrevistas previas— sobre el método utilizado por el perito para llegar a sus conclusiones, asegurándose de que se haya seguido un procedimiento respaldado por la ciencia, el arte o la técnica en la que se especializa. Y, sumado a esto, es vital que el litigante entienda todo el proceso del peritaje a fin de mantener el control de su caso para realizar posteriormente un examen óptimo y, de esta manera, aportar una prueba convincente.

Así, será durante el juicio oral, cuando se explicará a través de preguntas el proceso seguido por el perito para apoyar sus conclusiones.

No obstante, es necesario destacar que no se debe ir directamente a las conclusiones; sino que primero se preparará al perito como una autoridad en el tema. Luego, se abordará el método utilizado por el perito y se practicarán preguntas abiertas y cerradas para profundizar en los detalles.

Recordemos que las herramientas de litigación nos permiten acceder a una mayor cantidad de información, lo que a su vez nos posibilita a realizar un trabajo consciente y responsable, orientado a alcanzar los resultados que nos hayamos propuesto.

En síntesis, el trabajo previo con los peritos supone los siguientes requerimientos:

- Conocer su historia personal y profesional, evaluando así su idoneidad para probar lo que expone la parte a la que representará.
- Saber y comprender su labor de peritaje en el caso, cómo y por qué llegó a las conclusiones que llegó.

- Ensayar su interrogatorio, y trabajar en adecuar el lenguaje a los miembros de la sala del tribunal, su testimonio debe estar libre de jerga complicada y tecnicismos, ha de ser comprensible para todos los miembros del tribunal.
- Evaluar debilidades y fortalezas del perito, así como las posibles críticas que puedan surgir en este aspecto y prepararse para responder en consecuencia.
- Aprender al detalle el informe generado por el perito a fin de preparar un buen interrogatorio (es recomendable realizar evaluaciones y ensayos de las preguntas y respuestas que se realizarán).
- Preparar a los testigos para traer, luego, al perito como el experto que dará su opinión según la óptica de su saber; quien —pese a esto— deberá regirse únicamente por las preguntas que le haga el litigante a fin de confirmar su teoría del caso.

Relevancia de la prueba pericial

Como lo hemos mencionado anteriormente, en el sistema acusatorio adversarial es crucial que las pruebas presentadas sean relevantes, necesarias y verdaderamente útiles para dilucidar los hechos en cuestión. Como litigantes, tenemos la responsabilidad de demostrar esta relevancia.

Por consiguiente, no podemos basarnos en pruebas innecesarias o superabundantes. Es imperativo justificar la necesidad de la prueba pericial o la participación de un experto para resolver los hechos. Esto se logra aportando información directa o indirecta sobre las circunstancias que rodearon el evento, lo cual nos permite individualizar al imputado y otorgar valor al testimonio de la víctima.

La relevancia de la prueba pericial se puede analizar desde dos perspectivas:

- Relevancia lógica: se refiere a los hechos principales y secundarios que rodean los eventos. Como abogados, debemos considerar este nivel antes de defender la pertinencia de la prueba judicial.
- Relevancia legal: este es el siguiente nivel a examinar. La relevancia legal implica que el abogado puede ofrecer pruebas periciales, pero el juez debe admitirlas siempre y cuando no causen perjuicio. En este caso, se evalúan los costos y beneficios que estas pruebas periciales aportan. Por ejemplo, en Estados Unidos, las Reglas

Federales de Evidencia, específicamente la Regla 403, establece la exclusión de pruebas periciales cuando no son necesarias o cuando existe riesgo de confundir al jurado.

Es importante comprender el funcionamiento de la ley en otros países, ya que esto puede brindarnos una visión esclarecedora sobre ciertos asuntos. Durante la etapa de investigación del perito, pudimos determinar si el experto era idóneo. Recordemos que la voz del perito validará nuestra teoría del caso ante el jurado.

Los peritos pueden ser reconocidos profesionales en sus campos, respaldados por publicaciones, premios o incluso entrevistas en medios de comunicación. A veces, la presencia del perito en los medios nos indica que tienen una riqueza intelectual que les permite transmitir y divulgar información científica con mayor facilidad.

Estas cuestiones deben ser investigadas. La palabra del perito tiene valor, y su idoneidad en el campo nos permite transmitir confiabilidad ante el juez y los jurados.

En el caso de Argentina, el Código Procesal Penal de la Nación establece la obligatoriedad para los peritos de aceptar el cargo y desempeñarlo adecuadamente. El incumplimiento de esta norma puede generar sanciones disciplinarias, como la exclusión de su matrícula.

Este precepto es una de las principales distinciones entre:

» un perito convocado al juicio, que ha firmado un informe y que nos instruye sobre un tema específico,

» y un testigo circunstancial que simplemente presenció un hecho de manera fortuita.

Optimizando la Presentación de la Información en el Juicio Oral

El sistema acusatorio adversarial se distingue del sistema inquisitivo mixto en varios aspectos fundamentales que afectan la forma en que se presenta y valora la información en un juicio oral.

En el sistema acusatorio adversarial, la presentación de la información ante el juez requiere que la fuente exponga directamente.
Requiere la participación activa de los litigantes para presentar y cuestionar la evidencia de manera efectiva.
Y garantiza que se respeten los principios fundamentales del proceso.

Pero a menudo se cree —erróneamente— que la simple lectura de un informe pericial presentado durante la etapa de instrucción es suficiente. Se considera que no es necesario citar a testigos, ya que el informe se incorpora por lectura, o simplemente requerir que el perito ratifique que fue quien presentó y firmó el informe.

Esta práctica viola las garantías propias del proceso acusatorio adversarial y obstaculiza su correcto funcionamiento, yendo en contra de los principios de inmediación, contradicción, publicidad y oralidad.

Como abogados litigantes, no podemos permitir que un informe pericial se incorpore por lectura o que la única función del perito sea ratificar su firma. Debemos exigir que el perito sea interrogado durante la audiencia del juicio oral y brindar la oportunidad al adversario de contrainterrogarlo. Estas son las bases del sistema acusatorio adversarial.

Observaciones necesarias de la actualidad en la litigación oral latinoamericana

En el juicio oral, algunas veces nos encontramos con jueces que insisten en conservar la facultad de preguntar a los testigos, y en el caso de los peritos, suelen saltar directamente a las conclusiones sin permitir que el abogado demuestre la credibilidad del perito o el método utilizado para llegar a dichas conclusiones. Luego, hacen algunas preguntas para complementar la información o aclarar alguna duda, y apenas otorgan a los litigantes la oportunidad de interrogar al perito sobre estos aspectos.

Estas prácticas deben abandonarse por completo, y como litigantes, debemos insistir en que el juicio nos ***pertenece para demostrar nuestra teoría del caso.***

El interrogatorio del perito en la audiencia oral. Pasos:

Durante la audiencia de debate oral, cuando el litigante llama a su perito al estrado y el juez le toma juramento, es común que el jurado sienta dudas sobre la imparcialidad del perito y su lealtad hacia la verdad. Es por esto que exponer la credibilidad del perito desde el principio es crucial. El abogado debe demostrar que el informe se basa en sólidas reglas del área de especialización del perito y que la conclusión a la que se ha llegado sería la misma para cualquier otro experto.

Asimismo, es primordial que presente al experto mediante preguntas abiertas para establecer su identidad, profesión, experiencia y formación académica. Estas preguntas permiten que el juez y el jurado conozcan al perito en detalle.

Después de presentar al perito, se debe abordar su informe, su metodología de investigación, el rigor formal utilizado por la ciencia en su campo y, finalmente, las conclusiones a las que ha llegado. Tanto el abogado como el perito deben tener un profundo conocimiento de la materia objeto de investigación para abordar el tema a través de preguntas abiertas y cerradas, logrando que el informe sea claro para los miembros del tribunal.

En ocasiones, los peritos pueden comportarse de manera despectiva hacia los abogados, especialmente si tienen experiencia previa en juicios orales y se sienten seguros de actuar con libertad. Llegados a este punto es imperioso que el abogado mantenga el control sobre el interrogatorio directo y recuerde que es quien dirige el proceso. Aunque el perito sea el protagonista, el abogado debe mantener las riendas firmes a través de las preguntas, manteniendo así el control sobre el perito.

Presentación de la información. Diferencias entre el sistema acusatorio adversarial y el sistema inquisitivo mixto

Sistema Acusatorio Adversarial	Sistema Inquisitivo Mixto
→ La presentación de la información en el juicio se basa en el principio de contradicción, donde las partes tienen la oportunidad de presentar y refutar pruebas de manera oral y pública.	→ La presentación de la información está más centrada en el juez, quien desempeña un papel activo en la investigación y recolección de pruebas, teniendo un mayor control sobre la presentación de la información en el juicio.

→ Las partes son responsables de presentar y argumentar sus propias pruebas, lo que implica que deben tener un conocimiento completo de las pruebas que desean presentar.	→ El juez tiene un papel más activo en la recolección de pruebas, pudiendo incluso solicitar y obtener pruebas por sí mismo, sin depender exclusivamente de las partes.
→ La presentación de la información se realiza principalmente a través de los testimonios de testigos y expertos que concurren al juicio para ser interrogados y contrainterrogados por las partes. Existe un énfasis en la oralidad y la confrontación de los testimonios.	→ La presentación de la información puede ser más escrita y basada en documentos, donde el juez tiene un papel más destacado en la valoración y análisis de los documentos presentados. Los testimonios orales pueden tener menos relevancia en comparación con el sistema acusatorio adversarial.

CONSEJO PROFESIONAL

Pregúntate:

- ¿Es necesario que participe un perito?
- ¿Cuál sería el más idóneo?

Además:

- No presentes peritos sin entrevistarte con ellos en primer lugar.
- No presentes peritos porque te los han recomendado o porque son famosos o conocidos.
- Haz una lista de preguntas en las que se incluyan temas personales para comprobar que pueden trabajar en sintonía.
- No permitas que el perito se adueñe de tu caso.
- Lidera la relación con el perito.
- Hazlo sentir parte del equipo.
- No cometas fraude valiéndose del informe pericial.

CONTRAINTERROGATORIO A TESTIGOS DESARTICULANDO EL TESTIMONIO DEL TESTIGO DEL ADVERSARIO

«El abogado no va a juicio a investigar la verdad,
va a demostrarla»

Máxima de la Litigación Oral 10: "Lo que no impugnaste, refutaste o sobre lo que no demostraste falsedad, será tomado como verdad por el juez al momento de sentenciar"

Defender la inocencia de una persona acusada de un delito sexual puede ser una tarea titánica, ya que como venimos exponiendo, la presunción de inocencia carece de relevancia y por lo tanto podría decirse que resulta obligatorio para los defensores, presentar una teoría alternativa a la acusación. Para ser sinceros no es suficiente que tu defendido se declare inocente, necesitas darle razones al juez, para que lo considere como tal.

Te cuento el caso de Marcelo, experto y destacado abogado penalista, a quien tuve la oportunidad de entrenar para afrontar un juicio oral con las características mencionadas.

En aquel juicio debía actuar como abogado defensor de Rubén, un hombre de 24 años acusado de haber cometido abuso sexual simple en perjuicio de su prima de 11 años.

Marcelo acostumbrado a ejercer una defensa pasiva y a jugar a la falta de su adversario, se apoyaba durante el juicio y su alegato final en el principio de presunción de inocencia. Lo que lo había llevado a pasar por alto y no considerar algunas variables importantes.

Es decir, su estrategia era resumir todo lo que su adversario no probó para sostener la acusación.

Sin embargo, en la actualidad esa estrategia funciona poco y nada.

Tal es así que Marcelo presentó muy poca prueba de descargo y la que presentó no era lo suficientemente objetiva, como para formar un elemento de convicción lo suficientemente fuerte para el juez.

Es así que en las sesiones de coaching advertimos la situación y nos anticipamos a lo que podía pasar en ese juicio.

Con las cartas que teníamos a disposición, repasamos y fortalecimos la estrategia enfocada a presentar una actuación sobresaliente en el contraexamen.

Entrenamos la técnica juntos estableciendo los temas y líneas que debía abordar con cada uno de los testigos de la contraparte.

Marcelo principalmente se enfocó en dos o tres objetivos vinculados a cuestionar la existencia del hecho. Es así que pudo impugnar la declaración de la madre de la niña, cuando a través de preguntas sugestivas evidenció que esa niña tenía información para adultos a su alcance, que contaminaron todas sus declaraciones.

Gracias a advertir estas debilidades a tiempo y a incluir dentro de la estrategia los problemas actuales que enfrenta la presunción de inocencia, es que Marcelo pudo lucirse en el contraexamen, presentando al juez diversas y sostenidas razones para que pudiera resolver a favor de Rubén.

¿Cuál es la importancia del contrainterrogatorio en el desarrollo del juicio oral?

En el ámbito jurídico, el testigo ocupa un papel esencial, siendo aquel individuo que, a través de sus sentidos, ha sido partícipe directo de un acontecimiento específico. No es mera casualidad que en todas las naciones, los testigos estén investidos de la obligación ineludible de comunicar la verdad, en pleno acatamiento de las leyes. De esta manera, la transgresión de esta responsabilidad podría conllevar a la comisión del delito de falso testimonio, un recordatorio constante de la importancia de la veracidad en el proceso judicial.

No obstante, si bien se parte de la premisa de que los testigos comparecen ante el tribunal con la intención de relatar los hechos en su integridad, es aquí donde entra en juego el fascinante concepto del contrainterrogatorio o contraexamen. Este método hábil y complejo otorga a los litigantes la oportunidad de cuestionar oralmente la veracidad de la declaración de un testigo. Siendo que esta técnica es una de las prerrogativas adheridas al sistema acusatorio adversarial, el acto de contrainterrogar implica indagar en los testigos que han sido previamente interrogados por el adversario, dado que tales testigos sustentan la teoría del caso de la contraparte. En este escenario, emerge una consideración de gran relevancia: enfocar nuestras preguntas hacia aquellas declaraciones que no favorecen a nuestra causa. Es decir, buscamos desacreditar testimonios inconsistentes, sesgados y poco confiables con lo cual se lograría aumentar la confianza en la teoría del caso propia y al mismo tiempo disminuir la confianza de la posición contraria.

Surgen preguntas clave: ¿Cómo se lleva a cabo un contrainterrogatorio efectivo? ¿Es necesario contrainterrogar a cada testigo presentado por la contraparte? ¿Cómo seleccionar qué aspectos desafiar en la declaración del testigo bajo contrainterrogatorio?

La efectividad del contrainterrogatorio radica en una combinación de destrezas y estrategias. La habilidad para formular preguntas precisas y persuasivas es vital, ya que cada cuestión busca arrojar luz sobre la veracidad de la declaración del testigo. La selección cuidadosa de los puntos a indagar en el testimonio del testigo requiere de una profunda comprensión de nuestro propio caso y la habilidad de identificar las áreas de vulnerabilidad en el testimonio contrario.

En la planificación y ejecución de un contrainterrogatorio exitoso, no basta con cuestionar por el mero acto de cuestionar. Más bien, se trata de un vaivén meticuloso y estratégico entre el abogado y el testigo, con el objetivo de desvelar la verdad y poner en perspectiva la validez de las aseveraciones presentadas.

Esto puede ayudar a persuadir al juez o al jurado de la validez de la posición defendida.

Principios para el contrainterrogatorio de testigos

Como hemos abordado en las secciones precedentes, el principio de contradicción se erige como una piedra angular en el entramado del proceso judicial. Su esencia radica en asegurar que todas las partes involucradas en el litigio tengan la oportunidad de interpelar y enfrentar cada hecho, evidencia, interrogante y respuesta que se presenten desde las otras facciones en contienda. Bajo este enfoque, cada contendiente legal se somete al crisol del escrutinio, una evaluación rigurosa guiada por la teoría del caso de su adversario.

El principio de igualdad de partes e igualdad de armas, interdependientes y cruciales, garantizan que cada litigante tenga el mismo acceso a exponer su caso y emplear las pruebas que consideren pertinentes. El contrainterrogatorio, una herramienta de considerable envergadura en manos de los litigantes, se revela como un vehículo poderoso para proyectar su teoría del caso durante el transcurso del juicio.

En relación a la función del juez, resulta fundamental que este se abstenga de interrogar a los testigos durante el proceso judicial, dado que ello podría trastocar la igualdad de partes, considerando la autoridad y el rol que ostenta. Efectuar el contrainterrogatorio de un testigo se erige como un desafío formidable y prácticamente inalcanzable para un juez, puesto que esto conllevaría la supresión de las narrativas contrapuestas y la búsqueda de la verdad, la cual constituye el propósito primordial del proceso judicial adversarial.

Al referirnos al alegato de apertura, abordado en páginas anteriores, subrayamos que el abogado no solo se erige como el presentador de la caso, sino que también adopta el papel de un hábil vendedor. Aquí es donde cultiva la destreza de vender, de persuadir al juez respecto de los puntos fuertes de su teoría del caso y expone por qué el este debería considerarla como la versión más fidedigna y convincente.

En consecuencia, para consolidar una verdad final, aquella que el juez abrazará en su fallo, es imprescindible que dicha verdad sea sometida al escrutinio y al análisis crítico por parte de la contraparte; el abogado adversario desempeña la función de comunicar al juez las imperfecciones, omisiones, falsedades o debilidades en el caso presentado por la otra parte. Al mismo tiempo, debe resaltar las virtudes de su propio caso mientras descarta los argumentos de su oponente.

De esta manera, se teje la trama del juicio oral. Al permitir que los litigantes expongamos nuestros argumentos y debatamos acerca de los méritos y perjuicios de cada caso, el juez se hallará en una posición óptima para forjar una decisión imparcial y acertada.

El contraexamen de testigos posee el potencial de reformar el curso del juicio. ¡Descubre cómo sacar provecho de esta herramienta en tu favor!

Herramientas Esenciales para el Abogado Litigante en el Contraexamen

Aspecto	Herramientas Esenciales	Descripción
Abogado investigador	• Descubrimiento de debilidades del caso. • Análisis detallado de testigos	Después de asumir un caso, debe sumergirse en el expediente, identificar fisuras en la argumentación contraria y explorar la historia de los testigos para desacreditar su testimonio. Apele al uso de la tecnología para obtener información detallada de antecedentes.
Abogado estratega	• Evaluación de la necesidad de contrainterrogar. • Selección de testigos a contraexaminar. • Preparación de estrategia.	Necesita decidir si contrainterrogar es necesario, seleccionar testigos estratégicos y planificar el tipo de ataque (credibilidad del testigo o condiciones de su testimonio). Puede incluir el uso estratégico de testigos rivales.
Entrevista previa	• Establecimiento de encuentro con testigos. • Obtención de información de alta calidad.	Es importante entrevistarse con testigos para familiarizarse con su testimonio y verificar autenticidad. Se pueden realizar entrevistas previas a testigos propuestos por la contraparte, siempre procurando el consentimiento.
Enfrentamiento en el juicio oral	• Mantenimiento del control sobre el testigo. • Obtención de información fiable y verificada. • Cerciorarse de dominar muy bien las emociones.	Recurre al empleo de preguntas estratégicas. También debe asegurarse de que la información previamente esté verificada. Mantener el control sobre las emociones. Evitar descalificaciones sin pruebas irrefutables y mantener una actitud profesional. Utilizar las preguntas sugestivas y cerradas. Debe adaptar el enfoque temático en contrainterrogatorio.

Ser un abogado litigante exitoso requiere maestría en el arte del contraexamen. Asumir un caso implica transformarse en un investigador y estratega perspicaz. A continuación desglosamos cómo optimizar estas habilidades cruciales:

➤ El Abogado Investigador: La Habilidad central del contraexamen

Esta es la destreza que más cobra vida durante el contrainterrogatorio. Tras asumir un caso, ya sea desde la notitia criminis o avanzado en el proceso, el primer paso es sumergirse en el expediente y explorar a fondo los testigos que podría presentar nuestro adversario. Así, nuestra labor como investigador consiste en:

➔ *Descubrir las debilidades del caso: Identificar las fisuras en la argumentación contraria.*

➔ *Analizar a los testigos: Investigar la historia y perfil de cada testigo para desacreditar su testimonio.*

Una investigación meticulosa se torna trascendental en el proceso. La tecnología actual otorga la capacidad de sumergirse en los antecedentes laborales, residenciales, relaciones interpersonales y círculo íntimo de los testigos. Las plataformas de redes sociales, por ejemplo, se convierten en una fuente directa de información, permitiendo un análisis minucioso de los perfiles, conexiones en línea e incluso los testimonios brindados por otros testigos. Explorar a fondo la escena del delito, el sitio donde se desarrollaron los acontecimientos, enriquecerá nuestro cúmulo de datos y nos facultará para contrastar las declaraciones vertidas con las pruebas reunidas.

Es vital investigar a quienes respaldan la teoría del caso rival. Sumérgete en sus motivos y vínculos para comprender sus intenciones. Para ello, no dudes en valerte de todos los recursos y facilidades de investigación y comunicación que hoy brindan la web y los sistemas globalizados.

➤ El Abogado Estratega: Planificación y contrainterrogatorio

Una vez completada la fase de investigación, comienza la planificación. Aquí, el abogado se convierte en estratega.

1. Evaluar la necesidad de contrainterrogar: Tras identificar puntos débiles, decide si es pertinente contrainterrogar.

2. Seleccionar los testigos a contrainterrogar: No todos requieren ser contrainterrogados.

3. Preparar la estrategia. Evaluar el tipo de ataque: credibilidad del testigo o condiciones de su testimonio.

La planificación puede incluir la estrategia excepcional de valerse de un testigo rival para robustecer tu teoría. No es siempre impugnar, a veces es reforzar con el testimonio del contrario.

Así pues, el abogado estratega debe guiarse por su teoría del caso, decidir qué testigos contrainterrogar, cómo atacar su credibilidad y cómo aprovechar su testimonio para fortalecer su postura.

En definitiva, la habilidad de investigar y planificar es esencial en el contraexamen. Convertirte en un experto abogado litigante exige pericia en estas herramientas fundamentales, permitiendo desafiar testimonios y demostrar tu verdad en la sala de justicia.

➤ Entrevista previa

Al tratar el tema del interrogatorio directo, subrayamos la trascendencia de que el abogado establezca un encuentro con los testigos. Esta práctica se erige con el propósito de familiarizarse con el testimonio del testigo y, por consiguiente, verificar la autenticidad de sus declaraciones. Como abogados, es de suma importancia no arriesgar nuestra credibilidad en función de testigos de intenciones ambiguas.

Dentro del ámbito laboral de un abogado, es frecuente que surjan ciertas incertidumbres. Verbigracia, ¿es viable realizar entrevistas con los testigos propuestos por la contraparte? La respuesta es totalmente afirmativa. Podemos llevar a cabo entrevistas con los testigos con el fin de estructurar nuestra estrategia de contrainterrogatorio. Este enfoque nos brinda una vía para obtener información de alta calidad. No obstante, se debe tener en cuenta que el consentimiento del testigo convocado por la contraparte para someterse a una entrevista es una excepción. Sin embargo, como abogados, debemos siempre procurar establecer un canal de comunicación con los testigos de la contraparte.

En muchas ocasiones, la contraparte tiende a convocar a testigos cuyas contribuciones a su teoría del caso son mínimas, lo cual puede desembocar en un intento de abordar diversos aspectos en un lapso breve. No obstante, esta estrategia puede resultar contraproducente durante un juicio.

Es fundamental recordar que como abogados litigantes, contamos con la prerrogativa legal de realizar entrevistas previas con los testigos a fin de depurar y seleccionar cuidadosamente a aquellos testigos cuyos testimonios respalden de manera sólida y coherente nuestra teoría del caso.

Asimismo, al abordar al testigo, es esencial dejar en claro nuestros propósitos. Debemos comunicar que nuestra intención es simplemente constatar información que podría no estar reflejada en los expedientes. El trato hacia el testigo debe ser siempre cortés, reconociendo tanto su tiempo como su contribución al caso. Dentro de este contexto, es fundamental reiterar la importancia de buscar la oportunidad de entrevistarse con los testigos propuestos por la contraparte. La entrevista previa con testigos cumple una doble función: detectar las vulnerabilidades en la posición de la contraparte y confirmar la solidez de nuestra propia estrategia.

Vemos así, que el abogado litigante debe trascender las barreras convencionales, no puede imponerse obstáculos él mismo. Es necesario que visualice oportunidades más allá de lo evidente, siempre en consonancia con el marco legal vigente.

➤ Ver cara a cara al testigo en el juicio oral

La fase cuarta implica encarar al testigo durante el contrainterrogatorio. En este punto, el testigo ya ha sido interrogado directamente por nuestro oponente y ha corroborado los hechos según lo presentado por el abogado, ya sea en el alegato de apertura o la presentación de pruebas.

Una vez que nuestro adversario culmina su interrogatorio, asumimos la palabra. Aquí es donde una serie de directrices resultan esenciales para todo abogado litigante:

▹ Recomendación 1: Mantener el control sobre el testigo

Para lograr esto de manera efectiva, debemos emplear preguntas estratégicas que guíen hacia los objetivos previamente establecidos. Este enfoque puede incluir atacar la percepción interna y externa del testigo, así como su credibilidad, usando preguntas sugestivas, —en el contrainterrogatorio, nos apoyamos en preguntas sugestivas—, aquellas que contienen implícitamente la respuesta.

Si bien estas preguntas no son apropiadas para el interrogatorio directo, son legítimas durante el contrainterrogatorio.

Aclaración: Aunque las normas procesales pueden limitar el uso de preguntas sugestivas durante el contrainterrogatorio, debemos defender su utilidad, ya que nos permiten tamizar las declaraciones de los testigos y presentar una perspectiva alternativa ante el juez y el jurado.

Para aclarar, las preguntas sugestivas son aquellas que admiten únicamente respuestas de sí o no, sobre hechos irrefutables para el testigo. El método adecuado para el contrainterrogatorio implica formular preguntas sugestivas, una por una, comenzando con aquellas que el testigo no puede negar, antes de sorprender con una pregunta impactante.

No es apropiado que el abogado concluya con el testigo; la resolución o conclusión debe ser reservada hasta el alegato de clausura. Es en ese momento donde la presentaremos, fortaleciendo nuestra teoría del caso.No buscamos la opinión del testigo. La opinión es nuestra, y la presentamos en el alegato de clausura.

! *Aclaración: Cuando llevamos a cabo el interrogatorio directo con nuestro testigo, es recomendable hacerlo de manera cronológica para que el juez y el jurado comprendan la secuencia de los hechos. Sin embargo, en el contrainterrogatorio, optamos por un enfoque temático, abordando temas de menor a mayor importancia, buscando siempre la sorpresa como elemento clave. Para lograrlo, manipulamos el ritmo de la declaración, comenzando con calma y aumentando gradualmente hasta alcanzar el factor sorpresa.*

▹ Recomendación 2: Obtener información fiable y verificada previamente

La base de este proceso radica en asegurar la efectividad de esta fase y mantener un dominio absoluto sobre el contrainterrogatorio.

▹ Recomendación 3: Preservar el dominio emocional del abogado litigante

La intensa adrenalina que se experimenta en un juicio exige cimentar nuestra estrategia en una planificación sólida y en perfecta alineación con nuestra teoría del caso.

Es crucial recordar que estamos enfrentando a un testigo que tiene la misión de desacreditar nuestra teoría del caso, lo cual entra en franca contradicción con nuestros objetivos. Por tanto, es de suma importancia retener el control, asegurando la subsistencia de nuestras metas.

De manera que resulta vital que el abogado mantenga su equilibrio emocional y que anticipe cualquier contingencia que podría surgir durante el juicio. Al anticipar, se adquiere la claridad para prever y manejar los movimientos de manera más eficaz. Seguir nuestro plan nos garantiza la continuación de la credibilidad que ganamos al presentar nuestro alegato de apertura.

Y en este punto debo hacer hincapié: el control emocional se logra mediante la adherencia a nuestro plan y el mantenimiento de una actitud profesional y creíble, elementos que constituyen nuestra carta de presentación más poderosa. En este mismo contexto, adoptar una actitud hostil hacia el testigo es contraproducente; es más efectivo demostrar mediante el contrainterrogatorio que el testigo ha incurrido en error.

La calificación de un testigo como mentiroso debe evitarse a menos que se posean pruebas irrefutables que respalden una corrupción manifiesta en sus intenciones. En el caso de enfrentarnos a un testigo hostil, aquel que persiste en sus afirmaciones a pesar de estar distorsionando la verdad o de tener una comprensión limitada de los hechos, disponemos de un arsenal de herramientas de contrainterrogatorio: repetir una misma pregunta de distintas maneras en tres ocasiones; abordar al testigo con trato honorífico (como "estimado", "licenciado", "señor"); iniciar con hechos que el testigo no pueda negar.

En este sentido, es relevante señalar que, aunque en esta etapa utilizamos preguntas sugestivas, conviene introducir al testigo directamente al comienzo del contrainterrogatorio, fomentando así un diálogo fluido.

A medida que avanza el contrainterrogatorio, podemos emplear preguntas cerradas, que abordan cuestiones específicas, si bien debemos recordar que su uso es limitado, ya que nuestra norma es la pregunta sugestiva.

No obstante, el uso de preguntas abiertas no es recomendable, ya que no pretendemos que el testigo desarrolle su testimonio en esta etapa. Nuestra intención reside en validar nuestra teoría del caso sobre la de nuestro adversario, y la manera más efectiva de lograrlo es mediante preguntas directas que nos otorguen el dominio de la narrativa.

En resumidas cuentas, el contrainterrogatorio, esa herramienta lúcida y poderosa en el arsenal del litigante, trasciende la simple confrontación de testigos.

Se erige como una pieza clave en la construcción de argumentos sólidos y en la búsqueda constante de la verdad en el proceso judicial. Su dominio no sólo requiere habilidad técnica, sino también la agudeza para identificar las oportunidades que pueden desafiar la narrativa de la contraparte y consolidar la fortaleza de nuestro propio caso. Y ejemplifica la intrincada actividad que subyace en el proceso judicial, donde la habilidad y la estrategia se entrelazan para revelar la verdad que reposa bajo la superficie de los testimonios.

CONSEJO PROFESIONAL

- Prepárate muy bien para el contraexamen por medio de ejercicios.
- Al realizar esta técnica, recuerda tu teoría del caso y cíñete a tu plan.
- No debes hacer preguntas de más.
- Deja la conclusión para el alegato de clausura.
- Mantén el control de las emociones, no te dejes llevar por el momento.
- Trata bien al testigo.
- Recuerda que la Þnalidad es persuadir mediante la narración de una historia (habilidad del abogado de "contador de historias").

¿CÓMO CONTRAINTERROGAR A UN PERITO?

MAESTRÍA EN EL ARTE DE DESAFIAR A LOS EXPERTOS Y DERRIBAR LA SOLIDEZ DEL INFORME PERICIAL

Cuando hablamos de la pugna que debe resolverse en un tribunal, los peritos y expertos emergen como protagonistas clave, poseedores de conocimientos especializados en áreas cruciales quienes —habiendo, previamente, confeccionado reportes durante la etapa de investigación— son llamados al juicio oral por las partes involucradas para aportar luces sobre sus hallazgos. Más allá de su simple participación, la presencia y competencia de estos expertos se revelan como elementos fundamentales en la balanza de la verdad y la justicia.

En este sentido resulta útil compartir una máxima de la filosofía oriental expresada por el gran maestro **Lao Tse**, que considero aplicable al arte de la litigación oral que nos enseña que: ***"El que domina a los otros, es fuerte, el que se domina a sí mismo es poderoso ".***

Me pareció oportuno citar esta frase puesto que explica de manera muy acertada acerca del temperamento que debemos adoptar cuando nos toca lidiar con testigos difíciles, como suele suceder cuando contraexaminamos a los peritos.

Durante el juicio transitamos por situaciones altamente estresantes, como sucede por ejemplo cuando, el perito se expresa utilizando conceptos que nos resultan totalmente ajenos a nuestra especialidad, o refiere sobre procedimientos que jamás realizamos ni sabemos cómo se realizan, o nos brinda explicaciones confusas.

Algunos expertos, cuando son citados a declarar en el juicio, por los motivos que fuera, no quieren defender su posición, aún cuando hayan investigado y firmado su informe. Suelen expresarse de manera técnica y a su vez ambigua, como si nos quisieran decir, que puede ser de esta manera y también de la otra.

Hay que estar muy preparado para controlar el temperamento y aplicar la técnica a pesar de estas variables.

También están aquellos otros, que son reacios a brindar explicaciones porque quieren mantener cierto hermetismo.

Ni hablar de quienes no responden a nuestras preguntas sugestivas y que hablan demasiado enunciando palabras vacías.

O peor aquellos que nos presentan una actitud poco amigable hasta incluso hostil.

Es, ante estas circunstancias que debemos subir los niveles de tolerancia y claro está dominar nuestro temperamento para no incurrir en una actitud que pueda echar por tierra todo lo que hemos conseguido.

Por ello, cada pregunta que formulamos debe tener sentido, debe ser el resultado de todo lo que hemos investigado. Cada pregunta debe demostrar que no nos interesa rivalizar con el perito sino sólo colaborar para que el juez acceda a la verdad.

Esta prieta síntesis de situaciones complejas que se presentan en el juicio me trae a la memoria, aquella ocasión en la que presencié un juicio civil muy particular, en los Estados Unidos. Allí se trataba de establecer si a una ex socia de una importante compañía le correspondía obtener la indemnización millonaria que reclamaba por su retiro de la empresa.

La ex socia alegaba además padecer ciertos trastornos en su salud física y mental ocasionados por el maltrato cometido por sus socios.

Más allá de que escuchamos a varios peritos, entre ellos médicos, psicólogos, etc, quiero detenerme en la participación del perito experto en contabilidad con varias maestrías en negocios.

El perito a quien vamos a llamar Phillip, se sentó en el estrado y juró decir la verdad. El abogado de la demandante comenzó con su extenso repertorio de preguntas abiertas, el que le llevó aproximadamente 2 horas.

Estaba todo tan organizado que a las preguntas que le formulaba el litigante el perito respondía exhibiendo documentos donde volcó su investigación. Primero sacó de su portafolios unos balances, más tarde pidió que se compartieran en las pantallas unos gráficos, para cerrar tomó una especie de cartulina rígida bastante grande como de unos 2 metros, que pidió que se colgara en un pizarrón y que luego utilizara para seguir fundamentando su completa y compleja exposición.

Todos los presentes quedamos perplejos por tamaña preparación. Allí se reflejaban, decía el perito, las fluctuaciones en los ingresos de la compañía y los porcentajes que a la demandante le correspondía recibir. Realmente un despliegue digno de admirar.

Pero lo más apasionante sucedió cuando le tocó el turno al abogado de la parte demandada. Un abogado algo rudimentario, ansioso por empezar, sin embargo fue muy cordial todo el tiempo.

El no utilizó informes, ni desplegó gráficos, tampoco gastó importantes sumas de dinero para exhibir esas cartulinas rígidas.

El se valió de todos los soportes que su adversario había utilizado. Desde lo corporal el abogado se mostraba seguro pero algo impaciente y dado que el tribunal tenía escasas dimensiones cuando su contraparte lo objetaba él le sonreía y tocaba sus hombros, tanto contacto físico con su adversario realmente me sorprendió.

Paso a paso el litigante iba ingresando al punto en cuestión. Él no tenía muchos temas para atacar y sus líneas de contra examen al principio parecían algo imprecisas.

La magia sucedió cuando por ejemplo le inquirió al experto perito en cálculos y número para que respondiera si había contemplado dentro de su extensa investigación, cuánto había gastado la compañía en tratamientos médicos para sostener la salud mental de la demandante.

A lo que el perito respondió afirmativamente

Luego le preguntó si eso lo había reflejado en alguno de los documentos exhibidos.

El perito asintió.

Más tarde el abogado le solicitó a Phillip que volviera a exhibir sus informes, y le pidió que recorriera hoja por hoja buscando la información, que para sorpresa de todos, no se encontraba volcada.

Requirió que le mostrara a la magistrada esos gráficos, donde decía gastos médicos. y Preguntó ud allí incluyó las terapias y las medicinas que la compañía solventó?

A lo que respondió, sí volqué toda la información que me habían proporcionado

El abogado volvió sobre el mismo punto y preguntó: que le proporcionó quien?

la Señora Stefani

El litigante sentía que estaba llegando al punto en cuestión:

¿Usted no solicitó a la demandada que le exhibiera todos los gastos?

respondió que no, no hacía falta

ud tampoco fue a la compañía a extraer la información para hacer sus informes?

no, llame dos veces y nadie me atendía

¿Usted tampoco presentó una petición formal para acceder a tales documentos?

no, de eso se ocupa el abogado

Podemos decir entonces que la información que ud exhibió en gráficos, informes y pancartas es incompleta

... no permitió que el perito respondiera y manifestó, no tengo más preguntas su SS para el "experto".

Y reservó lo que eso significaba para su alegato de clausura.

Como puedes ver el buen manejo y autocontrol sobre sí mismo, le permitió al ansioso pero preparado litigante, dominar la situación y obtener el punto que había ido a buscar.

Pautas generales:

En este sentido debemos tener muy claro que no se trata de presentarse a contra examinar al perito para demostrar que lo que hizo está mal, pues allí sólo encontrarás resistencia. Se trata de ayudarle a expresar con las palabras necesarias que talvez hay detalles que se le escaparon, no siguió el procedimiento y la fiabilidad del resultado carece de confrontación y por lo tanto de sustento.

En primer término, es esencial para nosotros, los litigantes, establecer la pertinencia del perito en el caso, asegurando que su presencia resulta crucial para aclarar la materia en cuestión. En segundo lugar, debemos demostrar la competencia del perito, subrayando su trayectoria, reconocimiento, credenciales; así como el respaldo de otros especialistas en su campo.

Estos aspectos avalarán el uso del informe pericial proporcionado por el perito. Ahora bien, surge la interrogante: ¿Es necesario someter a contrainterrogatorio a cada perito? El arte de interrogar a peritos es una habilidad que requiere tiempo y práctica para perfeccionarse debido a su elevado grado de complejidad. Sin embargo, el acto de contrainterrogar alcanza un nivel de intrincación aún mayor. Así pues, nos adentramos en un terreno donde la pregunta fundamental es: ¿cómo identificar las fisuras en el informe presentado por el perito? ¿Cómo asegurarse de que prevalezca el reporte pericial que el litigante ha presentado?

Antes de que la batalla oral comience, el abogado litigante debe abrazar su papel de estratega con compromiso y maestría. La preparación es clave, y para cumplir diligentemente con esta misión, el abogado debe recordar las cuatro fases previas que le preceden.

En pos de ejercer nuestra labor con el mayor celo profesional, es imprescindible internalizar las cuatro fases preliminares que todo abogado litigante debe abordar con maestría y éxito.

Fase 1: Investigación

Esta etapa preliminar se abordará con un conjunto de objetivos específicos

→ Objetivo 1

Conocer al perito; indagar en la persona detrás del rol que ha asumido. Es imperativo comprender ampliamente aspectos de su vida, desde su residencia y empleo hasta sus intereses personales, conexiones sociales y afiliaciones. Buscamos discernir sus inclinaciones particulares respecto del asunto y si su postura ideológica podría impactar el caso en cuestión.

Además, resulta fundamental determinar si ya tenía algún vínculo con las partes involucradas antes del juicio y cuál es su relación con el litigante que lo ha designado.

→ Objetivo 2

Rastrear la trayectoria educativa del perito, su experiencia profesional y su expertise en una disciplina específica. Este propósito nos lleva a explorar sus antecedentes académicos, investigar si ha publicado obras o presentado tesis, y profundizar en su currículum. Adicionalmente, analizaremos su reputación y cómo es percibido por sus colegas en su rol de perito.

Desde esta indagación, podemos identificar posibles tendencias ideológicas y prejuicios que el perito de la contraparte podría albergar, los cuales podrían influir en sus conclusiones. Asimismo, es crucial desentrañar el motivo subyacente de los resultados que presenta en sus informes, especialmente si su análisis varía significativamente en un caso particular a pesar de compartir la misma base de hechos.

Es esencial subrayar que, en el sistema acusatorio adversarial, el perito no ostenta una posición oficial y, por ende, no está subordinado al juez. En consecuencia, son las partes las que seleccionan y proponen al perito para contribuir con su perspectiva a la teoría del caso en cuestión.

Fase 2: Planificación

En esta etapa, desplegaremos nuestra destreza como abogados estrategas, evaluando minuciosamente la conveniencia de llevar a cabo el contrainterrogatorio de un perito. Es crucial tener en mente que el perito es el experto en la materia, no nosotros, por lo que evitaremos participar en un mero juego de roles infructuoso. La decisión de contrainterrogar al perito debe fundamentarse en sólidas razones respaldadas por evidencia, con el objetivo de cuestionar su credibilidad y las conclusiones alcanzadas.

En esta fase, tendremos que determinar los siguientes aspectos:

- ¿Realizar el contraexamen al perito?
- ¿En qué aspectos enfocarnos durante el proceso?
- ¿Es aconsejable colaborar con un asesor experto, tal como un perito o un especialista, para obtener una guía integral sobre el informe presentado por el perito de la parte contraria?

Es altamente recomendable considerar la colaboración de un asesor de parte en esta etapa, ya sea en conjunto con su propio perito o con otro experto en la materia. Este asesoramiento será invaluable para recopilar información, revisar bibliografía y recolectar materiales que potencien nuestra estrategia en el juicio oral. Adicionalmente, esta colaboración nos permitirá afinar nuestro contrainterrogatorio, asegurándonos de formular las preguntas pertinentes.

La planificación minuciosa y la colaboración estratégica son esenciales en esta fase para garantizar que nuestra argumentación en el juicio sea efectiva y persuasiva. La cuidadosa selección de los aspectos a tratar y el enfoque en la refutación de la credibilidad del perito adversario nos permitirá construir una defensa sólida y convincente.

Fase 3: Entrevista previa

En primer término, subrayaremos que la posibilidad de llevar a cabo una entrevista preliminar con el perito de la parte contraria es en gran medida limitada, dado que estas ocasiones rara vez se materializan debido a la posible parcialidad de las partes o a la ajustada agenda del experto.

A pesar de esta eventualidad, esta etapa de indagación preliminar puede ser reemplazada de manera efectiva mediante el minucioso análisis de los informes documentados en el expediente. Nos referimos a las declaraciones previas que el perito haya realizado en el marco de la presentación de pruebas.

☞ Ahora bien, el primer paso es sumergirnos en el estudio exhaustivo de las declaraciones vertidas por el perito en los informes presentados. Estas deben estar a nuestro alcance, dispuestas para ser examinadas en el juicio en caso de que surjan contradicciones, ambigüedades o afirmaciones que requieran mayor clarificación.

Para enriquecer esta información, también procuraremos rastrear posibles entrevistas que el perito haya concedido a los medios de comunicación, en aquellos casos en los que estas estén disponibles. Esto nos permitirá establecer vínculos entre su posición expresada en el juicio y sus comentarios públicos, agregando un nivel más profundo de entendimiento.

Fase 4: Juicio Oral

En esta etapa culminante, el abogado entra en el papel de litigante, donde la preparación y el dominio del conocimiento y la técnica son fundamentales para enfrentar a un perito experto. Por consiguiente, el contrainterrogatorio debe alcanzar un nivel de excelencia, respaldado por un profundo nivel intelectual.

Una táctica estratégica que el abogado litigante podría ser argumentar que el caso no requiere de un perito o experto, sosteniendo que su intervención no arroja claridad y que el asunto podría ser resuelto apelando a la pericia del juez o el jurado basada en la experiencia.

☞ En segundo lugar, se plantea la necesidad de socavar la credibilidad del perito, poniendo en tela de juicio su identidad más allá del escenario profesión, desafiándolo con base en los descubrimientos de la fase 1. Al explorar sus antecedentes, se puede persuadir al juez y jurado de la falta de integridad del experto, dejando en evidencia la interferencia de intereses personales y la nublada objetividad.

Líneas de argumentación:

- Reputación manchada
- Prejuicios personales
- Intereses en juego
- Escasa experiencia
- Falta de especialización en el tema en cuestión
- Acreditaciones dudosas

Al abordar la escena del crimen, es esencial investigar si la evidencia ha sido manipulada conforme a los protocolos correctos, y si la cadena de custodia ha sido preservada. Además, se debe verificar si el laboratorio utilizado para analizar las pruebas está debidamente acreditado. Las variables son diversas, lo que demanda que el litigante mantenga una actitud de alerta para identificar y analizar tales matices.

→ Procedimiento

Dicho lo anterior, como abogados litigantes, es crucial verificar que el perito haya empleado métodos y procedimientos apropiados, estandarizados o aceptados por la comunidad científica o la comunidad a la que el perito pertenece. De esta manera, también resulta crucial indagar si el perito ha actuado en un contexto experimental. Estos son detalles que el abogado litigante puede (y debe) explorar y cuestionar mediante el contraexamen.

☞ En tercer lugar, el perito presenta sus conclusiones. En este momento, nuestro cometido consiste en cuestionar si su conclusión es la única posible. ¿Se trata de certezas o meras probabilidades? Recordemos que no se puede condenar a alguien basándose únicamente en suposiciones.

En esta etapa, también se puede cuestionar y contrastar las conclusiones de nuestro perito con las del adversario. Basados en la fase 3, tendremos las herramientas para refutar la teoría presentada por el perito opuesto.

En ocasiones, en un juicio oral sucede que los peritos de ambas partes pueden gozar de buena reputación y credibilidad, lo que puede dejar al juez en una encrucijada. En este contexto, el litigante debe ejercer su rol de manera diligente durante el contrainterrogatorio, persuadiendo al juez para que conceda peso a las conclusiones de nuestro perito en lugar de las del adversario.

Es fundamental desestabilizar la teoría del caso de la parte contraria, incluso sometiéndola a escrutinio mediante el cuestionamiento de expertos en la materia.

El interrogatorio al perito: dominando la técnica del contrainterrogatorio

De entrada, la estrategia en la que debemos sumergirnos para interrogar al perito se basa en el arte de las preguntas sugestivas, aquellas que contienen la respuesta que sólo puede ser afirmada con un sí o negada con un no.

Nuestro enfoque radica en abordar punto por punto, iniciando con preguntas a las que el perito está obligado a responder con un sí. Este enfoque busca desmantelar esa inicial resistencia que el perito pueda presentar, ya que es natural que su primera reacción sea de cautela. Tras superar este umbral, avanzamos temáticamente hacia las debilidades, explorando su trayectoria, reputación, informe e ideología, entre otros aspectos.

La estrategia reside en formular preguntas que se concentren en un solo punto, en un hecho a la vez. Este enfoque preciso nos permite, posteriormente, adentrarnos en cuestiones que exponen la falta de credibilidad del perito. Nuestro propósito es erosionar esa fortaleza inicial que el perito pueda presentar y, en consecuencia, minar la teoría de la contraparte.

Sostener el control en el contrainterrogatorio

Contraexaminar a un perito es una tarea desafiante, ¿cómo logramos mantener el control sobre un experto en el estrado?

En primera instancia, **es imperativo que mantengamos siempre presente nuestra teoría del caso.** Este enfoque nos proporciona una guía sólida para llevar a cabo el contrainterrogatorio con mayor eficacia. No debemos permitir que caigamos en el juego que el perito pueda proponer; el control recae en manos del abogado. Si el perito intenta expandirse en sus respuestas, es nuestra tarea limitar su alcance. Evitamos que sus respuestas vayan más allá del sí o el no; esta es la razón por la que el planteamiento de preguntas abiertas conlleva un riesgo significativo.

Visto esto y sabiendo que en la esencia de nuestro papel como abogados litigantes, reside la importancia de ser individuos de honor, independientemente del adversario al que nos enfrentemos; resulta fundamental tratar al perito con el máximo respeto y sin hostilidad. Es decir, valoramos sus aportaciones, pero también permitimos que, a través de nuestra actuación, el juez pueda discernir la verdad.

En definitiva, reconocemos que el contrainterrogatorio al perito es una técnica peliaguda que requiere una preparación exhaustiva. Para lo cual, es esencial adquirir información detallada y seleccionar cuidadosamente las preguntas que expondremos en el juicio. La rigurosa preparación es clave para desarrollar con éxito esta técnica desafiante.

Nuestra habilidad para navegar por estas aguas tumultuosas de información y testimonio puede marcar la diferencia en la resolución de nuestro caso. Siguiendo estos principios y perfeccionando nuestras habilidades, estaremos mejor equipados para enfrentar y dominar el contraexamen al perito en el juicio oral.

Dominando la técnica del contrainterrogatorio a peritos o expertos:

Técnica de interrogatorio	→ Se basa en preguntas sugestivas que pueden ser contestadas con un sí o no. El enfoque inicial es obtener respuestas afirmativas. → Preguntas precisas punto por punto buscan superar la resistencia inicial del perito. → La estrategia avanza temáticamente hacia las debilidades del perito, explorando diversos aspectos como su trayectoria e ideología.
Mantener el control en el contrainterrogatorio	→ Tener presente la teoría del caso para guiar el contrainterrogatorio. → Evitar que el perito expanda sus respuestas más allá del sí o no, limitando su alcance. → Se destaca la importancia de tratar al perito con respeto y sin hostilidad, valorando sus aportaciones. → El control del contrainterrogatorio recae en el abogado, y se debe evitar caer en el juego propuesto por el perito.
Preparación exhaustiva	→ Reconocer que el contrainterrogatorio es una técnica delicada que requiere preparación minuciosa. → Adquirir información detallada y seleccionar cuidadosamente las preguntas para exponer en el juicio.

CONSEJO PROFESIONAL

"Utiliza al perito para derrotar al perito y serás victorioso". DH

LA TEORÍA DE LAS OBJECIONES

"Rápido como el viento, raudo y devastador como el fuego, así debe actuar el litigante al objetar" DH

Roxana, aguerrida litigante, temida y amada. De esas abogadas que dejan huellas a su paso. Nadie, absolutamente nadie deseaba que le tocara un caso en el que Roxana sea su rival. Pero a Fernando no le quedaba otra alternativa.

Roxana sabía lo que causaba en los demás y esto le generaba cierto disfrute, y mayor seguridad, estaba convencida de que Fernando no resultaría una amenaza.

Fernando, por el contrario era de perfil bajo, contaba con experiencia en la materia, pero no se conocían grandes victorias de su parte.

Hasta que finalmente llegó el día en el que ambos se tuvieron que enfrentar en aquel caso donde se investigaba un delito de amenazas.

El presidente dio inicio al juicio, ambos litigantes presentaron sus alegatos de apertura, Roxana hizo alarde de sus habilidades de oratoria y su elocuencia dejaron impactados a todos en el tribunal.

A Fernando, por el contrario, se lo notaba algo inseguro, su actitud errónea al alegar hacían pensar que Roxana tenía el caso ganado.

Luego se abrió paso a los testigos. El primero en interrogar era Fernando. Roxana tenía todo listo, sus líneas para objetar las sabía de memoria. Era conocida en tribunales como la reina de las objeciones, conocía perfectamente todo el catálogo.

Al inicio a Fernando le resultó algo complicado, su voz temblorosa hacía que se dificultara comprender el contenido y sentido de sus preguntas. Así fue que el juez, en reiteradas oportunidades le llamó la atención.

Roxana estaba esperando ansiosa el momento oportuno para atrapar a su rival.

Sin embargo, sólo pudo plantear unas débiles objeciones a las cuales el juez no hizo lugar.

Y Fernando siguió haciendo su trabajo. A medida que preguntaba y las respuestas eran concedidas, fue construyendo una historia, que no encontró interrupciones válidas por parte de Roxana.

Pero ¿Qué había pasado, qué le pasaba a Roxana, porque las objeciones no le eran útiles esta vez?

La respuesta es sencilla, Diego había estudiado tanto su caso como a su rival, sabía que no debía darle pie y que cualquier pregunta mal formulada podía darle lugar a Roxana para actuar, él no quería llegar a eso. Así que planificó cada pregunta, ensayo hasta el cansancio y finalmente desarmó la jugada de quien, apoyada en su reputación dejó de actualizarse y entrenarse con esta clase de enemigos silenciosos.

En resumidas cuentas, es importante hacer un buen trabajo al interrogar para eliminar de esa manera, esas interrupciones.

Tan importante como lo expuesto, es saber que tus objeciones no causarán daño al rival sino están respaldadas por la construcción de un caso sólido expresado a través de una narrativa poderosa.

Las objeciones, en el ámbito jurídico, se refieren a las razones o argumentos presentados por una parte con el propósito de impugnar una idea o propuesta planteada por la contraparte, con el fin de evitar su aceptación o ejecución. La noción de objeción es fundamental en el contexto de las estrategias de litigación oral y se emplea para que el litigante pueda ejercer un control directo sobre toda la información que ingresa al proceso. En otras palabras, nos proporciona un método de supervisión en relación con la actividad que está llevando a cabo mi oponente.

Su función va más allá de señalar diferencias de opinión; de hecho, se revelan como un recurso estratégico fundamental que moldea y guía la dinámica del proceso judicial. Este enfoque estratégico contribuye a la filtración cuidadosa de información pertinente, al tiempo que estructura y orienta el desarrollo del litigio, con el objetivo último de asegurar el éxito en la disputa planteada.

Los litigantes podemos objetar a nuestro adversario, por diferentes motivos. Sea para impedir que ingrese información irrelevante, repetitiva o perjudicial, entre otras. Lo cierto es que resulta muy habitual actuar impulsivamente al objetar, como aquel al que se le escapa una palabrota o pega un manotazo, cuando se encuentra en una situación amenazante o de estrés, muchas veces objetamos porque queremos salir de un entuerto y para ello interrumpir la actuación del colega pareciera que nos da una buena alternativa.

En estas situaciones, objetamos no porque haya algo mal o irregular, sino porque es la forma impulsiva que tenemos de reaccionar en medio de un juicio que se desenvuelve muy rápidamente.

Entonces no estamos objetando la pregunta puesto que no hay causas reales para hacerlo, sino que objetamos para ponerle palos en la rueda a nuestro rival.

Como todo acto impulsivo, resulta irreflexivo, se pasa del acto a la acción sin que podamos medir las consecuencias.

Actuar acaloradamente, muchas veces nos hace quedar desprolijos, poco profesionales y también inseguros o peor aún temerosos de la información que se intenta introducir.

Más allá de que el juez resuelva la incidencia, sea a favor o en contra de la objeción, si utilizamos este recurso tan valioso repetidamente y sin fundamento, el juez va a pensar, y ni te digo los miembros del jurado que le temes a algo o que hay cierta información que pretendes ocultar.

Por ello vamos a ver a continuación como la efectiva preparación de tu caso, el conocimiento de las fortalezas y debilidades y una correcta investigación te pueden salvar de estas torpezas que muchos cometen y que no pueden evitar.

La importancia estratégica de la objeción en relación a la teoría del caso

Es esencial tener una clara noción de la fase del juicio oral en la que nos encontramos. El proceso judicial se inaugura con el alegato de apertura, en el que los litigantes establecen su postura ante el juez y el jurado. A continuación, se procede al interrogatorio y contrainterrogatorio de los testigos. Mientras el abogado de la parte contraria desempeña su rol, es imperativo que prestemos atención activa a sus declaraciones, con el objetivo de discernir cualquier desviación respecto a la teoría del caso expuesta en el alegato de apertura.

Ubicado en su escritorio, el abogado ejerce el control sobre la información que se introduce en el juicio. En este contexto, surge la herramienta de la objeción, la cual se utiliza para garantizar que la información admitida cumpla con los siguientes criterios:

- Legalidad: La información no hace referencia a pruebas o evidencias que previamente fueron excluidas en fases anteriores del proceso.
- Pertinencia: La información se alinea con la estrategia delineada en la teoría del caso del litigante.
- Respeto a los derechos y garantías constitucionales de la parte que representa, sin violar normativas procesales.

A lo largo del juicio oral, el juez estará atento a las distintas objeciones planteadas y a las cuestiones que estas puedan suscitar. La objeción se convierte en un recurso vital para mantener la coherencia entre la teoría del caso y la evidencia presentada, asegurando así un juicio justo y equitativo.

El interrogatorio y las objeciones en el juicio

En el proceso de interrogar a los testigos en un juicio, diversas situaciones pueden surgir, y estas pueden dividirse en dos escenarios clave. Si el abogado ha realizado entrevistas previas con los testigos, tendrá una ventaja para mantener un control sólido sobre el interrogatorio. Sin embargo, en ausencia de tal preparación, existe la posibilidad de que el control se pierda, lo que a su vez alertará a la contraparte para monitorear de cerca las acciones de su oponente.

En este contexto, el abogado no solo maneja la información que introduce en el juicio, sino también la actuación profesional de su colega. Las objeciones surgen como una vía de protesta que da forma a una incidencia oral. De manera crucial, debemos objetar inmediatamente cuando una pregunta inapropiada se formula. La agudeza de nuestros sentidos será fundamental para registrar las declaraciones del otro abogado de manera textual, y para verificar si estas están en consonancia con su estrategia.

La precisión en el momento de objetar es esencial, ya que de lo contrario, se perderá la oportunidad. Una vez que el testigo ha respondido la pregunta que consideramos inadecuada, la objeción queda sin efecto. En paralelo, el juez deberá tomar una decisión en el mismo instante en el que se presenta la objeción para asegurar la continuidad del juicio oral.

Dominar tanto el arte del interrogatorio como el manejo estratégico de las objeciones es fundamental para un abogado exitoso en el tribunal. Estos elementos no solo influyen en la presentación de la evidencia, sino también en el ritmo y la dirección del juicio. Estar preparado y ágil en el uso de objeciones puede ser un factor decisivo en la búsqueda de la justicia y el logro de los objetivos de nuestros clientes.

Trascendencia de las objeciones en el litigio

Las objeciones en el proceso legal desempeñan un rol fundamental en la defensa de nuestros intereses. Tienen múltiples finalidades, todas orientadas a salvaguardar los cimientos de nuestra estrategia legal y a asegurar un procedimiento justo y equitativo.

- En primer lugar, las objeciones son un instrumento valioso para resguardar la integridad de nuestra teoría del caso. Al cuestionar de manera oportuna y precisa ciertos elementos presentados por la contraparte, garantizamos que la versión que sustentamos en el juicio mantenga su coherencia y solidez.
- Además, las objeciones nos permiten ejercer un control efectivo sobre la teoría del caso de nuestro adversario. Al objetar elementos que puedan debilitar nuestra posición y favorecer la suya, construimos una barrera defensiva que evita que argumentos contraproducentes tomen un papel protagónico en el tribunal.
- Asimismo, estas intervenciones legales tienen la función de proteger los derechos constitucionales y procesales de la parte que representamos. Al objetar pruebas o argumentos que puedan infringir estos

derechos fundamentales, aseguramos un proceso legal justo y equitativo para todas las partes involucradas.

- Un aspecto crucial es que las objeciones son esenciales para mantener el principio de contradicción en el juicio. Al señalar discrepancias, imprecisiones o posibles distorsiones en los testimonios y pruebas presentadas, promovemos un debate transparente y exhaustivo, donde cada lado tiene la oportunidad de refutar y contrarrestar las afirmaciones del otro.
- Finalmente, las objeciones generan reservas estratégicas para etapas posteriores, como las apelaciones. Cuando una objeción no es admitida por el tribunal, es crucial dejar constancia de nuestra desacuerdo y las razones detrás de ello. Esto establece las bases para un posible recurso en instancias superiores y asegura que los errores procesales no queden sin cuestionar.

Metodología de objeción en el proceso judicial

La técnica de la objeción se erige como una herramienta sencilla y eficaz en el entorno jurídico, donde basta con que el litigante, de manera audible, exclame "objeción", seguido de la razón, por ejemplo, "objeción sugestiva". Esto asegura que la presentación de la objeción quede debidamente registrada en el expediente.

Bajo esta circunstancia, el juez asume distintos roles para resolver la situación. Si la pregunta formulada es sugestiva, redundante o confusa, el juez atenderá la objeción y solicitará al litigante que reformule su cuestionamiento. Sin embargo, si la pregunta impugnada versa sobre materia prohibida, opiniones o pruebas basadas en rumores, el juez denegará su reformulación, ya que estas cuestiones son inadmisibles en el proceso acusatorio adversarial. Esta norma se aplica a ambas partes en litigio, lo cual enfatiza la necesidad de evitar este tipo de preguntas para no desaprovechar la oportunidad de demostrar los hechos que deseábamos sustentar.

Una vez que el abogado contrario ha reestructurado la pregunta impugnada, es imperativo seguir vigilantes para evitar que se reintroduzca información vedada por otros medios. Si el juez acoge la objeción y el abogado reformula correctamente su pregunta, el testigo procederá a contestar. Sin embargo, si el juez desestima la objeción, el interrogador perderá un recurso valioso y deberá encontrar una manera legítima y efectiva de cumplir su propósito.

En el escenario procesal, encontramos a una parte buscando introducir información mientras que la contraparte se opone con base en sus objetivos. El juez, imparcial, actúa como árbitro de esta contienda. El juez puede tanto admitir la objeción como indagar al abogado objetante para obtener mayores detalles, más allá de la concisa justificación "objeción sugestiva". Esto es particularmente evidente ante preguntas irrelevantes o confusas. Asimismo, el juez puede trasladar al abogado interrogador la oportunidad de defender su posición en relación con la objeción planteada.

La premisa de igualdad de partes, fundamental en el sistema judicial, se refleja en esta dinámica, donde ambas partes encuentran en la objeción una herramienta para asegurar que la evidencia presentada se apegue a los estándares establecidos y cumpla con el objetivo de alcanzar una litigación justa y equitativa.

Igualdad de partes en el proceso acusatorio adversarial

El fundamento del proceso acusatorio adversarial radica en asegurar la igualdad de partes y la equidad en la contienda legal. En este contexto, el juez desempeña un papel crucial al supervisar y equilibrar los intereses de ambas partes para garantizar un proceso justo y equitativo.

Sin embargo, ¿qué sucede cuando es el propio juez quien plantea una objeción a una pregunta? Las normativas de la litigación oral establecen que el juez puede hacerlo excepcionalmente. Esta situación se presenta, por ejemplo, cuando se detecta una posible violación de derechos constitucionales, como el derecho a no autoincriminarse. Asimismo, el juez puede intervenir si percibe que el acusado está en una posición de indefensión, incluso si tiene un abogado. En tales casos, el juez interpondrá una objeción para reajustar las estrategias de los litigantes. Recordemos que el juez actúa como director del proceso, obligado a preservar las garantías constitucionales en cada situación particular.

Requisitos esenciales para objetar efectivamente

La habilidad de objetar en el tribunal es una herramienta vital para cualquier abogado litigante. Sin embargo, para que una objeción sea exitosa y no termine perjudicándonos, es fundamental tener en cuenta ciertos requisitos cruciales.

- Oportunidad: La oportunidad es clave al objetar. Debe realizarse antes de que el testigo responda o el litigante finalice la pregunta. A veces, la rapidez de los testigos puede convertir una objeción tardía en improcedente. En situaciones donde el juez no escuche nuestra objeción, debemos plantear las bases para un recurso posterior.
- Precisión: La precisión es esencial en el fundamento de la objeción. Debe adecuarse a la situación específica del juicio. Cada objeción debe estar respaldada por un argumento sólido que encaje con la teoría del caso.
- Estrategia: La objeción debe ser estratégica, no meramente una interrupción. Su uso debe estar alineado con la estrategia global del caso. Cada paso en el juicio, incluidas las objeciones, debe ser congruente con la teoría del caso previamente trazada.

Es fundamental objetar cuando la teoría del caso se ve perjudicada y contamos con bases sólidas. Si el litigante adversario está haciendo su trabajo y no afecta nuestra teoría, objetar puede resultar contraproducente. La elección de objetar debe ser cuidadosa y respaldada por una sólida estrategia.

Consideraciones importantes

Cuando nos enfrentamos a un jurado popular, la objeción adquiere mayor relevancia. En contraste con un tribunal de jueces experimentados, las objeciones mal planteadas pueden confundir al jurado, generando más daño que beneficio.

Si el colega realiza una pregunta argumentativa que introduce información por medio de nuestro testimonio en lugar del testigo, la objeción podría no ser suficiente para clarificar la situación. En este contexto de rápida sucesión de hechos, una objeción poco efectiva podría perjudicar nuestra reputación.

Objetar es un arte que exige cuidado, cautela y previsión. Su ejecución debe ser acorde a la situación y estar en línea con la estrategia general del caso. En última instancia, una objeción exitosa puede contribuir significativamente a la construcción de un caso sólido y persuasivo en el tribunal.

Tipos de objeciones en el juicio oral

Dentro del marco del juicio oral, nos encontramos con diversas categorías de objeciones, algunas de las cuales están establecidas por las normas procesales, mientras que otras emergen de la práctica habitual.

El sistema legal anglosajón nos brinda una amplia gama de objeciones, aprovechando las reglas generales de evidencia que gobiernan el ámbito probatorio en su conjunto. Este panorama nos presenta una extensa variedad de posibilidades, con más de veinte tipos de objeciones disponibles para su aplicación. En este contexto, focalizaremos nuestra atención en las más relevantes y recurrentes en el contexto del juicio oral.

Entre las objeciones más comunes, destaca la objeción por pregunta sugestiva durante el interrogatorio directo. En esta fase, el testigo asume el protagonismo, y el abogado no debe formular preguntas sugestivas que distorsionen su papel. Antes de que el testigo responda con un "sí" o "no", es apropiado utilizar la objeción "Pregunta sugestiva". Sin embargo, hay dos excepciones notables. En primer lugar, cuando la pregunta no aborda un punto controvertido (por ejemplo, "¿Es usted prima del acusado?"). En segundo lugar, cuando nos enfrentamos a un testigo hostil durante el interrogatorio directo, las reglas permiten preguntas sugestivas en esta circunstancia.

La pregunta capciosa o de mala fe, planteada con intenciones deshonestas para inducir error o engañar al testigo, queda totalmente vedada. Durante el juicio, solo se permite la presentación de información sustantiva, excluyendo cualquier artimaña incompatible con las normas procesales y los principios de litigación. En consecuencia, este tipo de preguntas está prohibido tanto en el interrogatorio directo como en el contrainterrogatorio.

Por otra parte, las preguntas ambiguas, vagas o confusas, que carecen de claridad en cuanto a la intención del abogado, son igualmente problemáticas. La precisión es crucial en las preguntas para asegurar respuestas adecuadas por parte del testigo. Así, las preguntas deben ser formuladas con la debida especificidad para lograr la información necesaria.

También podemos encontrar la pregunta impertinente, que surge cuando no está relacionada con los hechos controvertidos ni con las posturas de las partes. El alegato de apertura establece la pertinencia de las pruebas presentadas. A menudo, los litigantes emplean preguntas impertinentes para desviar la atención y desviar el rumbo del juicio. En estas situaciones, es nuestro deber objetar con un "Objeción, impertinente" para que la pregunta sea adecuadamente ajustada.

Durante el juicio oral, buscamos obtener información que el testigo a menudo no quiere proporcionar. En el contrainterrogatorio, podemos hacer preguntas reiterativas o repetidas para enfatizar una respuesta, pero en el interrogatorio directo, repetir una pregunta después de que se ha respondido no es apropiado y puede ser objetado con un "objeción, reiterativa".

Una objeción interesante se relaciona con preguntas que tergiversan la pruba, es decir, aquellas que intentan cambiar la evidencia o introducir información que no ha sido presentada previamente. Estas preguntas deben ser objetadas. Por ejemplo, si un testigo declaró haber visto a una de las partes con un arma blanca, preguntar "¿de qué tamaño era la navaja?" intenta introducir información que el testigo no proporcionó inicialmente, lo que va en contra de las reglas de interrogatorio.

A menudo, estas preguntas no son malintencionadas por parte del abogado, sino el resultado de una confusión entre la información recopilada durante la investigación y la que se presenta durante el juicio. El abogado puede saber que el acusado tenía un arma blanca, en este caso, una navaja, pero durante el interrogatorio olvida los pasos intelectuales necesarios y formula una pregunta que tergiversa la información.

Las preguntas compuestas son aquellas que abordan múltiples hechos a la vez, dificultando la respuesta del testigo. Por ejemplo, preguntar: "¿Estaba usted en el restaurante con su esposa la noche en que la policía buscaba a Juan por robo?" introduce demasiada información de una vez. En este caso, debemos objetar y pedir al juez que se reformule la pregunta para abordar cada hecho por separado.

A menudo, los periodistas utilizan este enfoque para argumentar mientras hacen preguntas en entrevistas, pero en el juicio oral, no está permitido. Es crucial hacer preguntas específicas para respaldar nuestra teoría del caso.

Las preguntas especulativas invitan al testigo a emitir juicios de valor o hipótesis en lugar de establecer hechos concretos. En el juicio, buscamos hechos claros en lugar de especulaciones. Por ejemplo, preguntar: "¿Cree que Francisco creyó que el documento era legítimo cuando lo firmó?" no es apropiado, ya que el testigo no es un experto en peritaje y no puede determinar la legitimidad del documento ni conocer los pensamientos de Francisco en ese momento.

En lugar de preguntas especulativas, debemos enfocarnos en hechos verificables y evitar juicios de valor o suposiciones en el testimonio.

En el arte del contrainterrogatorio, es fundamental evitar las preguntas argumentativas. Pues, estas preguntas otorgan a la pregunta en sí una calificación, significado y relevancia que deberían reservarse para el alegato de clausura. Por ejemplo, preguntar, "Desde donde usted se encontraba, no había forma de que viera a la víctima siendo golpeada" es una argumentación. En el juicio oral, el abogado debe establecer la base fáctica y puede preguntar sobre detalles como la distancia o la luminosidad de la escena, pero no debe extraer conclusiones que pongan en duda la credibilidad del testigo.

Otra objeción importante se refiere a la de impedir información indirecta. En el juicio, los testigos deben relatar lo que percibieron con sus propios sentidos, por lo que las referencias a lo que otros vieron u oyeron están prohibidas, ya que limitan la oportunidad de contradicción. Un testigo no puede hablar sobre lo que le dijeron otros o basarse en rumores. Por ejemplo, si un abogado pregunta, "¿Cuál es la opinión de los vecinos sobre Maximiliano Pérez?" debemos objetar, ya que se trata de prueba de referencia, algo prohibido en el juicio oral.

Una objeción que se vuelve más clara con la experiencia del litigante es la relacionada con las preguntas sobre materia privilegiada o reservada. Esto involucra relaciones de parentesco, profesionales, creencias religiosas y más. La materia privilegiada abarca información que un abogado tiene sobre sus clientes y que debe mantener en confidencialidad. Esto también se aplica a las confesiones hechas en contextos religiosos. La ley busca proteger estas relaciones de injerencias arbitrarias, preservando la confidencialidad y el respeto por ciertas esferas de la vida privada.

Objetar preguntas sobre el carácter de una persona, ya sea la parte acusada o la víctima, es esencial en un juicio. A veces, tratamos de probar un hecho basándonos en suposiciones, lo cual está prohibido en el derecho penal. El enfoque debe ser el acto bajo investigación, no lo que alguien pudo haber hecho antes.

Otro motivo para objetar estas preguntas es su capacidad para distorsionar la percepción, especialmente la del jurado. Esto es especialmente cierto cuando se trata del carácter de la víctima. Por ejemplo, en un caso de abuso sexual, si el abogado intenta minimizar el daño al cuestionar la moralidad de la víctima, estas preguntas deben ser rechazadas de inmediato.

Tipos de objeciones en el juicio oral	
Tipo de objeción	**Descripción**
Pregunta sugestiva	Objetar cuando las preguntas distorsionan el papel del testigo, especialmente en el interrogatorio directo.
Pregunta capciosa	Objetar preguntas deshonestas que induzcan error o engaño al testigo.
Pregunta ambigua	Objetar preguntas que carecen de claridad en la intención del abogado.
Pregunta impertinente	Objetar preguntas no relacionadas con los hechos controvertidos.
Pregunta que tergiversa la prueba	Objetar cuando las preguntas intentan cambiar la evidencia presentada.
Pregunta compuesta	Objetar preguntas que abordan múltiples hechos a la vez.
Pregunta especulativa	Objetar preguntas que invitan al testigo a emitir juicios de valor o hipótesis.

Objeción ante una respuesta

Durante el contraexamen, es fundamental garantizar que las respuestas del testigo sean claras, relevantes y libres de conjeturas. Aquí hay algunas objeciones clave:

- Objeción a la falta de respuesta: si el testigo se niega a responder una pregunta o comienza a divagar sobre temas no preguntados, se debe objetar. Estamos buscando información específica que el testigo no proporciona.
- Objeción a las conclusiones del testigo: cuando el testigo emite conjeturas o emite opiniones técnicas para las cuales no está calificado, esto es objetable. Las conclusiones deben basarse en hechos, no en suposiciones.

El propósito de estas objeciones es garantizar que la información presentada en el juicio sea precisa, relevante y no dé lugar a confusiones o conclusiones erróneas por parte del tribunal. Nuestro objetivo es proteger la integridad de las decisiones que el juez pueda tomar.

Objeción en el alegato de apertura y de clausura

Durante el alegato de apertura, los litigantes presentan su caso como si estuvieran vendiendo su teoría del caso. Este discurso establece la base para el juicio al manifestar su posición sobre los hechos y las pruebas que presentarán. Sin embargo, es crucial recordar que no se puede argumentar en este punto, ya que los hechos son cuestiones de prueba.

Tampoco se puede argumentar sobre la prueba o su credibilidad. Si un abogado menciona pruebas en su alegato de apertura, no debe argumentar sobre ellas. La evidencia debe presentarse y discutirse durante el interrogatorio, no en el alegato de apertura.

Esto también se aplica cuando un fiscal menciona arreglos o acuerdos previos con el acusado que quedaron sin concluir. No puede argumentar sobre estos asuntos ni emitir juicios de valor, ya que esto contaminaría la información y violaría la presunción de inocencia. La culpabilidad debe determinarse en el juicio oral, y cualquier cosa que infrinja los derechos constitucionales debe ser objetada.

Así pues, debemos objetar cuando una de las partes argumenta en el alegato de apertura. También debemos objetar cuando se hace referencia a pruebas o evidencia excluida, como en casos de allanamientos que violan garantías constitucionales o declaraciones de la etapa de instrucción que no pueden presentarse en el juicio oral debido a la ausencia del testigo.

Otra razón válida para objetar es cuando el litigante proporciona una explicación excesiva de las teorías jurídicas. Por ejemplo, pueden mencionar que basarán su posición en la inimputabilidad según el artículo 34, pero no pueden desarrollar cada requisito o su relevancia en ese momento. Esa discusión se reserva para el alegato de clausura. En este caso, la objeción se basaría en que están "argumentando sobre la ley, la doctrina y la jurisprudencia o sobre cómo deben aplicarse".

El alegato de apertura es una herramienta fundamental para los abogados en un juicio oral. En él, presentamos nuestra versión de la historia basada en hechos, derechos y pruebas para persuadir al juez y al jurado. Sin embargo, este alegato también puede ser objeto de objeciones. Esto ocurre cuando el litigante menciona hechos no respaldados por pruebas o tergiversa la verdad. Podemos objetar si se distorsiona el significado de la prueba, como cuando se afirma que un testimonio respalda ciertos hechos que en realidad no lo hace.

Es crucial impugnar esta tergiversación de inmediato para evitar confusiones entre los miembros del jurado.

Asimismo, podemos objetar si se da una interpretación opuesta a lo que establecen la ley, la doctrina y la jurisprudencia. Por su parte, objetamos el alegato de clausura cuando se mencionan hechos no probados o se tergiversa el resultado de los hechos, la evidencia o la ley. De igual manera, es relevante destacar que las opiniones personales del abogado son completamente irrelevantes en un juicio, ya que no constituyen pruebas de valor. Su inclusión puede llevar a confusiones sobre la relevancia de los argumentos en el juicio y su base probatoria.

En definitiva, el dominio de las objeciones en el juicio oral es esencial para garantizar la claridad, imparcialidad y eficacia en la presentación de pruebas. Estas herramientas estratégicas fortalecen la integridad del proceso judicial y aseguran una representación justa de los hechos en disputa.

Objeción al juez:

¿Qué pasa cuando los jueces no están dispuestos a renunciar a ese rol de investigador que cumplieron durante tantos años bajo el proceso inquisitivo, y comienzan ellos a interrogar? Y si lo desean, solo así nos conceden la palabra a nosotros.

Esta situación resulta más habitual de lo que debería y realmente nos coloca en una situación en la cual no tenemos muy claro qué es lo que debemos hacer.

La pregunta que solemos hacernos es: ¿Es válido objetar al juez? ¿Qué consecuencias podría traernos? ¿Objetamos sólo cuando nos conviene?

Realmente se nos presenta una disyuntiva a la cual no puede concederse una sola respuesta; dependerá de qué tan seguro estés de tu caso y animado para marcarle la cancha al juez (que pareciera tu rival).

Es una decisión difícil de tomar, pero en nuestra profesión, cada decisión entraña un riesgo y es inteligente asumirlos a tiempo.

En una oportunidad, me tocó vivir una situación similar a la descrita. El juez, profesor universitario en litigación, dio inicio al juicio donde me tocaba representar al acusado de delitos contra la libertad de las personas, específicamente del delito de trata de personas.

Cada vez que un testigo de la defensa se sentaba a declarar, el juez era el que primero interrogaba. Además, cuando nos concede la palabra, solía interrumpir mi actuación porque ponía en duda la respuesta brindada por nuestros testigos.

Es así que, echadas las cartas, tuve que actuar y le solicité que hiciera salir al testigo, puesto que tenía que hacerle un planteo al magistrado. Trataba de ser cordial, educada; lo que menos quería era ponerme al magistrado en mi contra.

Sin embargo, y a pesar de mi petición, la misma no fue concedida y el magistrado insistió en que formulara mis planteos en presencia del testigo.

¿Te imaginas el momento tenso que vivimos, mi asistido y yo?

Fue entonces que, con argumentos jurídicos, le solicité al tribunal que me brindara la oportunidad de preguntar a mí en primer lugar cuando se trataba de testigos ofrecidos por mi parte, tal como indica la norma procesal, y si alguna duda le quedaba sobre la respuesta, claro que podría aclarar.

Esta petición no causó ninguna gracia y el magistrado defendió su posición. Sin embargo, y a los hechos me remito, debo decir que luego fue corrigiendo su actuación y me permitió a mí preguntar en primer lugar.

El ejercicio del rol de liderazgo requiere, muchas veces, enfrentar con hidalguía a la autoridad.

CONSEJO PROFESIONAL

- Objetar es un arte que debemos practicar para desarrollarlo adecuadamente.
- Objetar exige un mayor grado de atención de nuestra parte.
- Debemos realizarla a viva voz, solo tenemos una fracción de segundos para estar despiertos y hacer nuestro trabajo correctamente.
- No tenemos que objetar por el simple hecho de hacerlo y arriesgarnos a dañar nuestra reputación.
- Objetamos estratégicamente conforme al plan
- Lo primero que debemos observar es si la pregunta daña nuestra teoría del caso.

- Evaluar si se están afectando derechos constitucionales de la parte que represento

- Controlar la información que va introduciendo el adversario en el mismo momento que ocurre.

- Debo objetar ante la intención de introducir información perniciosa o perjudicial en el sentido de que puede generar un estigma sobre las partes involucradas.

- Recordar que hay muchas clases objeciones a la disposición del litigante para que este haga un excelente trabajo.

ALEGATO DE CLAUSURA
EL ARTE DE PERSUADIR EN EL LITIGIO

"La seguridad es el arma de seducción más poderosa frente al tribunal"

Fabián era el abogado de aquel caso. La denunciante Cristina le había solicitado a su amigo Martín que le recomendara un buen abogado penalista, ya que su caso había sido elevado a juicio.

Cristina contrató a Fabián por consejo de Martín, pagó sus honorarios y le entregó copia de todo el expediente. Cristina era parte querellante, tenía un abogado, pero este decidió renunciar porque no se animaba a actuar en juicio; no se sentía preparado.

Fabián era profesor universitario, además era el encargado de las materias prácticas de los estudiantes de una importante universidad. Se jactaba de ser el más experto, con decenas de juicios orales en su haber.

Cuando Cristina le preguntaba por la estrategia de su juicio, él respondía con aires de grandeza, que ya tenía todo claro, que no se preocupara.

A Cristina, esa respuesta no la conformaba y solicitaba más información. Además, se sentía algo nerviosa y angustiada porque en aquel juicio debía enfrentar a su agresor. Fabián no se reunía ni con ella ni con sus testigos.

En una llamada telefónica que duró 5 minutos, le hizo una pregunta y, sin escuchar la respuesta completa, se daba por enterado de lo que Cristina iba a declarar al día siguiente.

Respecto a los testigos, procedió de la misma manera.

El juicio se inició. Fabián decidió no presentar su alegato de apertura; Cristina no entendía mucho acerca de la mecánica del proceso, así que casi no lo advirtió.

Luego le tocó el turno de declarar a Cristina. Se la notaba nerviosa. Fabián le hizo 2 o 3 preguntas nada más. Los jueces sí la interrogaron y el abogado del imputado la invadió a preguntas, que respondió con la verdad, pero que la tomaron por sorpresa.

Fabián se notaba abrumado y algo apresurado. Tal es así que decidió desistir de varios testigos que favorecían su acusación.

Pasaron los peritos, brindaron su declaración y Fabián volvió a hacer 2 o 3 preguntas nada más.

Llegó el momento de alegar. Primero tuvo que hacerlo Fabián. No tenía su alegato escrito, no recordaba los nombres de los testigos, mucho menos de los peritos. Mientras iba exponiendo (casi de manera improvisada), buscaba en la carpeta la información y los datos que no recordaba y se los pedía a su cliente, Cristina. El tribunal comenzaba a mostrarse impaciente.

Fabián luego hiló algunas frases, dijo que debía tenerse por probados los hechos de amenazas en dos oportunidades, pero la denuncia fue por 3 y acusó por amenazas simples cuando en realidad, según Cristina, fueron amenazas de muerte, es decir, agravadas.

Cristina perdió su caso, se sintió totalmente desilusionada, no sólo por el resultado, sino por el accionar deslucido de Fabián, quien no sólo no se preparó como era su responsabilidad, sino que además demostró ser poco profesional, a pesar de la gran reputación que supuestamente lo precedía.

Aunque no lo creas, el caso de mención refleja un hecho real.

Lamentablemente, hay muchos abogados improvisados que se jactan de su especialidad, de sus títulos, pero no hacen honor a nuestra profesión.

Recuerda que puedes disimular tu ineptitud durante los exámenes directos y los contrainterrogatorios, pero en el alegato de clausura, todo saldrá a la luz, incluso lo poco preparado que estabas para hacerlo.

Fabián, como muchos otros, colaboró con su deficiente desempeño para contribuir al mal concepto que muchos tienen de nuestra labor.

Es por esto que suelo decir que la justicia depende en gran medida de nosotros, de nuestro desempeño. Cristina, de la mano de otro abogado, podría haber obtenido un valioso resultado para su vida y su seguridad.

No olvides el caso citado como ejemplo y recuerda que el alegato final es la presentación de tu obra maestra. Por lo tanto, prepárate con tiempo y asume tu rol con responsabilidad y esmero.

El momento célebre ha llegado...

Al culminar la fase probatoria, es decir, cuando ambas partes han realizado sus respectivos interrogatorios y contrainterrogatorios, resulta menester que los litigantes soliciten la palabra para presentar sus conclusiones finales acerca del valor probatorio de las evidencias contenidas en el expediente y aquellas que se han presentado en vivo durante el juicio.

A pesar de que en muchos sistemas procesales se considera que la presentación de alegatos es una facultad del abogado y no una obligación, mi consejo enfático es que aproveches esta oportunidad. ¿Por qué? Porque esta es tu única ocasión para proporcionar una explicación detallada sobre las pruebas, recordar la tesis principal del caso y hacer una petición concreta. Considero que como litigante tienes la responsabilidad moral de hacerlo si realmente te encuentras comprometido con tu cliente, su causa y la defensa de los derechos que representas.

Si bien es cierto que en algunos sistemas procesales se permite presentar alegatos por escrito después de un plazo establecido, no podemos dejar de hacer hincapié en que esta práctica socava el propósito fundamental de una audiencia oral. Los principios de inmediación, contradicción y publicidad, pilares del sistema judicial, demuestran claramente que el litigante no debe desaprovechar la oportunidad de estar frente a los jueces para explicar por qué su postura debe prevalecer.

Ahora bien, consideremos al litigante que ha dedicado tiempo y esfuerzo a investigar su caso, ha preparado minuciosamente cada pregunta formulada durante la audiencia oral, ha objetado preguntas adversarias y ha propuesto preguntas clave para los testigos que respalden su teoría del caso. Después de tanto trabajo, sería impensable que no aproveche esta herramienta procesal para exponer, con sus propias palabras, todos los detalles de los hechos y la participación de las partes en ellos.

Pensemos también en los jueces, que han supervisado cada prueba, han emitido órdenes, han invertido tiempo en el asunto y, después de escuchar durante una larga jornada a las partes y testigos en el debate oral, están obligados a formar sus propias conclusiones para emitir una sentencia. Ellos también desean escuchar las conclusiones del litigante y conocer sus deseos. Esto puede coincidir o no con las pretensiones iniciales presentadas en la demanda o la contestación.

Además, resulta crucial que el juez escuche directamente del litigante qué ajustes debe considerar en sus pretensiones luego de la prueba presentada, recordemos que esta puede respaldar o no la posición de ambas partes.

En algunas ocasiones —y según el sistema procesal— el juez puede emitir su fallo de inmediato, mientras que en otras se le concede un plazo extendido para hacerlo. En cualquier caso, debe recordar las declaraciones de cada testigo y perito, analizar el expediente y evaluar las posturas de las partes para determinar quién tiene la razón. Y este proceso se facilita significativamente cuando el abogado presenta sus conclusiones en la audiencia.

El alegato de clausura representa el ejercicio argumentativo más trascendental en el proceso legal. En esta instancia, le comunicamos al tribunal cómo nuestra versión de los hechos ha sido probada y por qué debe ser considerada como la narrativa definitiva que respalda la sentencia que buscamos. De manera efectiva, el litigante presenta su alegato como si estuviera delineando la sentencia misma. Es una proyección oral dirigida al juez o tribunal, quienes posteriormente se retirarán y tendrán en cuenta lo expresado durante estas palabras finales.

Sin embargo, es importante destacar que la calidad de nuestro alegato depende en gran medida de la diligencia y competencia demostradas en todas las etapas previas del proceso. Si nuestra actuación ha sido deficiente hasta este punto, es probable que tengamos poco material sólido para presentar en nuestros argumentos finales.

El alegato no es un ejercicio de retórica vacía, ni una mera repetición de jurisprudencia o doctrina legal. No se trata de una conferencia académica ni de una actuación teatral. He visto a lo largo de mi carrera profesional todo tipo de abogados. Están aquellos que son demasiado histriónicos, que no se ciñen al material probatorio recolectado en el juicio sino que hacen un verdadero drama propio de una escena teatral y que pretenden lucirse olvidando cuál es el objetivo de alegar.

También están aquellos otros que han participado muy poco durante el juicio, pero que cuando llega el momento de alegar, se plantan con seguridad y son precisos y elocuentes manifestando sus objetivos.

También debemos mencionar a quienes temen que la memoria les juegue una mala pasada y entonces leen sus alegatos de principio a fin, olvidando que alegar es un acto de comunicación y que como tal debe involucrar a los destinatarios del mensaje.

Otros que han simulado estar muy preparados durante el juicio, pero cuando llega el momento de tomar la palabra, no tienen mucho para decir, no recuerdan el nombre de las partes ni peritos, dejan en evidencia que no tienen fundamentos para defender una posición, simplemente porque han sido haraganes.

Pero están aquellos otros, a quienes todos queremos escuchar, tengan o no razón, vayan a ganar o a perder ese juicio. Esos litigantes son aquellos que han actuado con pasión y convicción durante todo el proceso, han captado la atención desde un inicio, se han plantado frente a la arbitrariedad y se la han jugado al interrogar a cada testigo y perito.

Son los litigantes que cuando toman la palabra saben qué decir, en qué orden hacerlo y que además tienen la habilidad de simplificar los tecnicismos. Estos litigantes se tomaron el caso con seriedad y están dispuestos a dar lo mejor hasta el último minuto.

Claro que hay muchas formas de alegar, pero todos y cada uno de nosotros debemos reconocer que podemos hacerlo mejor. Veamos entonces algunas cuestiones que nos ayudarán a cumplir con tales objetivos.

Alegar implica la habilidad de establecer una conexión coherente entre la posición de la parte que representamos, los hechos que hemos presentado, las pruebas que los respaldan y los argumentos que desarrollamos.

El objetivo es permitir que el juez comprenda y acepte nuestra perspectiva, persuadiéndolo mediante una fundamentación sólida y convincente.

El acto de alegar en un juicio representa la culminación de un proceso exhaustivo y esencial en nuestra labor como abogados, nuestro trabajo en el caso. En este momento, consolidamos nuestra teoría del caso y exponemos argumentos sólidos que respaldan los objetivos que hemos perseguido desde el inicio de nuestra representación en el tribunal. Este acto, en última instancia, define el rumbo de nuestro desempeño en el proceso judicial.

Así, el alegato constituye nuestra ofensiva definitiva, una síntesis magistral de todas las acciones emprendidas a lo largo del proceso. Es una narrativa poderosa y conmovedora que atraviesa cada fase, ofreciendo una explicación lógica y coherente que se ajusta al sentido común y, por supuesto, se basa en el marco jurídico vigente. Esta es la oportunidad única y perfecta para destacar nuestras fortalezas y abordar con franqueza nuestras debilidades, todo ello con el fin supremo de persuadir al tribunal de que nuestra versión de los hechos es la más precisa y justa, mereciendo, por ende, el respaldo de la sentencia definitiva.

¿En qué formas se presenta el alegato?

El acto de alegar de pie ofrece varias ventajas, como la comodidad de moverse con facilidad y utilizar el cuerpo como una herramienta de comunicación.

En cuanto a la forma en que se realiza el alegato, es importante aspirar a la posibilidad de hacerlo de pie. Esto permite expresar emociones y, en ocasiones, hacer uso de objetos para resaltar evidencia crucial. En caso de que los jueces no estén acostumbrados a esta práctica, es apropiado solicitar su permiso.

Sin importar si decides hacer tus últimas declaraciones de pie o sentado, lo fundamental es transmitir seguridad, confianza y convicción en tus (sus) palabras. La clave para comunicar esta convicción es hablar con firmeza y autoridad; y para lograrlo, debes practicar en repetidas ocasiones hasta sentirte cómodo y seguro.

Los alegatos de cierre representan el momento ideal para que el abogado se destaque, mostrándose comprometido con la causa y proporcionando razones sólidas que respalden su solicitud. No sólo se trata de los requisitos necesarios para hacer un alegato persuasivo, sino también de los elementos esenciales para lograr una comunicación efectiva entre el litigante y su audiencia, ya sea el juez o el jurado popular.

En cualquier juicio, suele haber al menos dos versiones contrapuestas de los hechos, y sólo una de ellas prevalecerá. Por lo tanto, el alegato se considera una herramienta que permite al abogado mantener la fe que su cliente depositó en él al encomendarle el caso.

Por otra parte, debemos superar la idea de una oralidad superficial, en la que estamos presentes solo por obligación y no porque comprendemos los beneficios que ofrece la comunicación verbal.

Otra recomendación importante es evitar leer durante el alegato. Hacer un alegato mediante la lectura de un papel puede transmitir frialdad y, por lo tanto, rara vez resulta efectivo.

La presencia del litigante en el juicio no debe ser únicamente física, sino también es necesario que demuestre estar plenamente comprometido. Es decir, esforzarse por crear un ambiente propicio para que sus palabras resuenen en la sala y sean bien recibidas. Aunque esta propuesta puede resultar desafiante, es esencial comprender la oportunidad que se presenta. Al expresarse de manera oral, sin depender del papel, el abogado puede canalizar las emociones que el caso genera, enfatizar aspectos relevantes y fortalecer el vínculo con los valores que busca resaltar.

Vayamos al caso de nuestra cotidianidad, como una reunión en la que se inicia un diálogo. En este caso, no consideraríamos apoyarnos en un papel al momento de interactuar, sino que nos comunicamos verbalmente mientras miramos a nuestro interlocutor a los ojos. Pues, del mismo modo, un juicio es una especie de diálogo entre el abogado y el juez, aunque con formalidades y un tono más solemne. Sin embargo, sigue siendo un acto de comunicación.

Aún cuando, alegar de manera oral requiere un mayor esfuerzo por parte del litigante, conlleva mayores recompensas. Si alguna vez dudas sobre si vale la pena, recuerda considerar el costo versus el beneficio.

El lenguaje verbal y no verbal en los alegatos

➤ Lenguaje corporal, su importancia y relación con la litigación

En el ideario colectivo, los abogados a menudo son vistos como individuos carismáticos, y en ocasiones, se les atribuye un cierto aire de misterio, como si estuvieran siempre dispuestos a litigar en cualquier contexto imaginable. Existe la percepción de que deben poseer conocimientos sobre una amplia gama de temas, sin importar la especialidad de su colega o el ámbito en el que se les solicite una opinión. No obstante, también es un hecho que las personas tienen opiniones variadas sobre los abogados, algunas veces debido a experiencias negativas previas o a estereotipos arraigados en la cultura popular.

Ya sea justa o injusta, la imagen que las personas tienen de los abogados en pleno siglo XXI es relevante, ya que esta percepción influye directamente en su confianza en el sistema de justicia. Por lo tanto, es crucial que actuemos como profesionales comprometidos con nuestra labor y que sigamos las reglas y valores que hacen que una persona sea considerada digna de confianza. Porque somos los defensores y hacedores de justicia, ese es nuestro rol en la sociedad.

Asimismo, es importante recordar que las personas, incluidos los abogados, constantemente comunicamos no sólo a través de nuestras palabras, sino también a través de nuestros gestos y lenguaje corporal. De hecho, el simple acto de no hablar o mantenerse en silencio no implica que no estemos comunicando. Por tanto, debemos ser conscientes de nuestras acciones tanto en el tribunal como en situaciones extrajudiciales, como audiencias de mediación, ya que nuestro lenguaje no verbal puede transmitir mensajes igual de poderosos que nuestras palabras.

En suma, la forma en que nos presentamos y nos comportamos no sólo afecta nuestra reputación personal, sino que también influye en la percepción del sistema de justicia por parte del público en general. Como defensores de este sistema, es nuestro deber actuar con integridad y profesionalismo en todo momento, tanto con palabras como con acciones.

➤ Los litigantes: actores clave en los alegatos

Los litigantes deben dominar el control de su rostro, manos y su postura en general. La razón es clara: como abogados, estamos investidos con la responsabilidad de personificar la máxima profesionalidad y confiabilidad. La representación de la justicia es una tarea seria que debe ser tratada con la seriedad que merece.

Un dato de relevancia, la regla de Mehrabian señala que el lenguaje verbal, es decir, el que sale de nuestra boca, aporta apenas un 7% a la comunicación de emociones y sentimientos, mientras que el 38% corresponde al lenguaje paraverbal (entonación, proyección, tono, énfasis, pausas, ritmo, etc.), y un significativo 55% al lenguaje corporal (gestos, posturas, movimientos, respiración, etc.).

Por lo tanto, es imperativo que cualquier abogado que participe en una audiencia oral domine esta herramienta para lograr una comunicación efectiva. Esto implica, entre otras cosas, generar confianza al comienzo de la presentación y mantenerla a lo largo de todo el proceso.

La clave de una comunicación exitosa no reside únicamente en el mensaje que se transmite, sino también en si ese mensaje llega al destinatario tal como se planeó. Si el mensaje llega distorsionado o no se comprende, es un indicio de que no se ha realizado un trabajo adecuado o que no se ha empleado de manera correcta el lenguaje corporal. A veces, un solo movimiento en falso o una palabra inapropiada pueden tener consecuencias perjudiciales y arruinar todo el trabajo previo.

La participación en audiencias orales es un desafío especial. En ese contexto, los litigantes no tienen la posibilidad de hojear sus documentos para encontrar respuestas, revisar las leyes o verificar los nombres de los testigos. No hay espacio para la improvisación.

Frente a los jueces, la contraparte, el público y, en particular, su cliente, el litigante debe demostrar un conocimiento más profundo del caso que cualquier otra persona en la sala. Esta confianza no solo debe manifestarse a través de las palabras, sino que también debe reflejarse en su lenguaje corporal, que debe ser seleccionado cuidadosamente.

El cuerpo habla por nosotros, incluso cuando guardamos silencio. A menudo, revela lo que intentamos ocultar. Por lo tanto, el litigante debe utilizar su lenguaje corporal de manera precisa, ya que todos los ojos están puestos en él y es el centro de atención.

Dicho lo anterior, prepararse emocionalmente es esencial para afrontar este desafiante escenario. El litigante debe anticiparse a la tensa exposición que está por enfrentar. Ha llegado el momento en el que los abogados que participan en una audiencia oral no pueden esconderse detrás de montañas de papeles; es el momento de convertirse en el director y protagonista de la historia que pretenden narrar.

Componentes del lenguaje no verbal en los alegatos

La comunicación efectiva es una habilidad que trasciende las palabras, y el ámbito del derecho no escapa a esta realidad. La forma en que un abogado se presenta y se comunica, tanto verbal como no verbalmente, puede ser la clave para transmitir confianza, persuasión y control en el tribunal.

▹ El lenguaje del cuerpo

Mantenga una postura erguida, con la cabeza en alto y los hombros hacia atrás. Esto proyecta confianza y seguridad en sí mismo.

Evite pararse con los hombros caídos, la cabeza baja o las manos en los bolsillos, ya que esto puede sugerir falta de confianza.

Antes de comenzar su argumento, espere a que la sala esté en silencio para asegurarse de que sus palabras no pasen desapercibidas.

▹ La Importancia de la mirada

Fíjese en los jueces o miembros del tribunal mientras les habla, y observe sus reacciones y expresiones faciales. Esto le permitirá adaptar su discurso según sus respuestas no verbales.

La mirada es una herramienta poderosa para captar la atención, pero evite un contacto visual excesivamente intenso, ya que esto puede resultar intimidante.

▹ Uso de las manos

Sus manos pueden ser aliadas valiosas en la comunicación. Mostrar las palmas de las manos sugiere honestidad y sensatez.

Juntar las manos en forma de ojiva puede simbolizar la conexión entre sus argumentos y lo que la justicia representa.

Un movimiento suave con la mano, como si estuviera pintando en el aire, puede invitar a la reflexión.

En contraste, cerrar el puño o hacer movimientos bruscos puede transmitir enojo o frustración, lo que puede ser efectivo al ilustrar lesiones o agravios en su argumento.

- El poder del tono de voz

Su tono de voz revela su estado emocional, ya sea confianza o temor. Úselo estratégicamente.Cambiar el tono o hacer pausas en su discurso puede enfatizar puntos clave y crear suspenso en su narrativa.

Asegúrese de que su voz sea clara y audible, sin murmullos ni titubeos. Los ojos abiertos y el contacto visual pueden ayudar a mantener el enfoque.

El lenguaje verbal y no verbal es una herramienta crucial para la práctica de la litigación oral, y de la abogacía en general. No es sólo lo que se dice, sino también de cómo se dice y cómo se presenta. Dominar estas habilidades, además de ayudarte a ganar la confianza de los demás en el tribunal, también fortalecerá tu capacidad para persuadir y controlar la narrativa de tu caso; y por ende, alcanzar el éxito en el tribunal.

Objetivos del alegato de clausura

El propósito fundamental del alegato de clausura es claro y determinante: persuadir y convencer a los miembros del tribunal de que, al emitir su sentencia, deben considerar a usted como el vencedor indiscutible en este caso. Es una oportunidad única para argumentar exhaustivamente sobre todos los aspectos vinculados al asunto y unirlos en una conclusión coherente y sólida que respalde su petición.

Imaginemos el alegato de clausura como el desenlace de una película. El litigante tiene la tarea de recordar al tribunal todo lo que ha presenciado, como si estuviera narrando el desenlace de una trama. Es en este momento que debemos atar los cabos sueltos, es decir, explicar pruebas que quizás no quedaron del todo claras durante el juicio. El objetivo es presentar al juez una obra terminada, lista para su apreciación.

Durante el alegato de clausura, debemos abordar varios aspectos esenciales:

➤ El Lema-Tema

Recordemos que, al desarrollar la teoría del caso, asignamos un título que identifica y relaciona los hechos con normas morales, éticas, principios de justicia y, por supuesto, con la ley. Esta elección no es sólo estratégica; también se utiliza durante el juicio. Aquí, puede presentar su caso al tribunal, diciendo algo como: "Señores jueces, este caso se trata de..." y luego pronunciar su lema. Por ejemplo, podría referirse a "los desvalidos" o "la importancia de escuchar a los niños cuando nadie más lo hizo".

Recomiendo que repita el lema en algún punto crucial de su exposición, de manera que quede grabado en la mente del tribunal. Esto es fundamental para vincular emocionalmente a los jueces con su caso y su cliente. Recuerda, el objetivo es evocar empatía y comprensión, invitando a los jueces a cumplir con la noble misión de la abogacía: llevar paz social y dignidad a la vida de las personas a través de la justicia.

➤ Los hechos

Cuando hablamos de técnicas de litigación, mencionamos la utilidad de trabajar con una teoría del caso para establecer nuestra posición. Sin embargo, en el tribunal, no se puede hacer referencia a esta teoría. En cambio, debemos hablar de hechos comprobados y concretos.

En esta fase, debe presentar su versión sobre cómo ocurrieron los hechos, si su cliente estuvo involucrado o no, y si se puede atribuir responsabilidad a su cliente o si la culpa recae en otra persona. Recuerda, no estás emitiendo una opinión; estás explicando su versión respaldada por pruebas concretas.

➤ Credibilidad de los testigos

Al evaluar la credibilidad de los testigos en un juicio, es esencial considerar no sólo las respuestas dadas durante su testimonio, sino también las circunstancias personales que puedan influir en su objetividad. Aunque todos los sistemas procesales incluyen las llamadas "generales de la ley", que son preguntas estándar que se hacen a los testigos para determinar si tienen algún tipo de relación con las partes, como amistad, enemistad, parentesco o interés en el resultado del juicio.

Sin embargo, como litigantes experimentados sabemos que, en la mayoría de los casos, los testigos tienden a responder "no" a estas preguntas estándar, salvo raras excepciones. Esta negación inicial no garantiza que no exista ningún tipo de vínculo entre el testigo y la parte que lo propuso. Es importante recordar que las relaciones pueden haber surgido antes o después de los eventos en cuestión.

Por lo tanto, es responsabilidad de nosotros, los litigantes, explorar estas circunstancias, tanto anteriores como posteriores al incidente en disputa. ¿Por qué? Porque estas relaciones pueden tener un impacto significativo en la percepción del testigo y, por lo tanto, en su credibilidad.

Si se descubre que el testigo ocultó o distorsionó la verdad sobre la naturaleza de su relación con alguna de las partes, esto puede afectar su credibilidad y dar lugar a argumentos en su contra.

Si se trata de un testigo que nosotros presentamos, es fundamental destacar por qué el tribunal debe considerar creíble su testimonio. Por ejemplo, si el testigo es un colega de trabajo o amigo del demandante, debemos explicar por qué su testimonio no debería verse afectado por esta relación. Debemos subrayar que, más allá de cualquier vínculo, el testigo presenció los hechos y puede proporcionar detalles cruciales sobre las circunstancias, el tiempo y el lugar, todos elementos fundamentales para ubicar al testigo en el contexto de los acontecimientos.

Cuando nos referimos a lo que el testigo ha declarado en su testimonio, es esencial citar textualmente sus palabras siempre que sea relevante. Esta estrategia no sólo muestra nuestra fidelidad a la declaración original del testigo, sino que también otorga un peso adicional a nuestro argumento. Por ejemplo, podemos interrumpir brevemente nuestra presentación y decir: "Señores jueces, permítanme citar textualmente al testigo Rodolfo, quien afirmó: 'Alberto estaba ebrio y ni siquiera podía mantenerse en pie'. Esto refuerza nuestro caso, ya que somos fieles a la declaración del testigo ante todos los presentes en la audiencia. Los jueces lo escucharon y pueden verificar nuestras afirmaciones, lo que puede ayudar a respaldar nuestra credibilidad. Sin embargo, esta estrategia debe utilizarse con prudencia y sólo en situaciones excepcionales.

En ocasiones, debemos recurrir a la colaboración de peritos para abordar cuestiones técnicas o complejas. Por ejemplo, pueden ayudarnos a comprender la mecánica de un incidente, autenticar documentos o interpretar los resultados de pruebas médicas. Las razones para utilizar a un perito pueden variar ampliamente.

En el momento en el que debemos abordar el testimonio de un perito, debemos presentar argumentos que respalden o cuestionen su credibilidad e idoneidad. Si estamos a favor del testimonio del perito, podemos destacar su experiencia profesional, formación académica y conocimientos especializados que lo distinguen en su campo. Por otro lado, si deseamos impugnar su testimonio, debemos abordar las razones por las cuales el juez debería cuestionar su dictamen. Esto puede deberse a la falta de actualización del perito en su área de especialización o a inconsistencias entre su testimonio en el juicio y lo que ha escrito en sus publicaciones anteriores.

Llegados a este punto, al analizar el testimonio pericial, no debemos limitarnos a citar las conclusiones del perito de manera genérica. En su lugar, debemos explicar cómo el testimonio pericial respalda nuestra teoría del caso o por qué debería ser cuestionado. Por ejemplo, en lugar de simplemente afirmar que el perito concluyó que el accidente fue culpa de Juan, debemos proporcionar una explicación detallada sobre la mecánica de los hechos y cómo estas conclusiones se alinean o no con nuestra posición. Los jueces esperan respuestas claras y convincentes a estas preguntas.

➤ Prueba material

En esta etapa, nos referimos a la prueba material, específicamente la prueba documental o informativa que se haya recopilado a lo largo del proceso escrito. La clave para que un abogado pueda emplear esta evidencia de manera persuasiva radica en no limitarse simplemente a recitar fechas o transcribir respuestas de entidades. Más bien, es esencial relacionar esta evidencia con los hechos del caso.

Consideremos el siguiente ejemplo: supongamos que deseamos probar tanto el horario en que ocurrió un accidente como la dirección de circulación de los vehículos involucrados. Disponemos de pruebas documentales que pueden proporcionar información relevante. Por ejemplo, podemos tener en nuestro poder y presentar en el expediente el recibo de un estacionamiento ubicado en la calle Juncal. Este estacionamiento es donde el demandado suele dejar su vehículo habitualmente los jueves por la noche cuando sale a cenar con amigos. Además, este estacionamiento se encuentra justo enfrente del restaurante al que acuden.

En el alegato, podríamos argumentar lo siguiente: "*Ramiro, acostumbrado a salir de diversión todos los jueves con sus amigos, con quienes cena y se toma varias copas de vino, tal como el mozo del lugar nos refirió, suele dejar su auto en el garaje de la calle Juncal, justo enfrente del restaurante. Esto le evita tener que caminar algunas cuadras si es que tomó alguna copa de más. Tenemos el ticket de ese estacionamiento, que nos habla acerca de lo que sucedió aquella noche. Ramiro retiró su auto a las 11 de la noche, ya cansado manejó por más de un kilómetro a elevada velocidad hasta que en la intersección con la calle Patricios colisionó con mi cliente, a quien ni siquiera le dieron los reflejos para frenar*".

En este caso, estamos demostrando varios aspectos cruciales, incluyendo el motivo de la salida de Ramiro, sus acompañantes esa noche, sus acciones previas al evento, sus condiciones al tomar el automóvil, el momento en que retiró el vehículo y la distancia que recorrió. Además, podríamos haber incorporado otras pruebas informales, como comunicaciones a través de redes sociales (Facebook, Instagram) o conversaciones por WhatsApp. Si bien estas pruebas pueden ser objeto de controversia, es importante mencionar de manera explícita por qué fueron presentadas y qué propósitos cumplen en el contexto del caso.

En resumen, el alegato debe trazar un recorrido completo por todas las pruebas presentadas con el fin de proporcionar una explicación coherente y convincente. Además, es esencial abordar las cuestiones técnicas pertinentes, como detallaremos a continuación.

➤ Argumentación jurídica y uso efectivo del derecho

Mencionar un artículo específico del Código Civil o de la legislación laboral, por ejemplo, no constituye una prueba en sí misma. El litigante debe articular cómo el caso se ajusta a la ley y a ese artículo en particular, presentando argumentos sólidos que respalden su interpretación en contraposición a la posición de su oponente. Debe proporcionar al tribunal razones sólidas para aplicar la ley en la forma que propone, y no en la forma sugerida por la parte contraria. Esto implica más que una simple mención; requiere una argumentación fundamentada.

Es recomendable hacer referencia a la jurisprudencia, pero nuevamente, no basta con citarla de manera superficial. El litigante debe explicar por qué esta jurisprudencia es relevante para su caso y por qué debería influir en la decisión del tribunal. Si el litigante tiene la intención de apartarse de una corriente jurisprudencial, debe proporcionar argumentos sólidos respaldados por hechos específicos que justifiquen su posición.

La discusión sobre las cargas probatorias es crucial en esta etapa. El litigante debe abordar quién tenía la responsabilidad de probar ciertos hechos y si se cumplió con esta obligación o no. Incluso si se encontraba en desventaja, es importante destacar cualquier elemento de prueba que haya presentado para respaldar su posición.

El conocimiento del derecho es esencial, tanto en lo que se refiere a los aspectos favorables a su caso, como en relación con los derechos que la contraparte está invocando. Debe demostrar una comprensión completa y sólida del marco legal que rodea la disputa.

Además, es esencial refutar de manera efectiva todos los argumentos presentados por la parte contraria. Esto no debería ser sorprendente si se ha estado atento durante el juicio y se ha seguido de cerca el desarrollo del caso. Un litigante habilidoso debe anticipar los contraargumentos que la otra parte podría presentar en relación con su caso, su evidencia y la ley que invoca.

Igualmente, es imperativo recordar que los jueces están conscientes de que deben tomar decisiones en casos con posiciones opuestas. Por lo tanto, recae en el abogado la responsabilidad de argumentar en su propio favor. El éxito en la argumentación radica en la capacidad para presentar de manera efectiva nuestra posición, rebatir los argumentos de la contraparte y proporcionar al tribunal una base sólida para tomar su decisión.

➤ Presentando claramente el petitorio

Al llegar a esta etapa crucial del proceso, es muy importante que formules tus pedidos de manera explícita y clara. A menudo, algunos litigantes tienden a asumir que sus deseos son evidentes y no necesitan ser expresados en voz alta, pero este no es el enfoque adecuado.

Cuando se dirige al tribunal, es fundamental expresar de manera inequívoca lo que busca que se resuelva. Evite ambigüedades y asegúrese de que su solicitud sea precisa y concisa. Por ejemplo: si representa al demandante: "*Sr. Juez, todo lo que hemos presenciado durante el juicio, nos obliga a solicitarle que se condene a Juan como responsable del accidente*".

Si representa al demandado: "Sr. Juez, a Juan le hubiese gustado evitar el accidente, pero no pudo, porque fue Pedro quien manejaba excediendo la velocidad permitida, de manera absolutamente imprudente y despreocupada del daño que podría causar. Por lo que solicitamos que se rechace la demanda con imposición de costas a la actora".

No se debe dejar ningún aspecto relevante al azar. Si el litigante tiene claro lo que busca y en qué medida, debe comunicarlo con precisión al tribunal. Esto garantiza que sus objetivos queden registrados de manera adecuada y, además, demuestra su profesionalismo y su comprensión del caso ante el tribunal.

Organización del alegato clausura: Buenas prácticas

Prepárate para comunicarte eficazmente y utilizar el tiempo con sabiduría.

1. Utiliza el tiempo efectivamente ➔ Considera a tu audiencia. ➔ Haz un uso eficiente del tiempo para respetar la atención limitada. ➔ Dirige la presentación hacia lo que realmente importa para el caso.
2. Preparación con anticipación ➔ Escribe el alegato en papel para organizar pensamientos. ➔ Crea un esquema o lista de ideas principales. ➔ Prepárate para hablar fluidamente sin depender de notas escritas.
3. Causa impacto desde el comienzo ➔ Comienza directo y sin divagaciones. ➔ Utiliza un lema relevante para impactar desde el principio. ➔ Planifica cómo volver a mencionar el lema a lo largo del alegato.
4. Resume las pruebas claves ➔ Destaca pruebas relevantes que respaldan tu punto de vista. ➔ Informa quién declaró, qué dijo y cómo contribuye al caso.
5. Aborda las debilidades ➔ Explica estratégicamente las debilidades del caso. ➔ Anticipa y contrarresta posibles ofensivas del adversario.
6. Ignora hechos intrascendentes ➔ Discierne entre hechos relevantes e intrascendentes. ➔ Mantén el enfoque en aspectos cruciales del caso.
7. Apela a las emociones ➔ Transmite las experiencias y sentimientos de tu cliente. ➔ Destaca el impacto del caso en la vida del cliente. ➔ Utiliza ejemplos concretos y contextuales.

8. Aplicación de la ley → Vincula el caso con la ley de manera clara y precisa. → Evita explicaciones técnicas excesivas. → Finaliza con una declaración impactante relacionada con la ley.
9. Justifica el veredicto deseado → Motiva al tribunal para emitir un veredicto a tu favor. → Explica por qué tu solicitud es justa y basada en los hechos y la ley. → Concluye de manera respetuosa y convincente.
10. Despedida → Justifica tu acción o defensa. → Demuestra razonabilidad y ausencia de excesos en tus peticiones. → Identifica con claridad el resultado deseado.

▹ Utiliza el tiempo de manera efectiva

La presentación de un alegato de clausura es un arte que no se rige por fórmulas rígidas ni estandarizadas. Cada litigante tiene su propio estilo y enfoque, y esta libertad es fundamental. No obstante, hay algunas pautas generales que pueden servir como guía.

En primer lugar, considera a tu audiencia, es decir, a las personas que escucharán tu alegato. Imagínalo como un regalo que estás ofreciendo y pregúntate qué les gustaría recibir. Este enfoque ayuda a dirigir tu presentación hacia lo que realmente importa para tu caso.

Una de las formas más efectivas de mostrar respeto por la audiencia es hacer un uso eficiente del tiempo. El tiempo y la atención de las personas son recursos limitados, por lo que no debes abusar de ellos. La duración del alegato puede variar según la complejidad del asunto, pero independientemente de eso, evita dar vueltas innecesarias y ve directamente al punto. Esto demuestra que sabes de lo que está hablando y que has resuelto lo que te has propuesto comunicar.

Recuerda que los jueces están ahí para escuchar algo relevante, así que asegúrate de entregarlo de manera clara y concisa. Además, tu cliente espera verlo representado en tus palabras; esta es una oportunidad para demostrarle cuánto has trabajado en su nombre.

▹ Haz tu preparación con anticipación

La preparación es clave para presentar un alegato de clausura sin depender de notas escritas. Y como el objetivo es hablar de manera fluida, sin apoyarse en el papel, es fundamental prepararse con anticipación.

El primer paso recomendado es escribir tu alegato en papel. Esto te permitirá organizar tus pensamientos de acuerdo con los requisitos esenciales, como establecer los hechos, relacionarlos con la evidencia y fundamentar tu petición en la ley. Esto también garantiza que no olvides ningún punto crucial durante tu presentación.

Luego, en una hoja aparte, puedes crear una especie de esquema o lista de las ideas principales que planeas transmitir. Esto podría adoptar la forma de un cuadro o una línea de tiempo. Siéntete libre de utilizar esta hoja como una guía durante tu exposición, no para leerla literalmente, sino como un recordatorio visual de los puntos clave.

De hecho, la preparación con anticipación no te ayudará a sentirte más seguro durante tu alegato, sino que también asegurará que no pases por alto detalles importantes en tu presentación. Recuerda, la práctica y la preparación son esenciales para el éxito en el arte del alegato de clausura.

▹ Causa impacto desde el comienzo

La preparación de tu alegato de clausura debe considerar, entre otros aspectos, cómo comenzará tu presentación. Es crucial no divagar ni desperdiciar los primeros minutos en palabras vacías o agradecimientos innecesarios. En lugar de eso, es imprescindible ser directo desde el principio. Hazte la pregunta: ¿qué quiero que el juez recuerde al final de mi intervención? Luego, ve directamente a responder esa pregunta.

Una técnica efectiva es comenzar con fuerza utilizando tu lema si es relevante para su caso. Recuerda que las personas tienden a recordar lo primero y lo último que escuchan, por lo que es esencial causar un impacto inicial. Después, considera cuándo y cómo volverá a mencionar tu lema a lo largo de su alegato, relacionándolo con la evidencia testimonial, pericial u otros elementos probatorios. Tu lema debe estar vinculado de manera coherente con los hechos y las pruebas.

De igual manera, es vital planificar qué dirás en segundo y tercer lugar, asegurándote de que estén conectados de manera lógica. Trata de pintar imágenes vívidas con tus palabras para que queden grabadas en la mente del juez. Además, puedes determinar qué documentos o pruebas visuales podrías utilizar para respaldar y enriquecer su exposición.

▹ Resume las pruebas clave

Los hechos, por sí solos, carecen de validez sin pruebas que los respalden. Por lo tanto, es fundamental destacar las pruebas que respaldan tu punto de vista. No es necesario abordar todas las pruebas presentadas, a menos que sean particularmente relevantes para tu estrategia.

Informa al juez quién declaró y qué dijo, recordando por qué citó a esos testigos en primer lugar y cómo su testimonio contribuye al caso. Al recordar las palabras exactas de los testigos, estas adquieren una fuerza y un significado especiales. Recuerda, es tu responsabilidad demostrar cómo las pruebas apoyan tu argumento y cómo se relacionan con los hechos del caso.

▹ Aborda las debilidades

En todo caso, es fundamental abordar de manera estratégica las debilidades que puedan surgir. Cada litigante debe comprender que los casos perfectos son una quimera en el contexto jurídico real; por ende, la anticipación y la explicación de por qué las cosas no transcurrieron según lo planeado son esenciales. Estas explicaciones son trascendentales, ya que la omisión de las mismas podría llevar al juez a sospechar que se está ocultando información o que los hechos no se desarrollaron como se aseveró inicialmente, lo que podría mermar la credibilidad que inicialmente se depositó en el abogado.

Las evidencias adversas que no se aborden quedan por sí mismas, por lo que no conviene dejar a la interpretación del tribunal un asunto tan relevante. De ahí la importancia de asumir la complejidad del caso y presentar una alternativa lógica para su comprensión.

Es imperativo que ofrezcas una explicación razonable que justifique el apartamiento de la jurisprudencia emanada del propio tribunal. De igual forma, es necesario que abordes las impugnaciones y objeciones presentadas durante la audiencia o que están pendientes de resolución. Hablar sobre la reputación de tu cliente o sobre los hechos que no le favorecen es crucial; explicando porqué, a pesar de que es algo negativo, tienes una explicación lógica y creíble que puede echar por tierra las presunciones legales en su contra.

Recuerda que tus debilidades pueden convertirse en las fortalezas de tu adversario, por lo que es fundamental anticiparse a la ofensiva que este podría lanzar. La anticipación le permitirá contrarrestar los efectos perjudiciales que dichas debilidades puedan causarle. Por lo tanto, la recomendación es clara: anticípate.

▹ Ignore los hechos intrascendentes

Otro consejo valioso radica en la capacidad para discernir entre hechos relevantes e intrascendentes. No es necesario agotar tiempo y recursos mencionando cada fecha, nombre o número presentado como prueba pericial. De hecho, la abundancia de detalles puede ser contraproducente, ya que desvía la atención del juzgador.

Resulta vital mantener el enfoque en los aspectos cruciales del caso. Destaca las fechas importantes y las palabras clave expresadas por los testigos. Refuerza tu mensaje a través de la simplificación. Ponderar lo que los testigos y peritos han declarado, así como lo que planeas expresar acerca de su credibilidad y conocimiento de los hechos, es esencial para una presentación efectiva.

▹ Apela a las emociones

Toda acción legal se origina a partir de una historia con personajes que tienen emociones y sentimientos que los han llevado a actuar de cierta manera. Es vital que transmitas al tribunal las preocupaciones y dificultades que ha experimentado tu cliente durante el proceso. Habla de cómo tu cliente ha sufrido y cómo se siente afectado por la situación. También puedes destacar las esperanzas que tu asistido tiene en relación con el resultado del caso.

Asimismo, relata cómo este evento ha impactado profundamente en la vida de tu cliente, cambiando su perspectiva o enseñándole lecciones valiosas. También puedes hablar sobre cómo la resolución del caso podría afectar a la sociedad en general.

Al abordar estos temas, utiliza ejemplos concretos y contextuales. Tu objetivo es hacer que el tribunal empatice con tu cliente y comprenda plenamente su situación. Sé respetuoso, pero directo al tratar asuntos éticos y morales relacionados con el caso.

▹ Aplicación de la ley

Es crucial vincular el caso con la ley de manera clara y precisa. Demuestra cómo tu argumento se ajusta o difiere de las disposiciones legales relevantes. Evita dar explicaciones excesivamente técnicas o extensas sobre cuestiones jurídicas. En cambio, presenta sus argumentos de manera concisa y enfocada.

Es importante que tenga en mente que el juez ya posee un conocimiento sólido del derecho. No subestime su comprensión. En lugar de ello, muestra respeto por su tiempo. Finaliza esta sección con una declaración impactante o una frase relevante e impactante que refuerce tu argumento.

▹ Justifica y expresa el veredicto que deseas obtener

En el tramo final de tu exposición, motiva al tribunal para que emita un veredicto a tu favor. No supliques, si no presenta argumentos sólidos que respalden tu posición. Explica por qué tu solicitud es justa, basada en los hechos y la ley. Relaciona tus peticiones con las necesidades de las partes involucradas y de la sociedad en general.

Procura hacer hincapié en que tu solicitud es razonable y que no está impulsada por emociones negativas o deseos de venganza. Más bien, demuestra que está buscando una solución civilizada y justa de acuerdo con los valores y la legalidad.

Concluye tu argumento de manera respetuosa, pero muy convincente. Primero, justifica tu acción o defensa, estableciendo una clara conexión entre los hechos y la ley. Luego, demuestra que ha actuado con razonabilidad y sin excesos en tus peticiones. Finalmente, identifica con claridad y responsabilidad el resultado deseado.

Al despedirte, hazlo con la satisfacción de haber presentado tus mejores argumentos como litigante, con la esperanza de que el tribunal tome una decisión justa y equitativa.

CONSEJO PROFESIONAL

Convierte el caso en algo sobre lo que valga la pena decidir, eso te convertirá en un artista de la litigación oral.

DECLARACIONES PREVIAS: UNA VENTAJA EN TU ESTRATEGIA

¿CÓMO Y POR QUÉ DEBEN USARSE EN EL JUICIO ORAL?

Son una herramienta útil de la litigación oral que nos permite reproducir el pasado para confirmar nuestra posición.

Las declaraciones previas son relatos y manifestaciones hechas por testigos en relación a los hechos, circunstancias o la participación de los acusados en un evento. Estas declaraciones se hacen bajo juramento ante un funcionario público y son fundamentales para comprender los detalles del caso.

Este tema resulta crucial para los abogados litigantes, ya que representa una de las excepciones a la regla de oralidad, contradicción e inmediación en los procedimientos judiciales.

En un proceso acusatorio adversarial, a diferencia del inquisitivo mixto, se prohíbe la incorporación de pruebas por lectura. En este último sistema, solía permitirse la incorporación de testimonios sin la presencia del testigo, lo que afectaba los principios de oralidad, inmediación y contradicción. Las actas testimoniales suelen estar redactadas por oficiales de policía, lo que a menudo introduce términos técnicos que no pertenecen al testigo, dificultando la interpretación precisa de los hechos.

Además, estas actas suelen carecer de detalles esenciales sobre el testigo, como su estado físico, que sólo se pueden extraer durante el interrogatorio directo.

Paralelamente, este enfoque afecta los derechos fundamentales de la defensa en juicio, el debido proceso y la presunción de inocencia. Es en este contexto donde el proceso acusatorio adopta una postura más justa, exigiendo testimonios presenciales durante el juicio oral.

Recordemos que la credibilidad de un testimonio radica en los detalles proporcionados por el testigo, los cuales son fundamentales para la construcción de pruebas en casos de relevancia.

Las declaraciones previas son una herramienta esencial que fortalece tu estrategia legal y tu búsqueda de justicia.

Recapitulación del trabajo del abogado

Como abogado, has pasado por varias etapas antes de llegar al juicio oral. En primer lugar, investigaste tu caso, lo que significa que conoces a los testigos que declararán a favor de tu teoría del caso, así como a aquellos que declararán en tu contra. Los has investigado y entrevistado, como se sugiere en las prácticas de litigación oral. Sin embargo, es importante recordar que durante el juicio oral, los eventos pueden no desarrollarse exactamente como los habías previsto.

Durante el interrogatorio a los testigos, tu enfoque inicial es utilizar preguntas abiertas dirigidas al testigo que apoya tu teoría del caso. En esta etapa, debes presentar al testigo ante el juez y los miembros del tribunal para establecer su credibilidad. Debes responder a las preguntas generales de la ley para demostrar que el testigo no tiene ningún interés en el resultado del juicio.

Una vez que hayas establecido su credibilidad, procederás a abordar dos aspectos principales:

1. El primero se refiere a la percepción interna, que aborda las aptitudes físicas del testigo, como su visión, audición y otros sentidos.
2. El segundo aspecto es la percepción externa, que se relaciona con los hechos en sí. Esto incluye las condiciones de visibilidad, el horario en

que ocurrieron los hechos y cualquier otro detalle contextual relevante en la escena del crimen.

Por lo tanto, como abogado litigante, debes comprender cómo y en qué contexto puedes utilizar declaraciones previas que tengas en tu expediente. Esto es crucial mientras interrogas a un testigo, **incluso si eres el que lo ha ofrecido como testigo.**

Tipos de declaraciones previas

Las declaraciones previas también pueden tomar la forma de escritos de pasada memoria. Estos escritos son elaborados por el propio declarante y se adjuntan al expediente. Por lo general, esto se hace a través de una declaración testimonial o bajo juramento.

Los escritos de pasada memoria pueden variar, desde documentos escritos a mano hasta documentos privados, expedientes administrativos, fotografías, mensajes multimedia, y más. No obstante, siempre es necesario autenticarlos. Esto implica que el declarante, sobre quien se desea hacer valer esta información, debe reconocerlo como propio y confirmar su relación con los hechos investigados, o tal confirmación debe provenir de una fuente confiable con capacidad de verificación.

La función de la declaración previa en el litigio

¿Por qué recurrir a una declaración previa?

La respuesta radica en la estrategia que estés siguiendo. Las declaraciones previas se consideran una última opción, utilizada cuando el abogado no puede de otro modo obtener información crucial para respaldar su teoría del caso.

Lo que quiere decir: no puedes simplemente recurrir a estas declaraciones porque no sepas qué preguntas hacer. De hecho, hacerlo de esta manera estaría prohibido y sería motivo de objeción.

Un abogado estratega toma la decisión de utilizar estas declaraciones al sopesar cuidadosamente los beneficios y las desventajas. El abogado comprende que al recurrir a estas declaraciones la credibilidad del testigo se verá afectada, ya que los jueces y los miembros del jurado pueden cuestionar su testimonio.

El uso de las declaraciones previas implica un enfoque meticuloso y analítico en el que debes evaluar cuidadosamente los costos y beneficios involucrados.

Motivos para utilizar declaraciones previas

1- Refrescar la memoria del testigo		
Objetivo Fortalecer puntos clave de la teoría del caso.	Método Utilizar declaraciones previas para recordar al testigo información crucial.	Importancia Contribuye a la coherencia y precisión de los testimonios.
2- Atacar la credibilidad del testigo		
Escenario Cuando el testigo presenta contradicciones o variaciones en sus declaraciones a lo largo del proceso judicial.	Acción del abogado Utilizar las declaraciones previas para señalar inconsistencias y cuestionar la credibilidad del testigo.	Importancia Desafía la fiabilidad del testimonio y afecta la percepción del testimonio por parte del tribunal.

- Refrescar la memoria del testigo

Esto se hace con el fin de fortalecer un punto específico en tu teoría del caso. Puedes recurrir a estas declaraciones previas para ayudar al testigo a recordar información crucial.

- Atacar la credibilidad del testigo

Las declaraciones previas son útiles cuando el testigo se contradice o proporciona declaraciones diferentes en distintas etapas del proceso judicial. Ante esta situación, el abogado debe tomar medidas para abordar la cuestión.

Recuerdo aquella audiencia como si fuera hoy, ya que fue la primera vez que puse en acción esta famosa técnica de la litigación oral.

Te cuento el caso: Viviana, la ex pareja de mi cliente Javier, lo había denunciado por ejercer violencia física y amenazarla en un supuesto contexto de violencia de género.

Por otra parte, mi asistido negaba los hechos y me aportó información importante sobre la realidad de los hechos. Por ejemplo, que Viviana había generado un escándalo sin fundamento, que cuando Javier llegó de su trabajo, Viviana le hizo una escena de celos, tras lo cual comenzó a agredirlo con un instrumento de cocina, dejándole lesiones en ambas piernas. Antes de finalizar su teatralización, tomó un bolso y comenzó a guardar sus pertenencias. Javier se mantuvo aislado para evitar que las agresiones se iniciaran nuevamente, tras lo cual Viviana se retiró ofuscada y a los gritos del hogar donde habían convivido durante 8 años, llevándose escondida entre sus pertenencias, los ahorros recientemente heredados por Rubén, una importante cantidad en moneda extranjera.

La coartada de Viviana consistía en dar el primer golpe, por lo que caminó unas diez cuadras, luego tomó un taxi para dirigirse al hospital que quedaba justo a la vuelta de la casa en la cual vivía con Javier. Allí se presentó con algunos rasguños en su cara, alegando que Javier la había agredido, razón por la cual el personal del hospital dio aviso y se inició la investigación por violencia familiar, siendo la jueza de familia quien ordenó rápidamente que se notifique a Javier de la medida de restricción que pesaba en su contra.

Mientras tanto también de oficio se inició una causa penal en contra de javier, a quien como ya dijimos en otros capítulos nadie le creería que en lugar de ser el victimario de esta historia, Javier había sido víctima de agresiones, de violencia familiar, lesiones físicas y hurto de una importante suma de dinero, además de la estafa emocional padecida y las falsas acusaciones que pesaban en su contra.

Por lo tanto, una de nuestra tarea como abogados consistía en acreditar que Viviana había planificado arteramente los pasos que debía realizar para dejar a Javier totalmente absorto e indefenso. No descarto, lamentablemente, que algún colega le haya "comentado" acerca de las ventajas que se obtienen en la justicia al denunciar a un hombre supuestamente agresor.

Producto de nuestra investigación descubrimos, entre otras cosas, que al salir del departamento que compartían, varios vecinos la vieron cara a cara sin que advirtieran ninguna lesión en el rostro de Viviana.

Pero lo más curioso fue descubrir que en medio de esas acusaciones, supuestamente lesionada, Viviana había decidido utilizar los pasajes que Javier había reservado para viajar juntos a celebrar su aniversario.

Alojándose además en el hotel. Todo a los pocos días del escándalo y de la denuncia formulada.

Tan feliz estaba Viviana con el obsequio que era para ambos, pero que usó aparentemente sólo, que encontramos una publicación en su perfil de Facebook a través de la cual agradeció a Javier (con nombre y apellido) su regalo: textualmente la publicación decía: "Gracias mi amor por este regalo, te amo", acompañado de una fotografía en la cual podía apreciarse de lleno el rostro de Viviana y de fondo el avión que la llevaría al feliz destino.

Durante la etapa de investigación acreditamos los informes de la compañía de viajes a través de la cual mi cliente había comprado los pasajes de avión y contratado el hotel, así como las capturas de Facebook previamente certificadas.

Con esos documentos en la mano procedimos a contra examinar a Viviana, quien en primer lugar negó la existencia de ese viaje que finalmente tuvo que reconocer.

Pero el momento más espectacular sucedió cuando confrontamos su testimonio con las publicaciones tomadas de su perfil de Facebook (escrito de pasada memoria). Verdaderas declaraciones de amor y una fotografía de rostro pleno que no reflejaba ninguna de las lesiones referidas en su denuncia.

De esa manera, gracias a la investigación previa y utilización de las declaraciones previas, pudimos enfrentarnos cara a cara con Viviana y sus mentiras, revelando la triste realidad, que es que Javier había sido víctima de una falsa acusación.

Gracias al trabajo en equipo con Javier celebramos que haya sido absuelto de los cargos que enfrentó injustamente.

Usos de las declaraciones previas

Refrescando la memoria del testigo

Uno de los usos más comunes de las declaraciones previas en el tribunal es emplearlas para refrescar la memoria de un testigo. Imagina esta situación: estás llevando a cabo un interrogatorio directo y estás haciendo preguntas abiertas a uno de los testigos que has presentado. Sin embargo, te das cuenta de que este testigo no recuerda algunos detalles clave. En este punto, es cuando puedes recurrir a las declaraciones previas.

Conviene aclarar que no puedes simplemente comenzar a leer en voz alta la declaración previa del testigo. En cambio, debes demostrar tu teoría del caso narrando la historia de tu testigo y utilizando las declaraciones previas como apoyo.

Aquí te explicaré qué pasos debes seguir:

→ **Paso 1.** Comienza mostrando que el testigo tiene problemas de memoria. La forma más efectiva de hacerlo es mediante preguntas cerradas sobre los detalles que el testigo no puede recordar. Por ejemplo, podrías preguntar: "¿De qué color era el auto?" a lo que el testigo responderá "No lo recuerdo".

→ **Paso 2.** Ahora, establece que el testigo hizo una declaración previa en la que describía los eventos con mayor claridad y detalle. Esto sugiere que en el momento de hacer esa declaración, los eventos presenciados estaban más frescos en su memoria, lo que facilitaba su recuerdo.

→ **Paso 3.** El último paso es demostrar que la declaración previa es un documento público. El testigo la ha leído y la ha firmado, lo que no deja lugar a dudas de que fue él quien proporcionó esa declaración en primer lugar. Al mostrar este documento durante el juicio, lograrás refrescar la memoria del testigo, lo que es fundamental para establecer tus argumentos de manera sólida en el tribunal.

Diálogo ejemplificativo

(A- Abogado/B- Testigo)
A- ¿De qué color era el auto?
B- No recuerdo.
A- ¿Usted ha hecho una declaración ante la comisaría?
B- Sí.
A- ¿Usted le contó al policía lo que vio?
B- Sí.
A- ¿Esto fue inmediatamente luego de que sucedieron los hechos?
B- Sí.
A- ¿Al ver al acusado huir del lugar?
B- Sí.
A- Y usted le dio información importante al policía que ayudó a poder capturarlo.

B- Así es.
A- ¿Usted declaró en la comisaría?
B- Sí.
A- Luego de declarar, ¿leyó y firmó el acta?
B- Sí.
A- Si yo le mostrara esa declaración, ¿usted podría reconocerla?
B- Sí, por supuesto.

En este diálogo, apreciarás que el abogado está empleando preguntas sugestivas, una de las excepciones permitidas durante el interrogatorio directo. Una vez que hemos introducido la declaración previa proporcionada por el testigo, procederemos a preguntar si esta declaración le ayudó a recordar con mayor precisión los hechos presenciados.

Al lograr establecer la utilidad del documento, podemos pasar a preguntar detalles específicos, como, por ejemplo: "¿De qué color era el auto?" El testigo responderá proporcionando el color, en este caso, "el auto era rojo", lo que nos ayuda a completar los vacíos en su narración.

Después de aclarar esto, el abogado puede optar por concluir el interrogatorio directo o continuar explorando otros aspectos del testimonio. Es importante destacar que no podemos volver a utilizar la declaración previa con fines de refrescar la memoria del testigo, ya que esto podría llevar al juez y al jurado a cuestionar si el testigo realmente presenció los hechos.

Refiriéndonos nuevamente a los escritos de la pasada memoria, el procedimiento para hacer valer esta prueba será el mismo que utilizamos en las declaraciones previas.

Incorporación de información proporcionada por el testigo presentado por la parte adversa

A veces, los testigos pueden ofrecer declaraciones que, aunque favorezcan más a una teoría del caso que a otra, contienen información útil para nuestro argumento. Podemos utilizar la declaración previa del testigo para mostrar los hechos desde una perspectiva diferente o para resaltar aspectos específicos que el testigo no recuerda durante el juicio, lo que pone en duda la certeza de su testimonio.

Evidenciar contradicciones durante el contrainterrogatorio

En esta situación, el testigo proporciona información que varía según quién lo interroga. Al detectar contradicciones entre las declaraciones previas y las respuestas dadas durante el juicio oral, el abogado debe señalarlo. El juez y el jurado no pueden identificar por sí mismos estas contradicciones, ya que no han tenido acceso a las declaraciones previas. Por lo tanto, es responsabilidad del abogado destacar estas discrepancias.

Para hacerlo de manera efectiva, el abogado debe seguir estos pasos:

➔ Primero, demostrar que el testigo se encuentra en un error, confundido o contradiciéndose.

➔ Luego, se guiará al testigo a través de una serie de preguntas que lo llevarán al momento en que hizo su declaración previa, y posteriormente, se le pedirá que lea en voz alta la sección específica que no concuerda con su testimonio actual.

➔ Es crucial que el testigo lea su propia declaración en voz alta para que el juez y el jurado puedan percibir con claridad las inconsistencias en su testimonio.

Este procedimiento es fundamental para mantener la integridad del proceso y garantizar que el testimonio sea lo más preciso posible.

Durante el interrogatorio o contrainterrogatorio a peritos o expertos

En el proceso de interrogar o contraexaminar a peritos o expertos, resulta invaluable hacer uso de las declaraciones previas.

Dichas declaraciones no sólo pueden evidenciar contradicciones, sino también ayudar a destacar ciertas limitaciones en los procedimientos científicos seguidos por el perito.

Recordemos que los datos contenidos en un informe pericial se obtienen a través de métodos científicos que, si bien son rigurosos, no son infalibles. En este sentido, es crucial resaltar estas cuestiones durante el interrogatorio del experto, ya que concluir culpabilidad basada en un 30% de duda no es una práctica justa.

A su vez, la introducción del informe se maneja de manera similar a lo que hemos discutido previamente. Se procederá a cuestionar al perito acerca de un dato específico del informe. Si este dato contradice las declaraciones actuales, se presentará el informe para su revisión. Posteriormente, se le preguntará si reconoce el informe, si lo redactó y si lo firmó. Una vez que el perito confirme su autoría, el abogado solicitará que lea la parte relevante del informe para respaldar el punto en cuestión.

Es importante tener en cuenta que no es necesario concluir la contradicción de manera argumentativa por parte del litigante. Una vez que el perito haya leído la sección resaltada, se puede continuar con otros temas de interrogatorio o, si es apropiado, concluir la ronda de preguntas.

En situaciones en las que el perito utiliza un lenguaje técnico y complejo en su testimonio, en comparación con el informe presentado, el abogado puede recurrir a las declaraciones previas y al informe para aclarar puntos oscuros, ambiguos o de difícil comprensión.

Demostrar la consistencia del testigo

Esta estrategia se emplea para demostrar que las declaraciones de un testigo han sido coherentes a lo largo de las diversas etapas del proceso judicial. Es particularmente útil al tratar con testigos vulnerables, como los ancianos, cuyas condiciones de percepción a menudo son cuestionadas debido a su avanzada edad.

En consecuencia, se puede recurrir a las declaraciones previas del testigo para respaldar su credibilidad y fortalecer su testimonio, especialmente cuando el abogado adversario intenta cuestionar su capacidad de percepción debido a su edad avanzada. La consistencia en las declaraciones previas del testigo puede ser un poderoso argumento para mantener su credibilidad.

A modo de resumen:

☞ Entendamos que los principios del proceso acusatorio nos imponen una regla fundamental.

Cualquier fuente de información relacionada con un hecho bajo investigación debe comparecer ante el tribunal y exponer todo lo que haya presenciado. Aquí radica la esencia de nuestra labor como abogados litigantes: establecer las bases de la credibilidad.

☞ Cuando llega el momento de interrogar a un testigo, tu tarea principal es demostrar que existen sólidas razones para creer en su testimonio, o en su defecto, que no se pueden encontrar tales razones.

La clave radica en subrayar la importancia de llevar a cabo una exhaustiva labor de investigación y, por supuesto, en la relevancia de mantener una entrevista previa con el testigo. Este paso es crucial para evitar contradicciones y conflictos innecesarios durante el interrogatorio.

☞ Una herramienta valiosa en tu arsenal son las declaraciones previas.

Estas pueden emplearse para demostrar la consistencia o, por el contrario, las incongruencias en el testimonio del testigo, de acuerdo con la estrategia que estás siguiendo en el juicio.

☞ Asimismo, los informes periciales se convierten en valiosos aliados.

Pueden utilizarse para resaltar datos clave o evidenciar contradicciones a medida que interactúas con los peritos durante el interrogatorio o el contrainterrogatorio.

Mantener una estrategia clara y un enfoque meticuloso en la credibilidad y coherencia de los testimonios es esencial en el camino hacia el éxito en el litigio.

Cada paso que tomes, desde la investigación hasta el juicio, debe estar orientado a fortalecer tu posición y demostrar de manera convincente la verdad detrás de tu teoría del caso.

CONSEJO PROFESIONAL

"Analiza al testigo, sus declaraciones previas, opiniones vertidas en cualquier medio y los escritos de pasada memoria para hallar aquello que pareciera inhallable". DH

INTRODUCCIÓN DE EVIDENCIA MATERIAL
EL PODER DE LA PRUEBA

CÓMO UTILIZAR LA EVIDENCIA MATERIAL PARA CAUSAR IMPACTO Y DEJAR UNA IMÁGEN INOLVIDABLE

La presentación de evidencia material en el juicio oral es una herramienta fundamental para una litigación exitosa. Estos elementos probatorios son cruciales para demostrar la autoría, el móvil, la relación entre las partes, o incluso para establecer la credibilidad de testigos y peritos que declararán o ya lo han hecho en el juicio.

De esta manera, servirán para desmentir o ratificar las declaraciones realizadas sobre el caso en cuestión y, como fin último, respaldar la teoría del caso de cada parte.

Pero, ¿qué son las evidencias materiales?

Las evidencias materiales, a diferencia de las declaraciones previas que pertenecen a testigos, peritos y partes, se refieren a objetos o documentos relacionados con los hechos en investigación. Estos elementos pueden ser instrumentos públicos o privados y desempeñan un papel crucial en el juicio oral.

Las evidencias no hablan por sí solas.
Entonces, ¿cómo hacemos para hacer hablar a las evidencias?

Es importante comprender que la evidencia material no transmite un valor —claro y patente— al juez y el jurado, a menos que sea debidamente introducida. Para ello es necesario que sea presentada durante el interrogatorio directo o el contrainterrogatorio. Este proceso se aplica tanto a los peritos como a los testigos y sigue principios fundamentales que rigen esta actividad.

Principios rectores de esta práctica	
Principio de Libertad Probatoria	Un abogado litigante tiene la libertad de incorporar cualquier tipo de evidencia que considere relevante para los hechos en cuestión, las partes involucradas, sus motivaciones, o incluso para cuestionar la credibilidad de los testigos. Por lo tanto, cada litigante, independientemente de su afiliación, debe recopilar su propio conjunto de información con el propósito de identificar todos los elementos que respalden su teoría del caso.
Principio de Desconfianza	Este principio permite cuestionar cualquier afirmación hecha por las partes involucradas. En otras palabras, lo que alega un litigante no se considera prueba en el juicio a menos que se someta a las reglas del examen directo y el contrainterrogatorio. Estas reglas establecen que toda evidencia presentada en el juicio debe estar sujeta a confrontación y contradicción por parte del adversario.

Con base en estas dos premisas fundamentales, es esencial que un abogado estratega siga un plan cuidadosamente trazado al preparar las declaraciones de testigos y peritos. Esto implica la elaboración tanto del interrogatorio directo, que busca establecer la credibilidad y los hechos a favor de su teoría del caso, como del contrainterrogatorio, que busca poner en duda la credibilidad y los argumentos presentados por la otra parte.

La efectiva ejecución de este plan resulta crucial para presentar una defensa sólida y persuasiva ante el tribunal.

Del mismo modo, la habilidad para presentar estas pruebas materiales en el juicio oral es una destreza esencial para cualquier abogado. Depende en gran medida de la creatividad y perspicacia del litigante encontrar y utilizar estos elementos para respaldar su teoría del caso. Es importante señalar que esta evidencia material debe haber sido presentada previamente durante la etapa de investigación, donde se autenticó y se le dio la oportunidad a la parte contraria de confrontarla. En otras palabras, ya está en el expediente del juicio.

En este sentido, vamos a explorar una técnica que nos permitirá incorporar esta evidencia material en el juicio oral a través de la declaración de un testigo o perito.

Pasos para lograr la autenticación

El grado de acreditación requerido variará según el tipo de evidencia que estemos tratando. Si estamos hablando de una evidencia encontrada en la escena del crimen, esta deberá cumplir con rigurosos estándares, como la cadena de custodia, para ser considerada auténtica. Por otro lado, un hecho de notoriedad pública, ampliamente conocido y aceptado por la sociedad, requerirá menos comprobación.

Sin embargo, cuando se trata de evidencia reunida y presentada por un litigante en el juicio oral, el nivel de autenticación es más riguroso. Durante la etapa previa al juicio, se deben cumplir varios pasos para demostrar la relación del testigo con los elementos probatorios presentados.

→ ¿Qué significa ser un *testigo idóneo*?

Un testigo idóneo es aquel que tiene una relación directa y relevante con la evidencia material presentada. Esta relación es fundamental y se convierte en el enfoque central del litigante durante el juicio oral.

La habilidad del abogado radica en citar a testigos que sean idóneos para establecer y demostrar la autenticidad de los elementos probatorios exhibidos. En otras palabras, se debe elegir cuidadosamente a los testigos que puedan contribuir a la acreditación de la evidencia material.

El éxito en la presentación de evidencia material en el juicio oral depende no sólo de encontrar y autenticar dicha evidencia, sino también de la capacidad del litigante para conectar de manera efectiva esta evidencia con los testigos idóneos. La destreza en este proceso es esencial para construir una teoría del caso sólida y persuasiva.

Etapas para una introducción efectiva de evidencia material

1. Etapa de investigación

En esta primera etapa, nos adentraremos en la investigación. Debemos introducir la evidencia material antes de llegar al juicio oral. Esto tiene un doble propósito: establecer su autenticidad y veracidad, y dar la oportunidad al adversario de confrontarla, objetarla o solicitar su exclusión. Es fundamental comprender que no puedes sorprender a nadie en el juicio con pruebas nuevas.

Para garantizar un proceso justo y equitativo, las partes no pueden ocultar información. Deben presentarla durante las etapas previas al juicio. Esta etapa es crucial para evitar sorpresas y asegurar que todos los involucrados juegan con reglas claras.

2. Etapa de preparación previa al juicio oral

La segunda etapa se enfoca en la preparación para el juicio oral. Recordemos: No estamos allí para descubrir la verdad, sino para demostrarla. Por ello, tenemos que saber esto: *cómo, cuándo, dónde* y *quién*. Un abogado estratega determina qué testigo citar y cómo presentar la evidencia material. Esto es primordial, puesto que el orden de presentación es fundamental.

El proceso acusatorio adversarial nos brinda la oportunidad de entrevistar a los testigos antes del juicio. Durante esta entrevista previa, debemos abordar la evidencia material: el qué, cómo, cuándo, dónde y cómo expresar esta información. La práctica en la introducción de la evidencia material y la preparación del testigo para el contraexamen son esenciales en esta etapa.

> *No se puede introducir información que nuestro testigo desconoce, ya que esto constituye falso testimonio y mala praxis procesal.*

Asimismo, durante esta etapa de preparación, también abordaremos las fortalezas y debilidades. Las debilidades pueden estar relacionadas con

- el levantamiento de la evidencia,
- la cadena de custodia,

- la autenticidad de instrumentos públicos,
- la autoría de instrumentos privados, entre otros.

Es por esto que un litigante líder se prepara para enfrentar cualquier escenario en el juicio oral.

Etapa de introducción de evidencia material en el juicio oral

Cuando nos enfrentamos a la tarea de interrogar a un testigo en un juicio, se deben emplear diversas técnicas proporcionadas por el interrogatorio directo. Estas técnicas incluyen preguntas abiertas, preguntas cerradas y, en casos específicos, preguntas sugestivas.

Mediante el interrogatorio, nuestro objetivo principal es demostrar que el testigo posee un conocimiento sólido y relevante sobre el tema que planeamos presentar ante el tribunal. Las preguntas abiertas nos brindan la oportunidad de permitir que el testigo introduzca información valiosa.

» A continuación, te presento los pasos clave a seguir durante el interrogatorio para introducir evidencia material:

1. Acreditar la identidad del testigo: el primer paso es establecer la identidad del testigo como persona confiable y creíble ante el tribunal.
2. Establecer su credibilidad: es fundamental demostrar que el testigo es una fuente creíble de información. Esto incluye su capacidad para recordar y proporcionar detalles precisos.
3. Acreditar el conocimiento sobre el objeto de prueba: durante el interrogatorio, debemos asegurarnos de que el testigo tenga un conocimiento profundo y específico sobre el objeto de prueba que deseamos presentar. Esto respaldará la relevancia de la evidencia material para nuestro caso.

Resulta necesario hacer hincapié en que la evidencia material no solo puede ser utilizada durante el interrogatorio directo, sino que también desempeña un papel fundamental en el contraexamen.

La habilidad para manejar efectivamente la introducción de evidencia material en el juicio oral es un componente crucial para respaldar nuestra teoría del caso. A través de un interrogatorio estratégico, podremos presentar de manera efectiva esta evidencia para fortalecer nuestros argumentos y alcanzar los objetivos que nos hemos propuesto.

¿Por qué se permite la introducción de evidencia material en el juicio oral?

La evidencia material ejerce una influencia significativamente más persuasiva y duradera en la memoria de los jueces y el jurado en comparación con las palabras solas. Estos elementos tienen el poder de dejar una impresión imborrable en la mente de quienes deciden el caso, permitiéndoles visualizar y revivir los momentos precisos en que se desarrollaron los hechos.

La evidencia material nos transporta al corazón de los acontecimientos.

En el pasado —cuando no estaba establecido el proceso acusatorio— los abogados a menudo solicitaban que se presentara la evidencia material antes de poder darle un significado y un contexto durante su alegato de clausura.

En la actualidad, la dinámica es diferente y es esencial proporcionar una explicación detallada de la evidencia material: su contenido, su relación con los testigos, y su vinculación con la teoría del caso del litigante. Estos aspectos se logran a través de la acreditación del testigo y su testimonio. Una vez que la evidencia se introduce siguiendo estos procedimientos, está disponible y a disposición del litigante para su uso en el proceso.

Lo anterior significa que una vez que un testigo calificado ha autenticado la evidencia material, esta puede ser utilizada nuevamente con otros testigos y peritos sin necesidad de repetir el proceso de acreditación.

Evidencia que no cumple con la condición de mayor autenticación

Pero, ¿qué ocurre cuando el litigante busca respaldarse en evidencia que no cumple con esta condición de alta autenticación? Puede tratarse de instrumentos públicos, documentos privados, grabaciones, fotografías, conversaciones de

WhatsApp, publicaciones en redes sociales e incluso elementos físicos, como prendas de vestir.

En estos casos, los pasos de acreditación son igualmente cruciales. Primero, es necesario presentar un testigo competente. Luego, se establecen las bases de conocimiento que este testigo posee sobre el elemento probatorio en cuestión. En tercer lugar, se solicita el elemento probatorio específico para su exhibición, primero al abogado adversario y después al testigo, quien debe reconocerlo.

Por otro lado, con relación a los documentos escritos, se procede a lectura, que puede ser total o parcial, dependiendo de la naturaleza del elemento probatorio que se pretende utilizar.

Este proceso meticuloso y estratégico garantiza la presentación adecuada de la evidencia, independientemente de su forma o tipo, y contribuye a la construcción de una narrativa sólida.

Recuerda siempre que, como litigante, cada paso que das en el proceso de introducción de evidencia es trascendental para el éxito de tu caso. La habilidad para utilizar efectivamente la evidencia material y testimonial es un arte que puede marcar la diferencia en la búsqueda de la justicia.

CONSEJO PROFESIONAL

➤ Planificar cuál de las evidencias que ofreciste en la etapa de investigación va a ser utilizada en el juicio oral, teniendo en mente los principios de inmediación y de economía procesal. Tendrás que ser muy selectivo con los elementos probatorios, así como con los momentos más adecuados para ser utilizados. Todas estas decisiones son estratégicas por lo que deben estar ligadas con el plan y la teoría del caso.

➤ Durante el análisis previo, para determinar la pertinencia de la evidencia material, debes tener en cuenta las fortalezas y debilidades de dicha decisión. Esto significa que requieres estar preparado para atacar y defender sobre las declaraciones que haga tu adversario sobre dicha evidencia material.

➤ Es importante que planifiques las preguntas que le vas a hacer al testigo para introducir la evidencia.

➤ No tienes que dejar el trabajo de introducir evidencia material para el final. En primer lugar, porque daría la idea al juez y al jurado de que estos elementos no son tan importantes y en segundo por el riesgo a que te olvides de utilizarlas. Debes analizar cuál sería el momento oportuno para la introducción de la evidencia, el momento en el que cause un mayor impacto en el tribunal y le dé más solidez a tu teoría del caso.

➤ La utilización de los objetos debe adecuarse al ritmo y contenido de tu historia.

Recordemos que utilizamos estos objetos porque causan impacto; una imagen vale más que mil palabras, además se graba con mayor facilidad en la memoria de las personas.

Ejemplos destacados de evidencia material en acción

- Víctima: Priscila Molina
- Acusado: Juan Manuel

En una escena del crimen se han secuestrado dos elementos muy importantes, uno de ellos es un llavero con seis llaves y una medalla y el otro es una cadenita que contiene las iniciales JM encontradas cerca del cuerpo de la víctima. Estos elementos fueron hallados por el oficial de policía Raúl Rodríguez que está declarando en el juicio.

En este momento nos encontramos ante dos proposiciones fácticas distintas. La fiscalía dice que la cadenita le pertenece al acusado Juan Manuel ya que las iniciales coinciden. El segundo de los elementos secuestrados, según lo que entiende la fiscalía, también pertenecían al acusado y había sido dado por la víctima de manera voluntaria.

La fiscalía va a citar al perito encargado de levantar parcialmente los rastros de la escena del crimen para que establezca la correspondencia del ADN, por medio de la huella dactilar, con la del acusado.

Por otro lado, la estrategia de la defensa va a ser darle otro significado a las mismas evidencias. Con respecto a la cadenita encontrada va a negar que sea del acusado para afirmar que en realidad le pertenece al hermano de la víctima llamado Juan Molina. En cuanto a las llaves la defensa va a tratar de impugnar el levantamiento de rastros y la vinculación que tienen con su defendido, además alegara que si bien le pertenecen a su cliente fueron robadas en su lugar de trabajo.

Interrogatorio por parte de la fiscalía al policía Raúl Rodríguez

(Su experiencia fue acreditada como lo visto en la escena del crimen)

—En el lugar de los hechos, ¿encontró algún elemento que le haya llamado la atención y que haya secuestrado para presentarlo a la fiscalía?

—Sí, secuestré una llave, una cadenita, un almohadón y una linterna.

—Vamos hablar en primer lugar de la cadenita encontrada, ¿dónde la encontró?

—La encontré caída en el piso junto al cuerpo de la víctima que se encontraba recostada en la cama.

—¿Cómo era la cadenita?

—Era una cadenita plateada con dos medallas que tenían unas iniciales.

—Sí yo le exhibo esa cadenita, ¿usted podría reconocerla?

(Permiso a su señoría para exhibirle al testigo la evidencia marcada como A2, procedo a exhibírsela a mi adversario y luego paso a mostrársela al testigo)

—¿Reconoce esta evidencia?

—Sí, la reconozco.

—¿Por qué la reconoce?

—Porque estaba ensobrada, tiene el rótulo y la fecha del crimen, además ahí está mi firma.

—Háblenos de la cadenita entonces, ¿Cuáles son las iniciales que tiene?

—Las iniciales son JM.

—¿Por qué la levantó?

—Porque el lugar en el que se encontraban me pareció sospechoso, además noté que estaba rota lo que me dio la pauta de que hubo un posible forcejeo entre la víctima y el acusado, que además ellos ya se conocían.

—¿Qué información pudo obtener a partir de la investigación preliminar que realizó? ¿Quién era el dueño de esa cadenita para usted?

—De las averiguaciones que hice con testigos, vecinos de la víctima Priscila, pude determinar que ella tenía una pareja o amigo íntimo que se llamaba Juan Manuel. Por eso me comuniqué con la fiscalía para solicitar su detención.

(Fin de la introducción de la evidencia material de la cadena con iniciales)

—Usted también me dijo que halló un manojo de llaves en la escena del crimen.

(Puedo proceder a exhibir la evidencia o preguntarle ciertas precisiones de estas; una vez cumplido los pasos de acreditación que vinculan al testigo con la evidencia vuelvo a pedir permiso para mostrar la evidencia marcada como A4)

—¿Dónde encontró estas llaves?

—Las encontré en el último peldaño de la escalera que conducía a la habitación en donde se encontraba el cuerpo de la víctima.

—¿Y usted hizo algo con esas llaves?

—Sí, antes de ensobrarla, con los guantes pues por supuesto, intente ver si las llaves abrían alguna de las puertas de la casa.

—¿Y qué pudo descubrir?

—Descubrí que dos de las cinco llaves que contiene el llavero abrían las puertas de la casa.

—Cuando usted ingresó, ¿las puertas de la vivienda se encontraban abiertas o cerradas?

—Cuando llegué la puerta de entrada se encontraba cerrada con la llave puesta del lado de adentro. Lo que también encontramos fue la puerta del garaje abierta

—¿Esta llave pudo haber sido utilizada para ingresar a la vivienda?

—Sí.

(A partir de este punto puedo pasar a otros tramos de la proposición fáctica relacionado con la autoría)

—¿Se logró determinar a quién le pertenecía las llaves?

—El rastro de ADN concordó con el del acusado.

(Es aconsejable terminar el interrogatorio en la parte más fuerte, como por ejemplo esta).

Luego, la fiscalía pide a su señoría la incorporación de la evidencia A1 y A2 como prueba en el juicio.

Contra examen de la defensa al policía Raúl Rodríguez a través de preguntas sugestivas. *(Estrategia de la defensa: demostrar la inocencia de su cliente alegando perjuicios por parte de sus acusados y alegando la posibilidad de otro culpable).*

—Hablemos de la cadenita sobre la que conversó con el fiscal, ¿esa cadenita entonces estaba rota al momento de ser encontrada?

—Sí.

—¿La encontró en el suelo del lado de los pies de la víctima?

—Así es.

—¿Y las iniciales que vio en la cadenita eran las de JM?

—Sí

—¿Y que a partir de esas iniciales y sus investigaciones usted determinó que la cadenita le pertenecía a Juan Manuel?

—Sí.

—¿Esa cadenita no tenía apellido o fecha de nacimiento?

—Así es, no tenía.

—¿A partir del hallazgo de esa esa cadenita le pido al fiscal la detención de mi asistido?

—Sí

—Cuando usted se entrevistó con mi cliente él le negó conocer esa cadenita

—Sí.

—También mi cliente le mencionó que la víctima tenía un hermano con las mismas iniciales, Juan Molina.

—Sí.

—Sin embargo usted no pidió la detención de él o procedió a investigarlo.

—No, no lo hice.

—No hay más preguntas.

(A partir de acá la defensa pasa a contrainterrogar sobre la evidencia marcada como A3, las llaves).

—Ahora hablemos de las llaves, usted dijo que estas llaves fueron encontradas en el último peldaño de la escalera.

—Así es.

—Escalera que dirigía al cuarto en donde se encontraba el cuerpo de la víctima.

—Sí.

—Dijo que el llavero tenía cinco llaves de las cuales solo dos abrían las puertas de la casa de Priscila.

—Sí.

—Las llaves funcionaban correctamente

—Sí.

—Cuando usted hizo la investigación preliminar descubrió que el resto de las llaves no pertenecían a la vivienda.

—Sí

—Tampoco pudo determinar a quién le pertenecían esas llaves

—Sí.

—Lo que sí descubrió fue que otras personas tenían las llaves de la casa de Priscila.

—Así es

—¿Una era la madre?

—Sí.

—Y el otro era el hermano de la víctima

—Sí.

—Juan Molina, ¿verdad?

—Así es.

—Al momento de entrevistarse con los compañeros de trabajo de mi asistido, ¿pudo recolectar información relevante?

—Sí

—Y esos compañeros de trabajo le dijeron que mi asistido había perdido las llaves varios días atrás.

(La fiscalía podría objetar que la información que se busca es de oídas, suponiendo que la objeción no procede).

—Así es.

—Al momento de entrevistarse con mi cliente este le dijo que había visto esas llaves en el escritorio de uno de sus compañeros.

—Si, puede ser.

—Y que ese compañero era Juan Molina.

—Puede ser, no me acuerdo muy bien.

—Y ese compañero también es el hermano de la víctima.

—Sí, es el hermano.

(Doy por finalizado el interrogatorio)

Resolución del ejemplo

A partir de estos ejemplos se puede ver que hay cierta duda, que las pruebas no llevan a vincular a Juan Manuel como autor del crimen por lo que puede haber otro sospechoso. Se puede ver como en las dos evidencias halladas traen una gran duda sobre su correspondencia con el acusado, pero además buscan atacar el trabajo del testigo y de su prejuicio a partir del cual dirigió toda su investigación buscando incriminar a Juan Manuel.

¿CÓMO SE LE DEBE PREGUNTAR A UN TESTIGO HOSTIL?

¡ESTRATEGIAS PARA CONVERTIR LA HOSTILIDAD EN OPORTUNIDAD!

"No hay nada peor para tu adversario que conocer tu luz en plena oscuridad." DH

¿Qué es un testigo hostil?

Entendemos por testigo hostil a aquel que manifiesta una posición contraria a la del abogado que lo está interrogando. Los motivos detrás de esta hostilidad pueden variar ampliamente, pero lo crucial es que, si el abogado litigante ha realizado una sólida labor de investigación previa, probablemente habrá identificado estos motivos. Esto le permitirá planificar estratégicamente cómo llevar a cabo el interrogatorio directo o el contraexamen de dicho testigo.

Sin embargo, en algunas ocasiones, la hostilidad puede surgir sorpresivamente durante el juicio oral, presentando un desafío adicional. En tales situaciones, las técnicas de litigación oral no siempre ofrecen directrices precisas sobre cómo abordar a estos testigos hostiles. Por lo tanto, la capacidad de adaptación y la destreza del abogado se vuelven fundamentales para manejar con éxito estas situaciones imprevistas en el tribunal.

Técnicas para abordar al testigo hostil con éxito

> *¡Convierte la hostilidad del testigo en una oportunidad de fortalecer tu caso!*

En la litigación oral, enfrentarse a un testigo hostil es un desafío que requiere una estrategia bien elaborada. Estas situaciones suelen dividirse en dos escenarios principales.

El primero ocurre durante el contrainterrogatorio, cuando estamos interrogando a un testigo afín a la teoría de nuestro adversario. Por lo general, sabemos que este testigo probablemente mostrará resistencia.

En la mayoría de los casos, el testigo espera que cuestionemos su credibilidad o su testimonio. Aquí, es esencial recordar que el abogado debe estar preparado para esta hostilidad. **En segundo lugar, el abogado debe comprender que el testigo, presentado por el adversario, también puede mostrar hostilidad.**

Sin embargo, con una planificación adecuada, el abogado puede abordar con éxito a un testigo hostil. Esto implica una estrategia que va más allá de cuestionar la credibilidad. Se trata de navegar hábilmente a través de respuestas desafiantes y mantener la calma.

Cuando nos enfrentamos a un testigo que, de manera sorpresiva, muestra hostilidad durante el juicio oral, es esencial que el abogado litigante sepa cómo abordar esta situación de manera estratégica. La hostilidad puede manifestarse de diversas maneras, y es responsabilidad del abogado planificar el enfoque adecuado.

Dos enfoques posibles

1. Control y postura intimidante

En algunos casos, puede ser efectivo mantener el control y una postura intimidante frente al testigo hostil. Esto implica marcar la autoridad del abogado y establecer límites claros.

2. Desarmar al testigo

Una estrategia menos convencional pero efectiva es tratar de desarmar al testigo hostil. Aquí, el abogado busca demostrar que está en busca de la verdad y no busca una confrontación. Comienza haciendo preguntas sobre temas en los que el testigo se sienta cómodo y tratando aspectos en los que el testigo no tenga que asumir ninguna de las posturas adoptadas por las partes, de esta manera busca dirigirlo hacia una actitud imparcial.

La importancia de comenzar con neutralidad

Al iniciar el contraexamen, es fundamental abordar temas neutrales para que el testigo deje de estar a la defensiva. A menudo, el testigo no es completamente parcial, y el abogado puede establecer una relación de afinidad mediante preguntas cerradas.

Recurre a preguntas sugestivas

Si el testigo continúa hostil, el abogado puede utilizar preguntas sugestivas en lugar de cerradas. Este enfoque puede ayudar a suavizar la tensión y permitir que el interrogatorio continúe de manera más fluida.

Mantén un profesionalismo inquebrantable

Independientemente del enfoque elegido, es imperativo que el abogado mantenga un alto nivel de profesionalismo en todo momento. El testigo puede mostrar hostilidad, pero el abogado nunca debe responder de la misma manera. El maltrato, las palabras inapropiadas o cualquier conducta que aumente la incomodidad del testigo deben evitarse en todo momento.

En última instancia, la clave está en adaptar tu enfoque según el comportamiento del testigo, pero siempre manteniendo la ética y el respeto. La litigación es un arte que requiere maestría tanto en la estrategia como en la conducta.

¿Cuándo es apropiado para el abogado litigante utilizar preguntas sugestivas?

El rol del abogado litigante va más allá de hacer preguntas sugestivas. Cada interrogatorio, ya sea directo o contraexamen, debe ser cuidadosamente planificado en función de la estrategia global del caso. La prioridad no es simplemente demostrar la falta de credibilidad de un testigo, sino más bien alcanzar los objetivos establecidos en la teoría del caso.

Antes de contrainterrogar a un testigo, es esencial detenerse y evaluar si esta acción contribuirá efectivamente a la estrategia. ¿Puede el testimonio del testigo ser cuestionado de manera efectiva? ¿Existen contradicciones evidentes en su declaración o pruebas materiales que respalden nuestro argumento? Estas son preguntas clave.

La decisión de contrainterrogar —o no— dependerá de la estrategia específica del litigante en cada caso. La litigación exitosa requiere un enfoque estratégico, donde cada paso esté alineado con la teoría del caso y los objetivos deseados.

El contraexamen, una etapa crucial en el juicio oral, requiere una estrategia temática y selectiva

Teniendo en cuenta, por supuesto, que la estrategia es esencial. En el contraexamen —o interrogatorio indirecto—debemos abandonar la secuencia cronológica y optar por un enfoque temático. El objetivo del abogado litigante es obtener información selectiva que respalde nuestra narrativa; no buscamos proporcionar información completa, a diferencia del interrogatorio directo. Nuestra meta es extraer datos clave para contar la parte de la historia que respalda nuestra posición.

Enfrentando a un testigo hostil, tras intentar calmar su comportamiento, podemos cuestionar su credibilidad. Esto podría implicar señalar que el testigo ha ocultado información, tiene vínculos con las partes involucradas, guarda enemistad con nuestro cliente o está influenciado por prejuicios hacia alguno de los involucrados. También podemos examinar las condiciones que afectan su percepción.

Independientemente de la razón detrás de nuestro enfoque, es esencial que el abogado mantenga una postura decidida y transmita confianza a través de su lenguaje corporal. Mirar fijamente a los ojos del testigo, mantener una postura firme y un tono de voz convincente son elementos clave.

Cuando planteamos preguntas sugestivas, el cambio en la entonación de interrogación a afirmación fortalece nuestra credibilidad ante el juez. El contraexamen, ejecutado con destreza, puede ser una herramienta poderosa en la búsqueda de la verdad en el proceso judicial.

La importancia del ritmo de preguntas y respuestas en juicio

Sin duda, el ritmo de respuesta y las preguntas desempeñan un papel fundamental en el proceso de litigación oral. Al abordar a un testigo, la estrategia debe ser clara y adaptarse a nuestros objetivos.

Para lograr respuestas automáticas y evitar que el testigo tenga tiempo para pensar, es crucial mantener un ritmo rápido de preguntas. Esto implica una transición ágil entre temas y, a menudo, guardar silencio una vez que se obtenga la respuesta deseada.

Por otro lado, si el objetivo es ganarse la confianza del testigo, es necesario darle tiempo para reflexionar sobre las preguntas. En este caso, el ritmo de las preguntas debe ser más pausado al principio y acelerarse gradualmente, especialmente cuando se llega al punto clave de la interrogación. En situaciones en las que un testigo inicialmente afín se convierte en hostil, es esencial recordar que no estamos obligados a probar los motivos detrás de este cambio en su comportamiento. Nuestro enfoque debe centrarse en el testimonio del testigo en el contexto actual.

Incluso, cuando enfrentamos a un testigo hostil que no ha sido citado por nuestra parte contraria, es importante citarlo a declarar en el juicio y llevar a cabo un interrogatorio directo. La adversidad en el testimonio puede revelar información valiosa para nuestro caso.

Consiguientemente, el manejo adecuado del ritmo de respuesta y las preguntas es esencial para lograr nuestros objetivos en la litigación oral y adaptarse a las distintas situaciones que puedan surgir en el juicio.

Sin duda, la interacción con un testigo hostil es un desafío en el proceso de litigación. Aquí, paso a paso, te guiaré para abordar esta situación con profesionalismo y estrategia

1. Identificación del testigo hostil

Durante el interrogatorio directo, es crucial reconocer cuando un testigo se muestra hostil o evasivo. Esto se manifiesta cuando evade preguntas o muestra reticencia.

2. Establecer las bases

Inicialmente, usa preguntas abiertas para exponer la hostilidad del testigo. Pide detalles con preguntas como "qué", "cómo", "cuándo", "dónde" y "quién".

3. Solicitar permiso

Cuando hayas dejado en claro la hostilidad, solicita al tribunal permiso para tratar al testigo como "testigo hostil". Este cambio permite pasar de un interrogatorio directo a un contraexamen donde puedes utilizar preguntas sugestivas.

4. Control del contraexamen

En el contraexamen, tú proporcionas la información y guías las respuestas del testigo. Esto te otorga un mayor control sobre el interrogatorio. Realizas preguntas sugestivas para obtener del testigo un sí o un no.

Preguntas abiertas	Preguntas sugestivas
¿Cuántas personas había en la casa?	*Había cinco personas en la casa*
¿Emma estaba presente?	*Emma estaba presente*
¿A las cinco de la tarde estaba presente el acusado?	*A las cinco de la tarde Emma le abrió la puerta al acusado*

5. Impresionar al juez y tribunal

Tu manejo profesional de un testigo hostil refleja tu conocimiento de las normas procesales y técnicas de litigación. Muestra que tienes un plan sólido y que estás comprometido a pesar de las dificultades.

6. Mantén la firmeza

Ante un testigo que niega respuestas, mantén la calma y sigue tu plan. Evita caer en provocaciones y busca eficazmente formas de obtener información.

7. Refrescar la memoria y contradicción

Usa declaraciones previas del testigo para refrescar su memoria o evidenciar contradicciones. Esta estrategia es valiosa para establecer la verdad.

8. Adaptación continua

Si el testigo cambia su actitud al darse cuenta de que posees información, ajusta tu enfoque según la situación.

Abordar un testigo hostil requiere firmeza, habilidad y profesionalismo. Mantén la compostura y sé estratégico en tu enfoque, demostrando tu capacidad y tu liderazgo como abogado litigante.

Entonces, el manejo de un testigo hostil en el juicio oral es un desafío que requiere habilidad y estrategia por parte del abogado litigante. Identificar las señales de hostilidad, establecer las bases con preguntas abiertas y solicitar al tribunal que permita tratar al testigo como hostil son pasos cruciales en este proceso.

Asimismo, la transición del interrogatorio directo al contra examen es fundamental para ganar el control sobre el testimonio y mostrar profesionalismo ante el tribunal. Además, la presentación de declaraciones previas puede ser una herramienta efectiva para refrescar la memoria del testigo o demostrar contradicciones.

En todo momento, el abogado debe mantener la compostura, evitar caer en provocaciones y seguir un plan estratégico. El objetivo final es presentar un caso sólido y convincente ante el tribunal, demostrando dominio de las normas procesales y las técnicas de litigación.

CONSEJO PROFESIONAL

"Al ser un litigante profesional no debes temer a los imprevistos, porque esa palabra ha dejado de existir para tí". Deborah Huczek

LA ACTUACIÓN DEL JUEZ EN EL SISTEMA ACUSATORIO ADVERSARIAL

ADMINISTRADOR Y GUARDIÁN DE JUSTICIA

Máxima de la Litigación Oral 11: No se puede ser juez y parte.

El juez deberá mantenerse rigurosamente al margen de la disputa, en todo acto e intervención, a efectos de preservar su imparcialidad.

Se dice que es Juez: quien como representante de uno de los poderes del Estado, tiene dentro de sus obligaciones, la de impartir justicia, interpretando lo que la ley dice y cómo se aplica al caso particular.

El juez es, en definitiva, quien nos explica a los justiciables lo que dice la ley. La interpreta, se nutre de su espíritu, la subsume al caso y le da significancia. El juez pone a la ley en acción.

Pero, sin embargo, la experiencia nos enseña que ante casos iguales o semejantes, los jueces suelen variar su interpretación si comparamos lo que otros jueces resuelven e incluso lo que ese mismo juez resuelve en distintos lapsos temporales.

Por lo tanto, podríamos concluir que, la ley no le dice lo mismo a todos los jueces, y es por ello que no se aplica de la misma manera.

Ni hablar de aquellos casos que son resueltos por un tribunal colegiado, en donde 3 jueces participaron del mismo juicio, escucharon decir a los testigos las mismas palabras, y sin embargo llegan a distinta conclusión.

Será por ello que, los abogados solemos manifestar a nuestros clientes que: ***"todo depende del caso"*** y con eso evitamos explicar en profundidad lo incierto que es navegar por este mundo legal, donde realmente nunca o muy pocas veces, podemos adelantar un resultado.

Afirmando lo anterior, la litigación oral contribuye en gran medida a esa incertidumbre, en virtud de que nos ofrece variadas formas de presentarle el caso al juez, con la finalidad de persuadirlo y en definitiva establezca que la ley está a nuestro favor. En cuanto a probabilidades es innegable, que un buen litigante tendrá más posibilidades de obtener resultados favorables que uno que no lo es.

Aunque tan cierto como lo anterior es que así seas el mejor litigante del mundo, debes recordar que la decisión final no te pertenece.

Hace mucho tiempo comprendimos que si bien juez y justicia tienen etimológicamente la misma raíz, no significan lo mismo, por lo tanto podríamos estar frente a un resultado injusto aunque el juicio lo haya llevado un juez.

Sin ánimo de profundizar en estos conceptos, lo cierto es que justicia es un término también con un alcance subjetivo, y por lo tanto variable para cada persona, en cada tiempo y lugar.

¿Será por ello que ejercer la abogacía es tan complejo y apasionante a la vez?

Volviendo al tema, a lo largo de este capítulo me propongo abordar algunos aspectos principales vinculados al rol de los jueces y su relación con la litigación oral.

Sin embargo, antes de ello, quiero expresar algunas palabras a favor de quienes tienen la carga de dirimir disputas ajenas ya sea que de ella pueda derivar un sanción de contenido patrimonial, ordenar la vida de una familia rota o disfuncional, establecer obligaciones pecuniarias, restablecer el contacto de los progenitores con sus hijos, resolver si una persona debe pagar por lo que hizo enviándolo a prisión y tantas otras cuestiones más.

Realmente impartir justicia debe ser una de las tareas más difíciles de llevar a cabo, la responsabilidad es demasiado grande y las consecuencias de sus errores, prácticamente imborrables.

Los jueces irrumpen con sus decisiones el plan de vida de los demás estableciendo lo que ellos consideran que es justo, según la interpretación que hacen de la ley.

Es realmente complejo estar en los zapatos del juez.

Me apena que dicha función se haya desprestigiado tanto y también por ello, quiero destacar la importancia de su labor, pues lo que busca es poner equilibrio en las distintas relaciones sociales.

Humildemente espero colaborar de alguna manera y mejorar la relación abogado-juez y viceversa. Que podamos ver rol y caso desde la óptica del otro, que para nada debe ser nuestro adversario, pues ambos hemos sido imbuidos de un espíritu justiciero que es el que en definitiva nos llevó a elegir esta profesión entre tantas existentes.

Mi objetivo en cuanto a la función judicial, es acercar otra mirada que sea útil a la hora de gestionar el proceso y las técnicas desplegadas por los litigantes en acción.

Por otra parte, y a efectos de contribuir con esos objetivos, considero fundamental y urgente, que se impulsen ciertas reformas legislativas. Soy de la idea de que una reforma urge y es necesaria, al menos en Argentina, en cuanto al procedimiento establecido para la postulación y selección de jueces. En este sentido considero que podría contribuir a un mejor sistema de justicia, que se requiera de quienes tengan intenciones de ejercer como jueces, que hayan ejercido la profesión de litigante por lo menos por 10 años previos a su postulación. Esto realmente podría mejorar el desempeño de una función pública tan esencial y por ende aumentar la confianza de los individuos.

Rol del juez y sistema acusatorio

El sistema acusatorio adversarial es un modelo de justicia que se ha ido consolidando en varios países latinoamericanos en los últimos años. Este sistema busca garantizar un juicio justo y transparente al otorgar un rol activo a las partes involucradas en el proceso penal, tales como fiscales, defensores y, por supuesto, jueces.

El papel desempeñado por el juez en el marco del proceso acusatorio adversarial reviste una importancia crítica para asegurar la imparcialidad y equidad inherentes a un juicio justo. En este sistema, el juez funge como un árbitro imparcial, encargado de supervisar el proceso, aplicar las leyes pertinentes y adoptar decisiones imparciales fundamentadas en las pruebas presentadas por las partes adversas.

Una de las funciones primordiales del juez consiste en asegurar que el juicio transcurra conforme a las normativas del tribunal y los principios legales.

En este contexto, el juez tiene la responsabilidad de hacer cumplir las reglas procesales, garantizando que ambas partes gocen de igualdad de oportunidades para exponer sus casos, que las pruebas se admitan de manera apropiada y que los argumentos legales sean debidamente considerados.

EL JUEZ vela por la imparcialidad y la ordenada ejecución del juicio.

Asimismo, el juez asume la responsabilidad de pronunciarse sobre las cuestiones jurídicas que puedan surgir durante el juicio. Este ámbito abarca desde la interpretación y aplicación de leyes hasta la determinación de la relevancia de las pruebas y la toma de decisiones sobre asuntos procesales. Es decir, el juez puede decidir la admisibilidad de ciertas pruebas o testimonios de testigos, basándose en las normativas probatorias y los principios jurídicos aplicables.

Además de sus deberes procesales y legales, el juez también tiene la responsabilidad de garantizar que el juicio se desarrolle respetando los principios fundamentales de justicia y equidad. Esto implica asegurar un trato respetuoso hacia todos los participantes, prevenir la influencia indebida o prejuicios que pudieran afectar el proceso y salvaguardar el derecho del acusado a un juicio justo.

Destrezas de litigación. El vínculo con la justicia

Las destrezas de litigación no son un mero conjunto de técnicas de oratoria o actuación dramática. Más bien, se presentan como una herramienta estratégica fundamental para los jueces, fiscales, defensores y abogados en general que participan en un sistema acusatorio adversarial. Estas destrezas permiten a los profesionales del derecho entender y aplicar las normas procesales en el contexto de un juicio oral real, donde la estrategia, la lógica y la argumentación son cruciales.

Uno de los aspectos fundamentales que demuestran la relación entre la litigación y gestión efectiva del proceso ocurre principalmente en la etapa probatoria durante el desarrollo del juicio, específicamente cuando los litigantes ejecutan las técnicas de interrogatorio y contrainterrogatorio. Sin una comprensión profunda de cómo se llevan a cabo estas etapas del juicio, o falta de una comprensión profunda respecto a la teoría del caso de los litigantes, los jueces podrían tener dificultades para evaluar la credibilidad de los testigos, determinar la pertinencia de las pruebas y tomar decisiones fundamentales.

Por ejemplo, la habilidad para realizar un contrainterrogatorio efectivo es esencial para obtener información precisa y completa de un testigo. Si un juez no comprende la dinámica del contrainterrogatorio, podría pasar por alto información valiosa que debería influir en su decisión final.

Por otra parte, dentro de las destrezas de la litigación un factor importante es la construcción de una teoría del caso sólida.

Sabemos que la teoría del caso es la estructura lógica que guía la estrategia de cada litigante en el juicio. Aquí, los jueces desempeñan un papel clave, ya que deben evaluar y comprender las teorías de las partes para tomar decisiones más apegadas al derecho.

Si un juez no posee un conocimiento profundo de las destrezas de litigación, es probable que no pueda apreciar completamente la teoría del caso presentada por cada parte. Esto puede llevar a interpretaciones erróneas o decisiones desacertadas y, en el peor de los casos, cometer una injusticia.

El camino hacia una justicia efectiva

La relación entre las destrezas de litigación y el rol de los jueces en el sistema acusatorio adversarial es innegable.

Un juez bien preparado en estas destrezas está mejor equipado para comprender y aplicar las normas procesales en un contexto real de juicio. El conocimiento de las dinámicas de litigación, el proceso de interrogatorio y contrainterrogatorio, la construcción de teorías del caso y la comprensión de la realidad del juicio son elementos esenciales para un sistema de justicia efectivo.

Es decir, la litigación y las bases del debido proceso comprenden dos aspectos indivisibles en el sistema acusatorio adversarial. Un juez que no comprende las destrezas de litigación limita su capacidad para aplicar adecuadamente las normas procesales y, en última instancia, obstaculiza el camino hacia una justicia genuina y efectiva en nuestra sociedad.

El papel de los jueces en el Proceso Acusatorio Adversarial

El papel del juez en el proceso acusatorio adversarial

Se encarga de arbitrar el proceso de manera imparcial para que las partes tengan igualdad de oportunidades.

Debe proteger los derechos fundamentales de todas las partes.

Toma las decisiones basado en la ley, y no con prejuicios personales.

Asegura que el principio de presunción de inocencia sea respetado.

Lleva el control del proceso y velará por el mantenimiento del orden en la sala del tribunal.

Debe dictar sentencia, garantizando que sea justa y apegada al derecho.

Tiene la responsabilidad de garantizar la confianza en el sistema.

Uno de los roles más esenciales de un juez en el sistema acusatorio adversarial es el de ser un árbitro imparcial. Esto significa que el juez debe garantizar que ambas partes tengan la oportunidad de presentar sus argumentos y evidencias sin ningún tipo de prejuicio. Para lograr esto, el juez debe tomar decisiones imparciales en cuanto a las objeciones, las pruebas y otras cuestiones procesales.

El juez —debe— escuchar y considerar los argumentos de ambas partes antes de tomar una decisión. Esta imparcialidad es crucial para mantener la integridad del proceso y para garantizar que todas las partes reciban un trato justo.

» Garantizar los derechos fundamentales

Los jueces desempeñan un papel fundamental en la protección de los derechos fundamentales de todas las partes involucradas en el proceso judicial. Esto incluye derechos como el derecho a un juicio justo, el derecho a un abogado, el derecho a no ser sometido a interrogatorios o registros ilegales y muchos otros. Los jueces tienen la responsabilidad de asegurarse de que estos derechos se respeten y protejan en todo momento.

» Toma de decisiones

Asimismo, los jueces deben tomar una serie de decisiones a lo largo del proceso judicial. Esto puede incluir decisiones sobre la admisibilidad de pruebas, solicitudes de cambio de jurisdicción, sentencias y otros asuntos. Las decisiones tomadas por un juez pueden tener un impacto significativo en el resultado de un caso.

No obstante, cuando se producen violaciones de estos derechos, los jueces deben tomar medidas para remediar la situación. Esto puede incluir la exclusión de pruebas obtenidas ilegalmente, la revocación de una sentencia o la anulación de un juicio. Por lo tanto, las decisiones de un juez deben basarse en la ley y no en prejuicios personales.

» La presunción de inocencia

Un principio clave del sistema acusatorio adversarial es la presunción de inocencia. Esto significa que una persona acusada de un delito se considera inocente hasta que se demuestre su culpabilidad más allá de una duda razonable. Los jueces tienen la responsabilidad de garantizar que este principio se respete en todo momento.

En la práctica, esto significa que los jueces deben instruir al jurado sobre la presunción de inocencia y sobre el estándar de prueba necesario para condenar a alguien. También deben evitar hacer declaraciones o tomar acciones que sugieran que tienen prejuicios sobre la culpabilidad o inocencia del acusado.

» El control del juicio

El juez también tiene la responsabilidad de controlar el curso del juicio. Esto incluye la gestión de la presentación de pruebas, la toma de decisiones sobre objeciones y la resolución de disputas entre las partes. El juez tiene la autoridad para mantener el orden en la sala del tribunal y garantizar que el juicio se lleve a cabo de manera eficiente y justa.

Aunado a lo anterior, el juez puede dictar sentencia después de un veredicto de culpabilidad, imponiendo la pena apropiada según la ley y las circunstancias del caso. Es necesario que esta sentencia cumpla con los principios legales y garantice que la pena sea justa y proporcionada.

» La importancia de la imparcialidad

Uno de los desafíos más grandes que enfrentan los jueces en un sistema acusatorio adversarial es mantener su imparcialidad. A menudo, los casos judiciales involucran cuestiones emocionales y conflictos intensos entre las partes. Los jueces deben esforzarse por no tomar partido y tratar a todas las partes de manera justa.

Y para cumplir con esto, los jueces pueden ser excluidos de casos en los que tengan un conflicto de interés o en los que tengan prejuicios evidentes. La independencia y la imparcialidad son esenciales para la confianza del público en el sistema de justicia.

El juez, en su posición de administrador de justicia, no puede permitirse ser un mero observador de la litigación. Su capacidad para tomar decisiones informadas y comprender las normas procesales depende de su profundo conocimiento de las dinámicas de litigación. La litigación no es simplemente un conjunto de técnicas; es el puente entre la teoría procesal penal y la realidad del juicio. El juez, al abrazar la litigación, fortalece su capacidad para impartir justicia en sintonía con los valores y necesidades de la sociedad.

CONSEJO PROFESIONAL

➤ Los litigantes deben demostrar al juez compromiso con el caso y respeto a su investidura.

➤ Los jueces deben respetar el trabajo de los litigantes en el juicio.

DEMOCRATIZANDO LA JUSTICIA

BENEFICIOS DE LITIGAR ANTE EL JURADO POPULAR

"La historia ha demostrado que son los jurados quienes pueden cumplir con la garantía de imparcialidad mejor que nadie, porque no tienen cargos que defender ni puestos a los cuales escalar".
Déborah Huczek

En contexto actual, donde la equidad en la justicia se ha vuelto una demanda imperante, los juicios por jurados representan una revolución significativa. Este método de juzgamiento no solamente involucra a los ciudadanos de manera activa en las decisiones del Poder Judicial, sino que también ofrece una serie de beneficios que transforman la dinámica judicial.

Para ir al plano concreto, en la provincia de Buenos Aires —y con similitudes al formato clásico visto en películas de *Hollywood*— los juicios por jurados han llegado para quedarse. Abogados de ambas partes exponen sus argumentos ante un jurado compuesto por 12 ciudadanos, replicando la esencia del sistema judicial estadounidense.

La implementación de este modelo también se ha extendido a la Capital Federal y a provincias como Mendoza, donde casos trascendentales, como el del "hombre gato" —un hombre que mató a su madre y su tía— han sido juzgados con un jurado que refleja paridad de género.

» Garantiza la imparcialidad: Un rol fundamental del jurado popular

La participación ciudadana busca asegurar la imparcialidad, ya que los miembros del jurado —ajenos a funciones gubernamentales— se esfuerzan por minimizar la influencia de la información externa. Aunque la total ausencia de "contaminación" es difícil, las instrucciones del magistrado orientan a los miembros del jurado a basar sus decisiones únicamente en la prueba presentada durante el juicio.

Así, cada uno de los jurados —sin acceso al expediente y desconociendo testimonios previos— garantiza un proceso basado en hechos probados y evitan conjeturas o suposiciones. Este enfoque, además de respaldar el debido proceso, también fortalece la imparcialidad del veredicto.

Además, los ciudadanos, al comprometerse con su rol al ser parte de un jurado en un juicio, han demostrado su capacidad para asumir eficientemente este compromiso. La eficacia y responsabilidad con la que cumplen sus funciones destaca la viabilidad y aceptación de este sistema participativo.

» Un resguardo para el imputado al ser juzgado por sus pares

Para continuar, resulta menester destacar que el juicio por jurados actúa como una salvaguarda para el imputado, pues garantiza que sea juzgado por ciudadanos comunes... por sus pares.

Asimismo, es importante destacar que la víctima no puede solicitar este tipo de juicio, y el acusado, por su parte —y a través de su abogado defensor—, tiene la obligación de renunciar a esta opción. Igualmente, el acusado cuenta con el derecho de no declarar, si así lo decidiera.

En la Argentina, por ejemplo, existen casos relevantes que ilustran el éxito de este sistema, desde la absolución de Guillermo Alberto Barros por homicidio hasta la condena de Fernando Farré por femicidio. Estos casos subrayan la efectividad y la capacidad del jurado para evaluar y decidir con imparcialidad.

Dentro de las ventajas y bondades que nos ofrece el juicio por jurados se encuentran la publicidad, inmediación y transparencia —elementos esenciales para garantizar un proceso judicial eficiente—. El juicio por jurado popular ofrece ventajas adicionales al destacar la imparcialidad de personas ajenas al caso, sin intereses en el resultado. Libres de presiones políticas o populares, los miembros del jurado se sumergen en días de testimonios y peritajes, evaluando las conclusiones de los abogados para determinar quién tiene razón, aplicando el sentido común. Esta modalidad maximiza la eficiencia temporal, atendiendo al clamor popular de justicia pronta y efectiva, garantizando un veredicto en un plazo razonable.

Fortaleciendo la efectividad judicial para restablecer la fe en la Justicia

La preparación y la ejecución de tu estrategia es fundamental para evitar posibles malentendidos y garantizar una presentación coherente y convincente ante el jurado popular.

Litigar frente a un jurado popular representa una gran ventaja en la dinámica del juicio oral. El litigante además de exponer su caso frente a los jueces profesionales —o jueces de derecho— lo hará también ante ciudadanos que asumirán el rol de jueces de hecho. Y estos, a diferencia de los primeros, están más centrados en saber cómo sucedieron los hechos. Ellos buscarán respuestas claras y evidencias sólidas que les ayude a decidir de la forma más imparcial y favorable posible; su lealtad al proceso judicial está intrínsecamente vinculada a la búsqueda de la verdad, y si no se comprueba fehacientemente el hecho objeto de la acusación, optarán por la absolución sin complicaciones. No buscan tergiversar, ni manipular la ley para condenar porque sí.

Es por esto que los abogados deben emplear lenguaje sencillo, evitando tecnicismos que puedan generar confusión. Además, resulta esencial que desarrollen las nuevas habilidades del litigante que tocamos a lo largo de este libro —líder, estratega, investigador y narrador de historias—; esto les permitirá, a su vez, llevar a cabo una comunicación poderosamente efectiva, donde la oratoria, la habilidad para conectar con la audiencia y la aplicación de la Comunicación No verbal (CNV) ejercen un papel crucial. La capacidad de transmitir la información de manera clara y persuasiva se vuelve entonces trascendental, puesto que serán estas habilidades las que le darán al jurado un basamento real para decidir de manera informada.

De ahí que litigar estratégicamente sea tan importante para el éxito del abogado —y de la impartición de justicia—, ya que un jurado no tolerará errores que pongan en entredicho la integridad del caso. En otras palabras, el abogado debe saber cómo presentar las evidencias de manera efectiva y —además— asegurarse de que la información que es clave no se pierda en el intento de traducirla a un lenguaje accesible para los miembros del jurado.

Y es que llegados a este punto, es vital hacer hincapié en el hecho de que la implementación de juicios por jurado y del sistema de audiencias orales y públicas demanda una capacitación constante de los abogados. Más allá del dominio de leyes y jurisprudencia, deben prepararse para demostrar su teoría durante el juzgamiento. Esto conlleva a desarrollar habilidades de investigación y asumir la orientación de colaboradores; asimismo, resulta imprescindible que se capaciten en técnicas de litigación oral, oratoria y comunicación no verbal.

El sistema de juicios, aunque completo, debe adaptarse a las exigencias emergentes. Por ejemplo, podría considerarse modificar la cantidad de votos necesarios para declarar la culpabilidad del acusado, exigiendo unanimidad en lugar de mayoría —como se hace actualmente en algunas jurisdicciones—. Esto preserva el principio de inocencia, asegurando que nadie sea condenado sin certeza absoluta de su culpabilidad. Otro aspecto a profundizar es el método de introducción de evidencias, requiriendo regulaciones más completas. Además, se debe garantizar el derecho de los abogados a entrevistarse con testigos sin acusaciones criminales, regulando métodos para asegurar resultados, como la grabación o certificación notarial de las entrevistas.

Como podemos ver, la participación ciudadana en el juzgamiento de sus pares, se asegura la efectividad del sistema judicial, se restaura la confianza en la justicia y se otorga a la comunidad la responsabilidad de resolver casos con seriedad y sentido común, aspectos a menudo ausentes en muchos magistrados.

En definitiva, debemos entrenarnos para litigar, frente a los jueces de los hechos, porque ellos están comprometidos en descubrir la verdad.

CONCLUSIONES

Reflexión sobre la importancia de la Litigación Oral:

¿Por qué dominarla es vital en la carrera de todo abogado?

Este compendio sobre las técnicas de litigación oral ha sido un viaje a través de las distintas habilidades esenciales que conforman el potencial de todo litigante exitoso. Desde el desarrollo del autoliderazgo hasta el dominio en la estrategia, pasando por la investigación exhaustiva y la habilidad narrativa, este libro ha explorado el Método DH, es decir, la fórmula para ganar y brillar en el competitivo mundo de la litigación oral.

En cada capítulo, hemos desglosado las técnicas de la litigación que se corresponden a las diversas etapas del juicio oral, donde las habilidades del abogado se ponen a prueba de manera pública y dinámica. La maestría en estas técnicas y etapas del juicio oral se convierte, así, en un elemento crucial para el litigante que busca presentar argumentos sólidos y persuadir al tribunal sobre la validez de su posición.

Ahora bien, ¿por qué te digo que dominar la litigación oral es crucial para el éxito de tu carrera profesional?

Pues, porque además de que ha ido ganando terreno —cada vez más— en los sistemas de justicia de Latinoamérica, la litigación oral es el acto de humanizar la búsqueda de justicia, de poner rostros y emociones en el centro de la contienda; así como de profundizar en los hechos y sus causas, lo que la vuelve más equitativa y competente en la aplicación de la ley.

Más allá de la frialdad de expedientes y documentos, la litigación se sirve de cada palabra pronunciada, de cada gesto, para construir un relato que convierte a las partes involucradas en personajes complejos con motivaciones, conflictos y poseedores de derechos.

Y esto implica, en aras de encontrar la mejor solución, la construcción de un escenario donde la persuasión alcanza su máxima expresión.

De esta manera, el litigante necesita contar con la capacidad de relatarle al auditorio qué pasó y por qué, quiénes son los involucrados; cómo, cuándo y dónde sucedió el hecho. Y debe hacerlo de tal manera que su discurso pueda llevar a sus oyentes a través de un recorrido emocional que les permita sentir la relevancia y la veracidad de sus argumentos.

Ya que —como lo vimos a lo largo de este libro— en un tribunal no sólo estamos presentando hechos; estamos contando historias, historias que deben resonar en la conciencia del tribunal.

Otra de las razones para mejorar o aprender las técnicas de litigación es que en la dinámica de la litigación oral no hay segundas oportunidades, puesto que se trata de un acto en tiempo real que requiere —por parte del litigante— agilidad mental y la habilidad de actuar conforme a los objetivos. Es decir, saber objetar y responder eficazmente a objeciones, contrainterrogar con destreza, saber manejarse ante testigos hostiles o cualquier otras situaciones impensadas, mientras ajusta su estrategia a lo largo del proceso.

Dominar la litigación oral implica conocer la ley y tener la destreza de aplicarla en el fragor del momento, anticipando y adaptándose a las complejidades del juicio.

Si un abogado no sabe comunicar efectivamente, aunque tenga en su repertorio muy buenos argumentos, pierde puntos en la disputa legal. Saber las reglas de la litigación, así como comunicar y persuadir a las audiencias es notoriamente imprescindible para construir nuestra credibilidad. La manera de presentar el caso (mostrando el conocimiento profundo que tenemos del mismo), la confianza y la seguridad que proyectamos, todo esto formará parte de la percepción que el jurado y el juez tendrán sobre la validez de nuestros argumentos.

La litigación oral, entonces, va a conectar el conocimiento jurídico con la acción real y concreta en el tribunal. Haciendo que el derecho y la justicia cobren vida, se humanicen y se presenten de manera confiable a la sociedad.

Un litigante que ejerce su liderazgo y domina las técnicas de litigación oral —además de distinguirse por su destreza en conocimientos jurídicos— se diferencia también por su capacidad para inspirar y guiar a otros, ya sea su cliente, su equipo de trabajo o los terceros con poder de decisión. Hemos subrayado la relevancia de cultivar relaciones basadas en la confianza y la transparencia, reconociendo que la colaboración es clave en la búsqueda de la justicia.

Es que el sistema acusatorio adversarial, centrado en la búsqueda de la verdad y la imparcialidad, demanda un litigante preparado, ético y capaz de adaptarse a un entorno dinámico.

Vale decir que este proceso —con sus principios de oralidad, publicidad, inmediación, contradicción, simplicidad, celeridad y desformalización— se erige, entonces, como el marco legal que respalda y potencia las habilidades del litigante al mismo tiempo que reclama su existencia.

En última instancia, el método DH no sólo ofrece una guía detallada para el litigante comprometido con su éxito profesional, sino que también aboga por un enfoque holístico que trascienda los límites del tribunal. Ser un litigante líder es más que una destreza meramente teórica; es un compromiso con la integridad, la ética y el servicio a la justicia.

Llegados a este punto, te he animado a descubrir, demostrar y contar tu propia historia en el escenario del tribunal (y fuera de él), a convertirte en un experto narrador que, a través de la persuasión y la coherencia, conquiste la mente y el corazón de quienes toman decisiones.

Así que, al cerrar este libro, te invito a llevar contigo no sólo las técnicas y estrategias que has aprendido, sino también la convicción de que eres capaz de liderar con integridad y excelencia en cada caso que emprendas. Este libro es tu compañero de viaje en la maravillosa travesía hacia el éxito profesional y la realización personal en el controvertido y maravilloso campo de la litigación oral.

¡Adelante, litigante, el tribunal es tuyo para conquistarlo!

NOTA ACLARATORIA

Este libro está basado en mi experiencia como docente y litigante, a lo largo de más de dos décadas de trabajo en los ámbitos penal y civil.

Cada capítulo refleja, además de los contenidos que he compartido en mis clases, las herramientas que he aplicado y perfeccionado en el ejercicio profesional.

Junto con mis propias vivencias, he recurrido a textos y autores que considero valiosos para fortalecer y enriquecer los conceptos desarrollados.

En la sección de bibliografía encontrarás algunas de las fuentes que me han acompañado en este camino y que complementan el enfoque que propongo en esta obra.

Mi intención ha sido ofrecer una guía práctica, concreta y formadora para quienes desean liderar sus propios procesos de litigación con claridad, estrategia y propósito.

BIBLIOGRAFÍA CONSULTADA

Ahumada, C. (2019). Los recursos de la litigación (1a ed.). Ciudad Autónoma de Buenos Aires: Didot.

Alliaud, A. (2016). Audiencias preliminares al juicio oral (1a ed.). Ciudad Autónoma de Buenos Aires: Didot.

Arazi, R. (2020). Oralidad y proceso civil (1a ed.). Santa Fe: Rubinzal - Culzoni.

Binder, A. M., & Harfuch, A. (2020). El juicio por jurados en la jurisprudencia nacional e internacional. (1a ed.). Buenos Aires: Ad- Hoc.

Carbajal, F. (2020). La declaración del imputado en el litigio adversarial (1a ed.). Ciudad Autónoma de Buenos Aires: Didot.

Castex, M. N. (2008). Ciencia y Derecho: Ensayo crítico forense sobre el desencuentro de dos discursos. (1a ed.). Buenos Aires: Ad-Hoc.

Chaia, R. A. (2021). Técnicas de litigación penal. (1era ed., Vol. 4). Buenos Aires: Hammurabi.

Chaia, R. A. (2021). Técnicas de litigación penal. (1a ed., Vol. 6). Buenos Aires: Hammurabi.

Donna, E. A., & Días, H. L. (2021). Código Procesal Penal comentado (1a ed., Vol. I). Santa Fe: Rubinzal - Culzoni.

Donna, E. A., & Días, H. L. (2022). Código Procesal Penal Federal comentado (1a ed., Vol. II). Santa Fe: Rubinzal - Culzoni.

Duce, M. y Baytelman Andrés (2004). Litigación Penal. Juicio oral y prueba. Universidad DIego Portales (1a ed.). Santiago, Chile.

Duce, M. (2013). La prueba pericial. (1a ed.). Ciudad Autónoma de Buenos Aires: Didot.

Frega, G., & Grappasonno, N. (2015). Juicio por jurado (1a ed.). Buenos Aires: Gowa.

Harfuch, A. (2013). El juicio por jurados en la Provincia de Buenos Aires (1a ed.). Buenos Aires: Ad-Hoc.

Harfuch, A. (2019). El veredicto del jurado. (1a ed.). Ciudad Autónoma de Buenos Aires: Ad-Hoc.

Huczek, Déborah y Varios autores (2020). Oralidad y proceso civil (1a ed.). Santa Fe: Rubinzal - Culzoni.

Jauchen, E. (2008). El juicio oral en el proceso penal (1a ed.). Santa Fe: Rubinzal – Culzoni.

Jauchen, E. (2014). Estrategias de litigación penal oral. (1a ed.). Santa Fe: Rubinzal – Culzoni.

Jauchen, E. (2015). Estrategias para la defensa en juicio oral (1a ed.). Santa Fe: Rubinzal – Culzoni.

Jauchen, E. (2015). Proceso Penal. Santa Fe: Rubinzal – Culzoni.

Juliano, M. A., & Vitale, G. L. (2015). Suspensión del proceso a prueba para delitos de género. Un mecanismo de prevención. (1a ed.). Buenos Aires: Hammurabi.

Leticia, L. (2013). Manual de litigación (1a ed.). Ciudad Autónoma de Buenos Aires: Didot.

López Rosetti, D. (2019). Equilibrio (2a ed.). Ciudad Autónoma de Buenos Aires: Planeta.

Lorenzo, L. (2015). Manual de litigación. Colección Litigación y enjuiciamiento penal adversarial (1a ed.). Buenos Aires: Ediciones Didot.

Martínez, S., & González Postigo, L. (2018). Investigación y acusación (1a ed.). Ciudad Autónoma de Buenos Aires: Editores del Sur.

Maxwell, J. (2015). Las 21 leyes irrefutables del liderazgo (1a ed.). Del Nuevo Extremo.

Maxwell, J. (2017). Sin límites (1a ed.). New York: Center Street.

Maxwell, J. (2015). Vivir intencionalmente (1a ed.). New York: Center Street.

Moreno Holman, L. (2013). Teoría del caso. Colección Litigación y enjuiciamiento penal adversarial (1a ed.). Ciudad Autónoma de Buenos Aires: Didot.

Moreno Holman, L. (2015). Teoría del caso (1a ed.). Ciudad Autónoma de Buenos Aires: Didot.

Pessoa, N. R. (2020). La nulidad en el proceso penal: 4a. edición ampliada y actualizada (4a ed.). Santa Fe: Rubinzal - Culzoni.

Pirozzo, J. D. (2020). Práctica del proceso penal: de la investigación preparatorio al juicio oral. (1a ed.). Ciudad Autónoma de Buenos Aires: DAS.

Rodriguez Vázquez, Miguel Ángel (2013). La casación y el derecho a recurrir en el sistema acusatorio. Universidad Autónoma de México. Instituto de Investigaciones Jurídicas.

Rua, G. (2015). Examen directo de testigos (1a ed.). Ciudad Autónoma de Buenos Aires: Didot.

Rulicki, S. (2017). Comunicación no verbal (1a ed.). Ciudad Autónoma de Buenos Aires: Granica.

Terragni, M. A. (2021). Derecho Penal Constitucional: aspectos penales, procesales y de ejecución penitenciaria. (1a ed.). Santa Fe: Rubinzal - Culzoni.

www.ingramcontent.com/pod-product-compliance
Lightning Source LLC
LaVergne TN
LVHW071509061026
849580LV00016B/2461
* 9 7 9 8 3 4 9 3 2 2 9 0 7 *